商标典型案件代理策略与解析丛书

丛书主编 马 翔

Trademark Right Granting and Verification

商标授权确权

马 翔 / 主编

知识产权出版社
全国百佳图书出版单位
—北京—

图书在版编目（CIP）数据

商标授权确权/马翔主编．—北京：知识产权出版社，2021.11

（商标典型案件代理策略与解析丛书）

ISBN 978－7－5130－7657－9

Ⅰ.①商…　Ⅱ.①马…　Ⅲ.①商标权—案例—中国

Ⅳ.①D923.435

中国版本图书馆 CIP 数据核字（2021）第 162264 号

责任编辑：薛迎春　　**责任校对**：谷　洋

封面设计：乔智炜　　**责任印制**：刘译文

商标授权确权

马　翔　主编

出版发行：	知识产权出版社有限责任公司	**网　　址**：	http：//www.ipph.cn
社　　址：	北京市海淀区气象路 50 号院	**邮　　编**：	100081
责编电话：	010－82000860 转 8724	**责编邮箱**：	471451342@qq.com
发行电话：	010－82000860 转 8101/8102	**发行传真**：	010－82000893/82005070/82000270
印　　刷：	三河市国英印务有限公司	**经　　销**：	各大网上书店、新华书店及相关专业书店
开　　本：	710mm×1000mm　1/16	**印　　张**：	19.25
版　　次：	2021 年 11 月第 1 版	**印　　次**：	2021 年 11 月第 1 次印刷
字　　数：	330 千字	**定　　价**：	79.00 元

ISBN 978－7－5130－7657－9

谨以此书

纪念商标行政授权确权司法审查制度建立二十周年

刘　序

马翔等律师“商标典型案件代理策略与解析丛书”之《商标授权确权》，选取了自有商标授权确权诉讼以来比较典型的20个商标授权确权案件，秉持法治思维，从办案体会出发，从制度到实践，从法律到经济，做了多方面的归纳和总结，提炼出了有普遍价值的理性成果。既贡献了经验，也贡献了思想。本书的出版，对我国商标法治发展，对商标理论研究，立法、司法建设和法律教育都有重要的价值。

借为本书作序，谈点对商标研究的看法和希望。我认为，我们对商标以及市场经济问题的研究，远远落后于发达的市场经济和繁荣的商业。改革开放帮助我国完成了工业化，建立了全球最完善的工业制造体系。国家进入高质量发展阶段，科技和商业模式创新成为促进经济进步的主要手段。其中，商业作为创新的源泉和生产力发展的核心动力，其成果集中体现在商标上。互联网技术，繁荣了经济，促使商业活动的广度、密度、强度、速度获得了前所未有的发展，商标显示出空前的重要性，成为财富的核心。苹果、谷歌、阿里、腾讯等商标的价值，富可敌国，比任何技术更有价值。但是，与商标的重要性和在经济生活中的地位相比，研究现状与商标实践严重脱节，相去甚远。事实上，商标貌似直观简单，实则内涵丰富。有长于商标的研究者叹言，商标理论缺少可靠的基础，如立于沙滩之上。如若深究，无论是商标理论，还是商标实务，几乎所有问题都值得反思。

首先，商标究竟是什么，商标是怎么产生的，商标到底反映了何种经济关系，商标的功能和巨大的商业价值说明了什么，其价值从何而来，我们弄清楚了吗，这些商标的本体问题，该不该弄清楚？“同仁堂”分支机构成百上千，固定资产数以百亿计，但这些财产加起来，却不如“同仁堂”三个字的商标值钱；稻香村糕点的做工精美，但真正的卖点却是它的商标，如果没有“稻香村”金字招牌，其价格恐怕和街边小店的点心难以拉开差距。刚开业的北京“环球影城”，街上几元钱一个的气球卖到120元，雪糕40元人民币一支，大家仍趋之若鹜。“耐克”一个貌似“对勾”的信手涂鸦，用作商标，竟有如此高的卖点？人们津津乐道可口可乐配方的秘密性，但事实上，与商标相比，配方的价值微不足道。为什么人们对“即便可口可乐公司的固定资产全部毁于一旦，仅凭‘可口可乐’商标，也可以轻易地东山再起”的说法深信不疑？这一切都来自商标深藏的秘密。遗憾的是，商标作为财产，“标记财产权说”“商誉财产权说”虽被理论界“半推半就”地接受，但这些理论的思想之贫弱，推理之牵强，解释之乏力，难成九鼎。总之，商标理论，碰到了天花板，进入了困境。如何去除“遮蔽”，找到商标的本真，破解迷思，获得商标的真谛，是摆在知识产权法治共同体同人，包括研究者、管理者、经营者、律师面前的重要任务。

其次，从技术层面认识商标，传统理论也大有可质疑之处。商标制度的操作技术和标准，都有可再思考之处，无论是商标的近似与混淆观念，商标的“淡化”理论与衡量标准，还是商标的使用与注册法律效力。商标司法实践，如何在法律的适用中准确把握商标的本质，秉承商标的基本理念，贯彻商标制度的基本原则，理性处理法律和经济发展的关系，支持正当法律行为，“度势行法”，保障合法，促进交易，保障经济发展，还有很大的提高空间。实践中，违反市场经济和法治的事，时有发生。比如，白酒商标“滨河九粮液”和“五粮液”比较，一个有行为能力的人，即使文化水平不高，只要能分清是三个字还是五个字，哪怕是未成年，也不会混淆。何况，商标的基本服务对象，是相关消费者。令人遗憾的是，判决不顾企业巨大的人力、物力和金钱投入，把企业同时是社会的巨额的商标财产“清零”。再比如商标审查，区分商标是否近似的标准“音形义说”，历来被商标注册审查、司法判断和理论研究者奉为信条。但是，如若深究，按照商标的定义，结合实践，比照商标实质条件解读任何一个案例，就会发现，“音形义”理论经不起推敲。“形”和“音”二者同是内心世界的表达，都是感官具象的、具有客观属性与特征，是可把握的、可交易标的的形而下的“器”。二者实质上都是“形”，却是不同的“形”。尽管“音”和“形”的关系中，同一个“形”，可有多个“音”来表达。反之，同一个发“音”，也可用多个“形”来描述。可见，“形”和“音”可以互为符号，互相表达。但是，“形”在这里既是事物的表象，也是事物的本质，不同的“形”是区分不同事物的本质特征。“音”作为“音之形”，并非彼“形之形”。此“形”非“形”；“音之形”和“形之形”，二者没有确定的、一一对应的固定关系。即便人为选择一对确定的“形”和“音”，二者也并非互相规定、互相限定、互相解释的同一事物。正因为“音之形”是独立的“形”的形态，所以“音”可以成为商标的独立的种类——“声音商标”。故，作为本质不同的事物，一个“形”不可能成为另一个“形”的本质表征。再说“义”。“义”和“音”“形”本质不同，“义”是主观的、是形而上的“道”，不能成为确切的“形”或“音”的解释工具。不是确定的可把握、可支配、可交易的对象。总之，“音形义”，风马牛不相及。“音形义”标准，既不合乎实践，也不合乎逻辑，站不住脚。

一言以蔽之，寻求商标本真，构建商标科学，设计理性的商标技术，是帮助大多数企业家重视知识产权问题，转变市场和商标观念，深入发展市场经济的关键。

观念是生产力发展的最终潜能。观念推动理论进步、制度构建和实践发展。观念就是生产力。商标是创新经济社会必须解决好的问题，对市场经济、对未来发展具有举足轻重的作用。律师是法治社会的中流砥柱，商标法律事务为商标法治和理论建设提供了丰富的经验。众所周知，理性思考是一件不容易的事情。律师工作复杂而艰辛，他们在繁忙的工作之余，又悉心从事研究，把他们的理论与实践结合的经验总结和他们的深刻思考，贡献社会，是一件十分有功德的事。我作为读者，也从中受益。

商标法治建设是一个与时俱进的过程，本书展现了律师的代理水平和艰苦努力，可谓一个时代中特定领域的历史记录。这些文字，既是各位律师艰辛实践的记录，也是他们刻苦学习、深入思考的结晶。古人说：“学而不思则罔，思而不学则殆。”学习和思考，可以帮助我们提升眼界，转变观念。试图进入现代社会的法律界同人，无论以何为业，学习和思考，都应当是我们的头等事。

9 月 22 日，中共中央、国务院印发了《知识产权强国建设纲要（2021—2035 年)》。进入新发展阶段，知识产权作为国家发展战略性资源和国际竞争力核心要素的作用更加凸显，本书的面世可谓恰逢其时。行者方致远，奋斗路正长，希望他们有更多的成果问世。

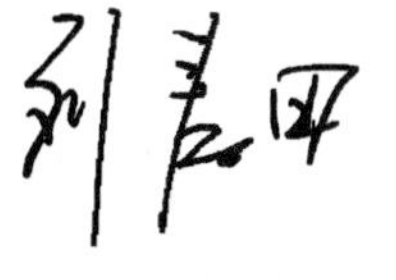

2021 年 9 月 26 日

张　序

时光荏苒，我国商标行政诉讼已走过20个春秋。作为我国知识产权制度发展的一块里程碑，商标行政诉讼的开启不仅是我国履行TRIPs协定的义务所需，也是充分发挥商标制度功能、实现商标法立法宗旨的必然选择。我国商标行政诉讼的推行，对商标行政主管机关、司法机关、经营者及商标诉讼代理等均产生重大而深远的影响。

商标行政诉讼提高了商标行政机关在授权确权案件中依法行政的能力与效率。保护公民、法人和其他组织的合法权益，监督行政机关依法行使职权，是我国行政诉讼法的立法宗旨，亦为商标行政诉讼的价值所在。在商标争议"行政终局"的年代，司法监督的缺失一定程度上导致有关部门行政能力不强、效率低下。例如，某些商标争议在行政机关久拖不决，个别案件长达10年之久。商标行政诉讼伊始，行政机关败诉率居高不下，某种意义上便是当时行政能力的折射。20年后，商标行政机关的执法能力及效率均大幅提升。国家知识产权局商标局发布的《2020年商标评审案件行政诉讼情况汇总分析》显示，"2020年评审案件总体败诉率为24.62%，刨除情势变更后的实际败诉率则仅为9.8%"。此败诉率反映出商标行政主管机关所作裁决整体质量较好，也彰显人民法院切实履行了司法监督的职责。

"法律是一种不断完善的实践。"司法机关通过在个案中解释、适用法律等方式，为我国商标法的完善发挥了不可替代的作用。20年来，我国法院受理的商标行政案件数量呈几何级增长。2002年是商标行政诉讼元年，北京市第一中级人民法院受理的商标行政案件不足10件（知识产权庭受理了3件，行政庭受理数量不详，但应和知识产权庭相差不大）。2020年，北京知识产权法院受理的商标行政案件已达1.5万件。司法机关通过解释法律，弥补法律漏洞，促进了商标法的完善与发展。例如，2001年《商标法》第49条第1款规定，"对商标局撤销注册商标的决定，当事人不服的，可以自收到通知之日起十五日内向商标评审委员会申请复审，由商标评审委员会作出决定，并书面通知申请人”。对此款中“商标局撤销注册商标的决定”仅指撤销注册商标的决定，还是包括维持注册商标继续有效的决定，实践中存在分歧。司法机关认为，“商标局撤销注册商标的决定”包括商标局就撤销注册商标申请作出的所有决定，既包括撤销决定，也包括维持决定［参见北京市高级人民法院（2004）高行终字第450号行政裁定书］。此种解释是对双方当事人利益及社会公众利益的全面保护，也符合商标法的立法宗旨。《商标法》在2013年修订时参照司法机关的解释，进行了相应的修改。

商标是经营者商誉的载体。注册商标的目的应为在商业中的使用，商标的价值也来源于使用而非注册。自商标行政诉讼实施以来，我国商标申请量已从2002年的371936件飙升至2020年的9116454件。商标申请量的激增，一方面缘于经营者乃至社会大众商标意识的觉醒，另一方面则是“非正常申请”“商标囤积”等催生的结果。亚当·斯密曾言，“只要不违反法律，那么人人都有完全的自由，以自己的方式追求自己的利益”。商标权是受法律保护的利益，而“非正常申请”“商标囤积”等行为已违反了商标法的立法宗旨，背离诚信原则，实属以违法手段追求自身利益的不当行为。司法机关在商标行政诉讼中，充分利用现有法律手段遏制此类行为，有效规范商标注册秩序。如在“UL”商标无效宣告纠纷案中，受诉法院认为，涉案商标申请人非以使用目的且无正当理由大量申请注册并囤积包括诉争商标在内的2000件商标，通过商标转让、恶意诉讼等手段实现商标牟利，严重扰乱了商标注册秩序，损害了公共利益且不正当占用社会公共资源，涉案商标应予以无效宣告［参见北京知识产权法院（2016）京73行初字第909号行政判决书］。

商标行政诉讼改变了我国商标诉讼代理业务的生态。当下，我国商标代理已无从业者资质限制，商标代理人良莠不齐。而在商标行政诉讼中，当事人需委托服务机构代理的，则只能委托律师，从而此类诉讼代理人有了统一标准。具有专业知识及素养的律师参与商标行政诉讼，有助于诉讼尤其是庭审质量的提升，有助于商标法律职业共同体与共识的形成。我国商标行政诉讼经典判例无一不是法官及诉讼律师心血的结晶。

20年来，一批律师经过大量商标行政案件历练与洗礼，已成为商标法方面的行家里手：他们为经营者规划商标战略，力求决胜千里；他们在法庭上滔滔雄辩，力争公平正义；他们笔耕不辍，力求辨法析理。律师与法官、学者、立法者等专业人士的齐心协力，是我国商标法律制度得以发展的不竭动力。

天驰君泰商标团队是前述律师队伍中的佼佼者。他们代理了千余案件，其中不乏重大、疑难、复杂案件，见证了我国商标行政诉讼从无到有、从青涩走向成熟的整个过程。他们是我国商标行政诉讼的亲历者，而本著作则是对其实践的反思，是对商标行政诉讼问题的认识与探索，故“行”与“知”是对本书内容的概括与提炼。

我国商标行政诉讼 20 年，虽仍短暂，但已呈现出纷繁多样的值得总结的判例素材。本书虽为律师著述，但读者并不限于律师、经营者，研究者、裁判者乃至立法者或许也能从本书中发现商标行政案件关涉利益之复杂，定分止争之不易，并从中获取某些完善我国商标法律制度的智慧火花与灵感。

是为序。

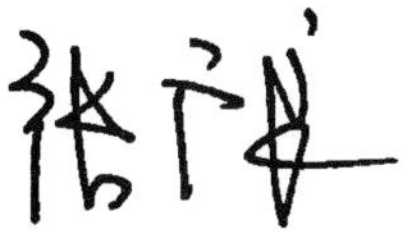

2021 年 10 月 8 日

自　序

万事开头难，此言不虚，心里一直挂念着为本书写个序言，但久未动笔。即使编辑要求 7 月 15 日前必须交稿，也未能让我付诸行动。我想我可能是在等一个时刻吧。

中国著名学府的知识产权法学博士涉嫌抢注知名法律培训机构的“icourt”商标，在商标无效宣告失利后，我们起诉到北京知识产权法院，由久负盛名的宋鱼水法官亲自审理。本案原定于在“4·26”世界知识产权日开庭，后改为 7 月 15 日线上开庭。即使线上开庭，我也一如既往地穿上律师袍，以示对法庭的尊重，更重要的是对司法审查的期冀，我殷切希望法院对这一典型的恶意抢注行为予以制止，维护正常的商标注册和管理秩序。司法审查在商标授权确权中具有重要地位，我们出版此书目的就是彰显这一重要作用，同时体现律师的价值。

毫无疑问，“icourt”案件的开庭触动了我的神经，让我对 20 年的商标司法审查有所感、有所思。看来啊，做好商标行政授权确权诉讼任重道远，我想此书不会落伍。

回首 20 年的历史，亦忧亦喜，它如同一首听不完的长歌，让人久久回味……

让我们把时间的指针拨回到 20 年前。2001 年 12 月 1 日以前，商标评审委员会的裁定是终局的。时任商标评审委员会主任靳云平经常说：“我签完字，不管有多大的纷争都得就此打住。”当然，极个别的案件可以在商标评审委员会再审，但改的非常少。

2001 年 12 月 1 日后，为了配合加入世界贸易组织，第二次修正的《商标法》确立了司法审查原则，即任何行政行为都要接受司法机关的审查，商标评审委员会的裁定概莫能外。2001 年《商标法》第 43 条规定，商标评审委员会作出维持或者撤销注册商标的裁定后，应当书面通知有关当事人。当事人对商标评审委员会的裁定不服的，可以自收到通知之日起三十日内向人民法院起诉。人民法院应当通知商标裁定程序的对方当事人作为第三人参加诉讼。自此，商标行政授权确权诉讼这一全新的案件类型问世。2002 年 5 月 21 日,《最高人民法院关于专利法、商标法修改后专利、商标相关案件分工问题的批复》(法〔2002〕117 号)印发,明确“对于人民法院受理的涉及专利权或者注册商标专用权的民事诉讼,当事人就同一专利或者商标不服专利复审委员会的无效宣告请求复审决定或者商标评审委员会的裁定而提起诉讼的行政案件,由知识产权审判庭审理;不服专利复审委员会或者商标评审委员会的复审决定或者裁定的其他行政案件,由行政审判庭审理”。由此形成了由北京市第一中级人民法院民事审判第五庭、北京市高级人民法院民事审判第三庭、最高人民法院民事审判第三庭和相应法院行政审判庭同时审理商标授权确权行政案件的格局。

记得第一个商标行政授权确权案件是 2002 年 5 月开庭的山东某公司诉商标评审委员会的“韩老大”商标案,当时很多媒体进行了报道。因为太新,早些年这样的案件并不多,北京市第一中级人民法院只有仪军审判长、一个合议庭审理此类案件。还有一个重要原因是,有些企业在商标评审委员会失败后,对起诉商标评审委员会这样的国家行政机关心存顾虑,担心日后的案子会被“穿小鞋”,比如云南白药公司,本可以通过行政诉讼的方式维护合法权益,但却因此选择放弃。我本人代理的第一个商标授权确权诉讼是在 2004 年,代理广东苹果公司诉商标评审委员会、第三人德士活公司,最终获得胜诉。随着商标申请量的逐年递增,商标评审案件数量也随之增长,商标行政授权确权诉讼案件亦接踵而来,一个合议庭,甚至一个审判庭都应接不暇,难以招架。鉴于此,北京市第一中级人民法院决定将部分案件交由行政庭审理,行政庭和知识产权庭的关注点不同,行政庭注重程序,知识产权庭注重实体,律师也据此做相应的开庭准备。2008 年,《国家知识产权战略纲要》明确提出要“研究设置统一受理知识产权民事、行政和刑事案件的专门知识产权法庭”,并将其作为“完善知识产权审判体制,优化审判资源配置,简化救济程序”的一项重要内容。2008 年 6 月,《最高人民法院关于专利、商标等授权确权类知识产权行政案件审理分工的规定》发布,其中明确专利、商标、集成电路布图设计和植物新品种案件四种授权确权类知识产权行政案件,于当年 7 月 1 日起统一由知识产权审判庭审理。

商标行政授权确权诉讼顾名思义是行政诉讼,因此最早的庭审完全是按行政诉讼的程序,开庭的第一件事是商标评审委员会宣读评审决(裁)定,然后由原告指出决(裁)定中的错误之处,这和目前的程序完全不一样。循环诉讼的开庭最初也是完全按正常程序开庭,一点都不马虎,后来审判长只问被告一句话，“被告是否依据终审判决作出的决（裁）定”，被告回答“是”，原告和第三人的代理人一句话都不用说，法官就敲锤结束。最终循环诉讼被取消。

律师代理此类案件也是从零开始，知识产权律师以往代理行政案件比较少，开始几年经常有律师犯错，比如请求法院判决商标评审委员会三个月内重新作出裁定，等等。都知道打官司就是打证据，而原告律师经常在诉讼阶段提交新证据，商标评审委员会自然反对，认为商标评审委员会是在原事实理由及证据的基础上作出的行政决（裁）定，原告在诉讼中提交新证，对商标评审委员会不公平，第三人更是坚决反对。法官从最初的拒绝到有条件接受，最终到无条件接受。从最初的把新证据美化成“补强证据”，到不接受新证据将导致商标被撤销、再无救济的机会以及会影响社会公众利益等，硬是把商标行政授权确权诉讼打成了与传统行政诉讼具有不同特点的诉讼，在这个过程中，律师发挥了重要作用。

商标行政授权确权诉讼案件少的时候，开庭的程序很正规，但随着案件量的“爆炸式”增长，法院为了在期限内结案，无法顾及相应程序，开庭时一般都是法庭调查和法庭辩论同时进行，没有经验的律师就很被动。此外，法官为了提高效率，第一个案件正在审，第二个案件的代理人已经正在旁听席上待命，第三个甚至第四个案件的代理人也已站在走廊里候着了。商标评审委员会代理人最多一天要参加十几个庭审。

2014 年 11 月 6 日，北京知识产权法院成立，标志着此类案件有了专属管辖法院。这时此类案件已经有了十四年的历史，律师队伍在不断扩大，律师也成熟起来，为了维护当事人的合法权益，在法庭上据理力争。

2015 年，新修订的《行政诉讼法》限制了公民代理，代理公司的员工不能再以公民代理的方式代理此类诉讼。自此，只有律师才能从事从商标注册申请到评审，再到商标授权确权诉讼的完整业务。基于律师的专业素养和职业特点，律师代理此类案件会更具优势，更有利于庭审效率的提高和案件公平公正审理。律师事务所代理商标注册申请、评审案件等，进而起诉到法院，有利于保持案件的连贯性。律师经过诉讼一审、二审、再审甚至抗诉这四个司法程序的反复磨炼，对《商标法》的理解和适用就更精准，反过来再来代理注册申请、异议、评审等非诉案件将更有质量。所以我在很多场合反复讲商标行政授权确权诉讼是所有商标业务的“皇冠明珠”，做好商标行政授权确权诉讼，商标法律服务可以“通吃”。

整个商标授权确权流程中，行政审查只涉及两个行政机关，而司法审查一审、二审、再审、抗诉共四个司法机关。司法具有权威性、导向性、终局性，在司法程序中，律师是重要的参与者，这意味着律师将扮演商标保护不可或缺的角色，也只有律师才能全程参与行政和司法程序，从这个角度来说，律师也应重视此类业务。

2001 年确立司法审查，对于我这个已经有十几年商标代理经验的律师来说，这无疑是个天大的喜讯，我既有商标代理经验又有诉讼经验，在商标行政授权确权诉讼的“汪洋大海”中会更游刃有余，得心应手。从此，代理商标行政授权确权诉讼就成为我们主要的业务方向。2020 年，我们成立了天驰君泰商标专业委员会，进一步整合总分所的人才和市场资源，带动商标业务高质量发展。

多年来，我们发挥专业优势，为很多知名企业的商标授权确权做了贡献。比如腾讯的“微信”商标、恒大的“恒大冰泉”商标、中国工商银行的“理财金账户”商标、伊利的“优酸乳”商标、中国黄金集团的“中国黄金”商标、58 同城的“中华英才网”商标等。还代理了引起广泛关注和颇具争议的“康王”“大姨妈”“扇形稻香村”“猴菇”商标确权案等。提到这些，我的记忆闸门一下就会打开，往事汩汩而来。在“康王”案的庭审中，当我提到 2001 年的化妆品包装用的是 2003 年的卫生许可证号时，法庭好像静止了，大概五秒后大家才缓过神儿来，我至今还记得对方代理人那惊诧的表情。在“微信”案的庭审中，一位自称有 20 多年诉讼经验的老律师居然一再要求法院通知商标被许可使用人以第三人身份参加诉讼，令人汗颜。

截至目前，我和我的团队共代理了上千件商标行政授权确权诉讼案件，这里面大部分是代理原告、上诉人、再审申请人、抗诉申请人甚至抗诉复查申请人，我们把商标授权确权诉讼做到了最后的救济程序。如“扇形稻香村”商标案，2012 年，我们代理苏州稻香村在北京市第一中级人民法院起诉，2013 年上诉到北京市高级人民法院，2014 年向最高人民法院申请再审，2015 年向北京市人民检察院申请抗诉，2016 年向最高人民检察院申请抗诉复查，目前尚未结案，近日我们又提出了检察听证申请。总之，我们穷尽了商标授权确权的所有救济途径以为客户提供满意的服务。在此过程中我们也积累了丰富的经验，这是我们的宝贵财富。

商标授权确权诉讼已过二十载，风风雨雨，从未停息。首先，我们律师有很多需要改进的地方，需要不断总结学习。其次，国家知识产权局作为被告，出庭率较低，出庭的作用也常被质疑。最后，司法机关对具有其他不良影响、稳定市场秩序、驳回复审程序能否提交使用证据等问题的观点变化也给代理律师带来了很大的困惑，这都有待于商标授权确权案件的参与各方共同努力，力争把此类案件锻造成精品，不愧为“知识产权人”，不枉我们有“知识”。

其实，我说有“知识”一点都不为过，很多人质疑商标授权确权诉讼的技术含量，总觉得商标有何难？著名知识产权教授、专利代理人陈建民老师就曾不止一次地说过商标没那么复杂。而孔祥俊教授当了五年最高人民法院民三庭（主审知识产权案件）庭长后，公开说商标案件是最复杂的，他说：“在商标司法中我经常看到，那些看似清晰明了的法律界限其实并不清晰，那些看似简单易决的法律答案其实并不简单，那些看似单一的线索背后却纵横交错，我们经常需要从一种倾向看到另外一种倾向，从表面的价值冲突看到价值之间的协调与妥协。因而我自身也不免时常陷入矛盾和纠结的思维境地。”的确如此，商标专用权的保护范围随着商标显著特征和知名度的变化而变化，商标与企业的市场声誉和发展历史息息相关，商标与版权、专利、商号等权利易产生冲突，都会使得商标行政授权确权案件变得扑朔迷离，但同时，这也是律师发挥作用的时候。不同律师的经验不同、角度不同，同一个案件打出的效果绝不相同！

知识产权与国家公共政策如经济、产业、科技、文化、外交等政策紧密关联，因此它具有浓厚的公共利益属性。律师积极从事商标法律服务，不仅是在为企业的发展保驾护航，而且是在以实际行动落实国家知识产权战略，服务经济社会发展。我衷心地希望自己、团队以及同行在20周年之际认真总结提高，发挥工匠精神，打造更多的精品，引领行业新风，为商标授权确权工作，为中国的商标事业，为知识产权强国打个样！

律师都非常忙，要感谢团队刘艳锋、张晓旭、陈玉韩、田龙、吕东宇、杨梅六位律师抽出时间撰文。感谢知识产权出版社的大力支持，感谢田龙落实联络，大家的共同努力才有此书。

此时已过午时，但上午开庭的情景一直在我脑海里过电影，愤怒之情仍未消退。此书分享的是诉讼经验，但我们真心希望像上午这样的庭最好不开，“无讼”才是最高境界，我想只有广大律师把诉讼做到炉火纯青才能实现“无讼”。

苏格拉底说，“承认自己的无知乃是开启智慧的大门”，我的能力和精力有限，文字尚欠斟酌，诸多不足之处，请大家见谅指正。

马 翔

2021 年 7 月 15 日于北辰汇宾大厦

目・录
CONTENTS

“康王” 商标撤销复审行政诉讼案

基本案情

诉讼当事人

再审申请人：云南滇虹药业集团股份有限公司，住所地：云南省昆明市高新区科医路45号。

再审被申请人：汕头市康王精细化工实业有限公司，住所地：广东省汕头市潮南区。

原审被告：国家工商行政管理总局商标评审委员会，住所地：北京市西城区三里河东路8号。

案由

◎ **商标撤销行政纠纷**[1]

案情简介

1995年4月，北京康丽雅健康科技总公司（以下简称康丽雅公司）就在第3类化妆品商品上注册了“康王”商标。云南滇虹药业集团股份有限公司（以下简称云南滇虹公司）也较早就在生产药用“康王”洗发水（但药用和日用洗发水截然不同，不构成类似商品）。汕头市康王精细化工实业有限公司（以下简称汕头康王公司）一直在牙膏和香皂商品上使用“康王”商标。在随后企业各自发展的过程中，云南滇虹公司有意开拓日用洗发水市场，汕头康王公司也有意开拓日用洗发水市场。香皂和洗发水均属于洗洁、清洁类商品，部分消费者也有使用香皂洗头发的生活习惯。两家企业均意识到“康王”商标的重要性，

---

〔1〕 最高人民法院（2007）行监字第184-1号。

在化妆品上就“康王”商标展开了异常激烈的“争夺”。

汕头康王公司曾专程到北京试图寻求康丽雅公司转让“康王”商标，但未果，经多方查询得知康丽雅公司已经不再经营并被吊销营业执照，汕头康王公司立即以连续三年不使用为由向商标局申请撤销康丽雅公司“康王”商标，并且在提出“撤三”申请之前汕头康王公司以其名义向商标局递交了化妆品商品上的“康王”商标申请。鉴于康丽雅公司已停止经营，其亦未提交“康王”商标使用证据，故商标局对康丽雅公司注册在化妆品上的“康王”商标作出撤销决定。在此期间，云南滇虹公司也意识到化妆品上的“康王”商标将非常可能由汕头康王公司申请注册成功，云南滇虹公司想尽办法受让了康丽雅公司的“康王”商标，并据此向商标评审委员会提出复审。客观上，云南滇虹公司并没有在化妆品上使用“康王”商标，其所提交的证据大多为其在药用洗发水上使用“康王”商标的证据，而药用洗发水与普通化妆品在商品功能、用途以及商品类别划分上截然不同。云南滇虹公司在评审程序中六次提交商标使用证据，但前五次为药用商品上的使用证据，最后一次提交了涉及化妆品的使用证据。汕头康王公司对其商标使用证据进行了积极的质证，尤其是就云南滇虹公司的证据瑕疵进行了详细的说明，例如，云南滇虹公司提交的仅是药品上的使用证据，或者是不能证明使用证据的形成时间，或是产品包装未标注化妆品生产许可证及卫生许可证，等等。

案件处理结果

本案经历了循环诉讼，也是商标司法审查程序中为数不多的经历循环诉讼的商标案件。

第一轮一审：2006年12月28日，北京市第一中级人民法院作出一审判决〔2〕，认定云南滇虹公司提交的证据无法证明复审商标“康王”在1999年10月18日至2002年10月17日之间已被合法使用，故复审商标“康王”不符合《商标法》第四十四条第一款第（四）项的规定，应予撤销。

第一轮二审：2007年9月18日，北京市高级人民法院作出二审判决〔3〕，认为连续三年停止使用中的“使用”，指的是商标法意义上的使用，即在商业活

〔2〕 北京市第一中级人民法院（2006）一中行初字第1052号行政判决书。

〔3〕 北京市高级人民法院（2007）高行终字第78号行政判决书。

动中公开、真实、合法地使用商标来标示商品的来源，以便相关公众能够据此区分提供商品的不同市场主体的行为。而云南滇虹公司虽在商标评审阶段提交了“康王”防裂护肤霜包装盒实物、委托他人加工包装盒的合同原件以及“康王”防裂护肤霜产品实物等证据，但在产品及包装盒上均未标注化妆品生产许可证和卫生许可证。化妆品的生产许可和卫生许可制度是国家为了保障消费者的生命健康和安全而对化妆品生产企业采取的强制性的行政许可制度，企业只有在取得化妆品的生产许可证和卫生许可证的前提下才能从事化妆品的生产、销售。因此，在云南滇虹公司没有证据证明其子公司昆明滇虹公司生产该产品时已经取得上述许可证的情况下，涉案化妆品的生产行为违反了行政法规的强制性规定，不能发生商标法意义上的商标使用行为，也就不能认定昆明滇虹公司已经在商业活动中实际使用了复审商标。法院认为云南滇虹公司和商标评审委员会的上诉理由缺乏依据，对其上诉请求未予支持，依法维持原审判决。

第一轮再审：2008 年 12 月 25 日，最高人民法院作出驳回再审申请通知书[4]，认为《商标法》第四十四条第（四）项规定的“使用”，应该是在商业活动中对商标进行公开、真实、合法的使用。从《商标法》第四十五条的规定来看，判断商标使用行为合法与否的法律依据，并不限于《商标法》及其配套法规。对于违反法律法规强制性、禁止性规定的生产经营活动中的商标使用行为，如果认定其法律效力，则可能鼓励、纵容违法行为，与商标法有关商标使用行为规定的本意不符。由于 2002 年 10 月 18 日之前，云南滇虹公司及昆明滇虹公司均没有生产、销售化妆品所需的生产许可证和卫生许可证，不能认定其在争议期内合法使用了复审商标“康王”。

循环诉讼一审：2009 年 3 月 20 日，北京市第一中级人民法院就云南滇虹所申请的循环诉讼作出一审判决[5]，认为《中华人民共和国行政诉讼法》第六十五条规定，当事人必须履行人民法院发生法律效力的判决、裁定。根据北京市高级人民法院（2007）高行终字第 78 号行政判决书的内容可知，现有证据无法证明复审商标在涉案的三年期限内有使用行为，其注册应予撤销。法院认为，虽然云南滇虹公司针对该判决向最高人民法院提出再审申请，但鉴于最高人民法院对该申请予以驳回，故该行政判决为发生法律效力的判决。据此，商标评审委员会根据该判决所确定的事实作出［2006］第 2432 号重审第 106 号《关于

---

〔4〕 最高人民法院（2007）行监字第 184-1 号驳回再审申请通知书。

〔5〕 北京市第一中级人民法院（2008）一中行初字第 1029 号行政判决书。

第738354号“康王”商标撤销复审决定书》（以下简称重审第106号决定），该行为是对生效判决的正确执行，法院对此予以支持。云南滇虹公司的诉讼请求缺乏事实与法律依据，法院不予支持。

循环诉讼二审：2009年6月29日，北京市高级人民法院就云南滇虹所申请的循环诉讼作出二审判决[6]，认为云南滇虹公司在本案一审中提交的新证据与其向最高人民法院申请再审时提交的新证据相同，最高人民法院（2007）行监字第184-1号驳回再审申请通知书对此新证据未予审查，而且此新证据也未在商标评审委员会作出重审第106号决定时提交；另外商标评审委员会是根据本院已生效判决所确定的事实重新作出的重审第106号决定，其行为是对生效判决的执行，因此法院对云南滇虹公司在原审中提交的新证据不予审查，驳回上诉，维持原判。

律师策略与解析

本案是我国早期关于商标“撤三”案件中商标使用证据如何进行司法审查的经典案例，系当年知识产权界的焦点商标事件，在商标行政及商标司法领域均产生了极大的影响力，亦在学术界掀起了热烈的讨论。

本案表面上涉及在撤销三年不使用商标行政案件中，对于违反法律、行政法规规定的商标使用是否能够认定为商标使用行为，其更深层次的问题涉及提交商标使用证据的诚实信用问题。在本案发生争议的2006年前后，商标行政授权确权案件由行政终局转换至司法审查尚不久，商标行政授权确权司法审查尚在累积经验，对于商标“撤三”案件提供假证问题未形成成熟的处理、处罚规则。

1. 注册商标连续三年不使用撤销制度

很多商标注册人可能有一个认识上的误区，即商标一旦获准注册，商标权人就可以高枕无忧了，哪怕将商标束之高阁，其实不然，若已注册商标无正当理由连续三年停止使用则有可能会被撤销。在生产经营活动中，需要取得商标专用权的，应当申请商标注册，意即申请商标的目的就是使用，使之充分发挥识别商品来源的作用，而不是占用商标资源（占而不用）。注册商标长期搁置不用，不仅无法发挥商标的区分功能和作用，而且将妨碍他人注册及使用，进而

---

〔6〕 北京市高级人民法院（2009）高行终字第649号行政判决书。

影响商标制度的良好运转及经济社会安定秩序。因此，法律规定了注册商标连续三年不使用的撤销制度，该制度的立法目的在于激活商标资源，清理闲置商标。撤销制度在一定意义上可以"督促"商标权人积极使用注册商标。

2. 违反法律、行政法规规定的商标使用是否能够认定为商标使用行为

在本案中，无论是一审法院、二审法院，还是最高人民法院均对违反法律、行政法规规定的商标使用行为持否定态度。最高人民法院在驳回云南滇虹公司的通知书中认为，注册商标连续三年不使用撤销制度中所规定的商标"使用"，应该是在商业活动中对商标进行公开、真实、合法的使用，并指出判断商标使用行为合法与否的法律依据，不限于商标法及其配套法规。经营者在违反法律法规强制性、禁止性规定的经营活动中使用商标的行为，不能认定为商标法规定的使用行为。

但是，最高人民法院在后来的撤销三年不使用案件审查中改变了态度。如在申请再审人法国卡斯特兄弟股份有限公司与被申请人商标评审委员会、李道之"卡斯特"商标撤销复审行政纠纷案[7]中，最高人民法院认为，只要在商业活动中公开、真实地使用了注册商标，且注册商标的使用行为本身没有违反商标法律规定，则注册商标权利人已经尽到法律规定的使用义务，不宜认定注册商标违反该项规定。至于在与争议商标有关的其他经营活动中是否违反进口、销售等方面的法律规定，并非2001年《商标法》第四十四条第（四）项所要规范和调整的问题。

由此，关于在撤销三年不使用商标行政案件中，违反法律、行政法规规定的商标使用是否能够认定为商标使用行为，最高人民法院在"康王"案中持否定态度，而在之后的"卡斯特"案中却持肯定态度，可见，商标法的适用是在不断的探索中前行，个案中的裁判标准绝不是金科玉律，随着社会及法律的不断发展，裁判标准亦会有所调适。

3. 诉讼证据诚信是基本要求

诚实信用原则是当事人参与诉讼应遵循的基本原则，不诚信诉讼行为不仅会干扰案件正常审理、浪费司法资源，甚至会严重影响司法公信和公平正义。在当下，商标"撤三"案件中提交虚假证据的现象依然较为严重，如发票作假、合同作假、广告宣传作假、荣誉文件作假等屡见不鲜，严重干扰了商标行政机

---

〔7〕 最高人民法院（2010）知行字第55号行政裁定书。

关和司法机关对于案件的正常审查，虚假证据被错误接纳和认可，相当于人为制造了案件的不公，损害了整个商标注册体系和商标管理秩序的健康发展，理应予以严厉遏制。

本案核心之处在于云南滇虹公司提交的商标使用证据具有明显瑕疵，甚至部分证据缺乏真实性。按照常理，商标若投入市场使用，总会有使用证据或使用痕迹，而云南滇虹公司虽然在“康王”案中多次提交商标使用证据，但经过分析，其提交的证据均与所争议商品项目无关。代理律师正是仔细、全面地核实云南滇虹公司所提交的商标使用证据，才发现其证据瑕疵，且人民法院也采纳了代理律师的观点。

令人欣喜的是，北京知识产权法院近年来已经对多起商标撤销复审行政纠纷案件中提交伪证的当事人作出处罚，处罚事由为商标权利人在行政程序中伪造了涉案商标的使用证据，相信这将会有力遏制当前商标权撤销复审行政诉讼中伪证行为频发的现象。

本案涉及的法律要点/理论知识点

1. 注册商标连续三年不使用撤销制度；
2. 有效商标使用证据的认定；
3. 诉讼诚信。

典型意义

一方面，“康王”商标之争凸显了商标注册对于企业的重要意义。人们往往把商标比作“商品的脸”“无声的推销员”“顾客的向导”“企业声誉的象征”，作为商标律师，我们认为商标是企业参与市场竞争的“第一利器”，企业发展越快速、规模越大，则越容易暴露或放大企业商标管理的不足或瑕疵，若再无充分的重视及合理、及时、专业、有效的应对之策，“千里之堤，毁于蚁穴”绝非戏言。本案中云南滇虹公司将药用洗发水上的“康王”商标使用行为等同于化妆品上的商标使用行为便是没有正确认知商标使用行为的法律界定。因此，企业务必重视商标的注册、运营及管理。

另一方面，“康王”商标案件涉及证据材料及所反映事实的复杂性，对律师工作能力的“精细化”“深入化”提出了更高的要求。律师对于案件的走向往往具有关键性作用，律师如果细致工作、善于发现问题并研究问题，可以找到新的突破点，乃至使案件情势出现"拨云见日""柳暗花明"的扭转；反之，律师如果缺乏"精细化""深入化"的工作态度及工作能力，则难以在纷繁复杂的证据材料中发现问题，若不能有效地发现问题，则无助于其诉讼观点的主张，必然对最终的诉讼结论形成不利影响，不能有效维护当事人的利益。在"康王"商标案中，代理律师正是通过在"化妆品的生产许可证和卫生许可证""生产日期"等关键证据要素上的细致推理，使案件获得胜诉，有力维护了当事人的利益。

本案获奖/社会影响

本案系当年知识产权界的焦点商标事件，在商标行政及商标司法领域均产生了极大的影响，亦在学术界掀起了热烈讨论。中央电视台曾以《"康王"商标3年不使用撤销案引发学术界解读》为题对案件进行报道；搜狐网、新浪网等国内主流媒体亦对该案进行了报道。

（编写人：马　翔）

中华人民共和国最高人民法院
驳回再审申请通知书*

（2007）行监字第184-1号

云南滇虹药业集团股份有限公司：

你公司因与再审被申请人汕头市康王精细化工实业有限公司（以下简称康王公司）、原审被告国家工商行政管理总局商标评审委员会（以下简称商标评审委员会）商标撤销行政纠纷一案，不服北京市高级人民法院（2007）高行终字第78号行政判决，向本院申请再审。本院依法组成合议庭对你公司的再审申请进行了审查，并于2008年5月22日、6月10日两次组织各方当事人进行听证。你公司代理人蒋洪义、刘春田，商标评审委员会代理人臧宝清，康王公司代理人马翔、邵宇力参加了听证。本案现已审查完毕。

你公司申请再审的理由是：（一）终审判决对商标法规定的“商标使用行为”合法性的理解错误。评判商标使用行为合法与否的法律依据，应当是商标法及其配套法规，即使使用商标的产品的生产行为不符合其他法律法规的规定，其法律后果也仅限于其他主管部门依据相关法律规定来处理其违法生产行为，而不应该导致商标主管部门也以商品生产销售违法为由来处理该商品上的商标使用行为。终审判决混淆商标使用行为与商品生产行为之间的界限，以商品生产行为的违法性来否定商标使用行为的合法性，缺乏法律依据和法理依据。（二）即使按照终审判决所采用的评判标准，在证据3和5中“康王”商标（注册号为第738354号，以下简称复审商标）的使用仍然属于合法使用。尽管《化妆品卫生监督条例》和《工业产品生产许可证管理条例》规定，只有取得化妆品的生产许可证和卫生许可证后，才能生产、销售化妆品，但是，上述行政法规并未禁止企业在取得相关许可证之前先行生产化妆品的包装容器。（三）如果以违反许可证管理制度为由否定再审申请人对复审商标有合法使用行为，则连续3年来使用也是因为政府政策性限制造成的，属于有正当理由不使用。（四）终审判决不仅违背了商标法关于撤销3年不使用的注册商标制度的立法宗旨，而且在客观上助长了不正当竞争行为。商标法第四十四条设立撤销连续3年不使用

* 本书选评案件的裁判文书，来源于中国裁判文书网等数据库，收入本书时保持其原有体例及内容。

的注册商标制度的目的，在于清理因注册人没有使用意愿等自身原因导致商标长期被搁置不用的“死亡”商标，避免商标资源的浪费。对于按照注册人的真实意愿被使用着的商标，即使其使用行为存在瑕疵，亦不应该成为撤销对象。本案中的复审商标在所争议的三年期间按照商标法规定的方式被客观使用着，使用行为一直延续至今，而且实际使用人昆明滇虹公司已在2003年取得了化妆品的相关许可证，解决了生产合法性问题。经过多年的使用，复审商标已经在消费者中形成了良好的声誉和较高的知名度。再审申请人目前已经拥有注册在第三类、第五类、第十类等多个类别上的共计十五枚带中文“康王”字样的商标，并申请了几十枚防御性的“康王”类似商标。其中第五类上的“康王”商标还被认定为驰名商标。复审商标不仅是“活”着的商标，而且与再审申请人所拥有的其他康王商标一起，构成了“康王”品牌整体战略的有机组成部分。按照商标法的宗旨，这样的商标不应该撤销。

再审被申请人康王公司答辩称：（一）再审请求缺乏事实依据。再审申请人没有有效证据证明与康丽雅公司之间存在真实的商标使用许可关系；再审申请人没有提交与化妆品有关的生产记录、销售凭据、广告宣传等方面的证据，没有有效证据证明再审申请人真实、合法使用了复审商标。（二）再审申请理由没有法律依据。按照商标法实施条例第三条的规定，商标法所称商标的使用，应当是公开、真实、合法的使用。再审申请人提交的复审商标使用证据不仅真实性无法确定，而且不具有使用的合法性。再审申请人关于商标使用行为与商品生产行为是两个不同的法律问题，应分别适用不同的法律评判，商标主管部门只能依据商标法对商标使用行为作出判断和处理的主张不能成立。再审申请人关于三年不使用复审商标是因为政府政策限制造成的、不使用有正当理由的观点更不能成立。因为日化行业并非进入门槛很高的行业，以再审申请人的条件办妥生产许可手续是轻而易举的事情。此外，在行政诉讼再审审查程序中，商标评审委员会及再审申请人收集和提交的新证据都不能作为认定被诉具体行政行为合法的依据。再审申请的理由均不能成立，应当驳回。商标评审委员会认为，其作出的商评字［2006］第2432号决定认定事实和适用法律是正确的。

本院经调卷、听证审查查明：案外人北京康丽雅公司1995年4月7日被核准在第3类（化妆品）上注册第738354号“康王”文字商标（即复审商标）。康丽雅公司最后一次参加企业年检的时间是1997年3月20日，自1998年起就未办理工商年检，2001年6月该公司营业执照被吊销。2002年10月18日，康王公司以连续三年停止使用为由，向商标局申请撤销复审商标。商标局于2003

年12月17日作出《关于撤销第738354号“康王”商标的决定》，决定撤销复审商标。你公司作为复审商标的受让人，于2004年1月9日向商标评审委员会申请复审。2006年7月26日，商标评审委员会作出商评字［2006］第2432号《关于第738354号“康王”商标撤销复审决定书》（简称第2432号决定），决定对第738354号“康王”商标的注册予以维持。康王公司不服第2432号决定，向北京市第一中级人民法院提起行政诉讼。一审法院查明：在商标评审程序中，你公司提交了与康丽雅公司签订的商标使用许可合同，该合同上标明的签订日期为2001年4月25日，证明你公司被许可从2001年4月30日起至2003年10月30日止使用复审商标。你公司还提交了与康丽雅公司签订的商标转让协议，该协议标明的签订日期为2003年5月15日，商标局于2003年9月8日核准复审商标转让给你公司。商标评审委员会在第2432号决定中，对你公司提交的证据3、5、6、17予以采信。其中证据3为“康王”牌防裂护肤霜外包装盒实物两个，显示的生产日期分别为2001年8月14日和2002年9月17日，生产厂家为你公司的子公司昆明滇虹公司，该包装盒上未标注《生产许可证》及《卫生许可证》。证据5为昆明滇虹公司与昆明西山时代亨利彩印厂于2002年8月5日签署的《供需合同》，该合同显示昆明滇虹公司委托亨利彩印厂加工20克“康王”牌护肤霜小盒10万只、20克“康王”牌护肤霜中盒1万只及20克“康王”牌护肤霜说明书10万张，交货期限为2002年9月15日之前。证据6为亨利彩印厂出具的书面证明，证明该厂于2000年至2002年为昆明滇虹公司生产“康王”牌防裂护肤霜的配套材料；该证明中无法定代表人签章。证据17为昆明滇虹公司生产的“康王洗剂”外包装盒、昆明友立实业公司（简称友立公司）的证明、友立公司的化妆品生产《卫生许可证》及《生产许可证》；其中，友立公司的证明称，其于2001年下半年受托为昆明滇虹公司加工过化妆品康王洗剂产品；包装盒上所载明的生产批号为010801；卫生许可证与生产许可证中所载明的许可证号与证据17包装盒中所显示的生产许可证及卫生许可证号一致，上述两个许可证均为友立公司所有，但其中生产许可证的颁证日期为2003年5月9日。你公司称友立公司获得该生产许可证的时间并非2003年，该许可证上的时间仅是换证时间，但未提交证据证明。一审法院认为，你公司提交的证据无法证明复审商标在1999年10月18日至2002年10月17日之间已被真实、合法使用，商标评审委员会认定你公司存在真实的使用行为，认定事实错误。一审法院判决撤销商评字［2006］第2432号决定，并判令商标评审委员会于判决生效之日起三个月重新作出复审决定。商标评审委员会、你公司不服一审判决，向北京市高级人民法院提起上诉。二审法院经审理认为，现有证据均不足以证明你公司及昆明滇虹公司在复审商标被申请撤销前有实际使用该商标的行为。二审法院判决驳回上诉，维持原判。

本院认为：商标法第四十四条第（四）项规定的"使用"，应该是在商业活动中对商标进行公开、真实、合法的使用。从商标法第四十五条的规定来看，判断商标使用行为合法与否的法律依据，并不限于商标法及其配套法规。对于违反法律法规强制性、禁止性规定的生产经营活动中的商标使用行为，如果认定其法律效力，则可能鼓励、纵容违法行为，与商标法有关商标使用行为规定的本意不符。

商标评审委员会在第2432号决定中采信的你公司证据3、5、6、17，由于没有相关的化妆品销售合同、销售发票、广告宣传资料等公开使用证据予以印证，不能证明你公司按照商标法的规定实际使用了复审商标。由于2002年10月18日之前，你公司及昆明滇虹公司均没有生产、销售化妆品所必需的生产许可证和卫生许可证，不能认定你公司在争议期内合法使用了复审商标。你公司没有提交在撤销申请提出前已经向有关主管机关申报申请材料的证据，无法认定你公司有不使用的正当理由。

从商标法实施条例第三十九条第二款的规定来看，有商标法第四十四条第（四）项规定的连续3年停止使用行为的，他人向商标局申请撤销该注册商标后，如果注册人没有使用的证据材料或者证据材料无效，并且没有不使用的正当理由的，由商标局撤销其注册商标，并不适用责令限期改正的处理办法。因此，你公司关于终审判决违背商标法第四十四条立法宗旨的主张，在现行法律法规中没有依据。

对于你公司在本院审查过程中提交的新证据，由于这些证据不是作出行政裁决所依据的证据，本院不予审查。

综上所述，本院认为，一、二审法院的判决认定事实清楚，适用法律正确。你公司的再审申请不符合《中华人民共和国行政诉讼法》第六十三条第二款、《最高人民法院关于执行〈中华人民共和国行政诉讼法〉若干问题的解释》第七十二条规定的再审条件，依据《最高人民法院关于执行〈中华人民共和国行政诉讼法〉若干问题的解释》第七十四条的规定，予以驳回。

特此通知。

二〇〇八年十二月二十五日

“伊利” 商标异议复审行政诉讼案

基本案情

诉讼当事人

上诉人（原审被告）：国家工商行政管理总局商标评审委员会，住所地：北京市西城区茶马南街1号。

被上诉人（原审原告）：内蒙古伊利实业集团股份有限公司，住所地：内蒙古呼和浩特市金山开发区金山大道1号。

原审第三人：尤成和，住所地：浙江省温州市。

案由

◎ **商标权异议复审行政纠纷**[1]

案情简介

2000年6月2日，尤成和以瑞安市梅头和成水暖经营部的名义提出第1634078号“伊利 YiLi”商标（以下简称被异议商标）注册申请，指定使用商品为第11类“水龙头、水管龙头、浴室装置、桑拿浴设备、卫生间用手干燥器、水箱液面控制阀、冲水装置、喷水器、卫生器械和设备、管道（卫生间设备部件）”。2005年5月13日，被异议商标变更注册人名义为温州市龙湾海城和成水暖经营部，该经营部为个体工商户，业主为尤成和。

被异议商标经初审公告后，伊利公司向商标局提出异议申请。商标局作出商标异字［2001］0000004060号异议裁定，认定：伊利公司的引证商标注册在“牛奶制品”上，而被异议商标注册在“水龙头”等商品上，两商标指定使用

〔1〕 北京市高级人民法院（2009）高行终字第1418号。

商品在功能、用途、销售渠道、消费对象等方面均不同，不构成使用在类似商品上的近似商标。引证商标虽然属于驰名商标，但其赖以知名的商品是冷饮，与“水龙头”等商品分属不同行业，差异较大，故被异议商标使用在“水龙头”等商品上，不会引起消费者混淆。对被异议商标予以核准注册。

伊利公司不服，向商标评审委员会提起复审申请。其主要理由是：伊利公司是全国乳品行业龙头企业之一，“伊利”既是伊利公司的字号，又是伊利公司独创并长期使用的商标，伊利公司的“伊利”商标1999年被国家工商行政管理部门认定为驰名商标，在全国范围内有很高的知名度。被异议商标与伊利公司的驰名商标文字完全相同，不同之处仅在于被异议商标还包含拼音部分，二者已构成近似商标。考虑到伊利公司“伊利”商标的知名度，尽管被异议商标指定使用商品与伊利公司驰名商标所使用商品有所不同，但其注册明显是对伊利公司驰名商标的复制、摹仿，是为了搭便车和谋取不正当利益，并且被异议商标的注册和使用必将引起消费者的混淆误认，误导公众并损害广大消费者和伊利公司的合法权益。伊利公司的驰名商标使用在食品上，被异议商标指定使用的卫生器械和设备等商品包括马桶、小便池等，必然使消费者产生不好的联想，淡化和贬损伊利公司驰名商标的价值。因此，伊利公司请求依据《商标法》第十三条、第三十一条的规定对被异议商标不予核准注册。

2009年5月4日，商标评审委员会作出第11679号裁定，该裁定认为：伊利公司使用在牛奶等商品上的引证商标在中国消费者中具有很高的知名度，并于1999年被国家工商行政管理部门认定为驰名商标，双方当事人对此没有异议。但由于被异议商标指定使用的商品为水龙头等，与伊利公司的引证商标指定使用的牛奶等商品分属完全不同的两个行业，加之确有美国“伊利运河”等称谓，“伊利”一词未与伊利公司建立唯一对应的联系，被异议商标的注册使用不易使消费者将其标识的商品误以为源自伊利公司，从而误导公众，损害伊利公司与消费者的利益。故被异议商标的注册并未违反《商标法》第十三条第二款的规定。伊利公司没有举证证明其在水龙头等商品上在先使用了“伊利”商标，且其生产的主要商品与水龙头不属于类似商品，因此不能认为被异议商标的注册侵犯了伊利公司的在先商号权益或抢注了伊利公司在先使用的具有一定影响的引证商标。对伊利公司依据《商标法》第三十一条规定要求不予被异议商标注册的主张，亦不予支持。综上，商标评审委员会裁定：被异议商标予以核准注册。

伊利公司不服商标评审委员会裁定，依法提起行政诉讼。

案件处理结果

北京知识产权法院经审理认为：被异议商标与引证商标相比，两者相同之处为均含有“伊利”文字部分，在文字与图形组合商标中，文字部分构成该商标的主要识别部分，是其显著性区别所在，两商标的主要识别部分都是“伊利”汉字与拼音，商标评审委员会据此认为两商标标识构成近似是正确的。

针对伊利公司有关驰名商标事实的相关证据，尤成和对第 11679 号裁定认定伊利公司的“伊利”商标为驰名商标的事实不持异议，法院对该事实予以确认。

伊利公司的“伊利”商标具有极高的知名度，当他人将“伊利”作为商标注册使用在其他领域的商品上时，难免使人将其与伊利公司的“伊利”商标发生联系，据此认定这种联系已成为客观事实，足以使公众认为被异议商标与伊利公司的驰名商标“伊利”具有相当程度的联系。“伊利”二字虽与美国五大淡水湖之一的“伊利湖”或“伊利运河”的中文译名“伊利”相同，但对于中国消费者而言，知晓“伊利”牌奶制品的消费者远多于知晓美国“伊利运河”的消费者，对“伊利”的使用已产生并具有唯一对应于伊利公司产源的标识性效果，商标评审委员会认定“伊利”二字并未与伊利公司建立起唯一对应的关系，该认定与客观事实不符。

鉴于“伊利”商标极高的知名度，尤成和将“伊利”作为水龙头等商品上的商标使用，尽管注册申请的商品类别在生产销售等方面与伊利公司没有关联之处，但可以认定其使用行为客观上造成了减弱“伊利”作为驰名商标显著性的损害后果；其使用在卫生器械和设备上，易使消费者将其与不洁物产生联想，伊利公司据此有理由认为尤成和的这种使用会造成贬损其“伊利”商标声誉的损害后果；也因“伊利”商标极高的知名度，伊利公司有理由认为，尤成和的这种使用行为无形中利用了伊利公司“伊利”商标的市场声望，无偿占用了伊利公司因付出努力和大量的投资而换来知名度的利益成果。因此尤成和注册使用“伊利”商标，已构成《商标法》第十三条第二款规定的“误导公众，致使该驰名商标注册人的利益可能受到损害”的情形。

北京市高级人民法院审理后认为：2001 年《商标法》第十三条第二款规定，就不相同或者不相类似商品申请注册的商标是复制、摹仿或者翻译他人已经在中国注册的驰名商标，误导公众，致使该驰名商标注册人的利益可能受到损害的，不予注册并禁止使用。该款中所规定的“误导公众，致使该驰名商标注册人的利益可能受到损害”是指，足以使相关公众认为他人的商标与驰名商标所有人具有相当程度的联系，而减弱驰名商标的显著性、贬损驰名商标的市场声誉，或者不正当利用驰名商标的市场声誉的情况。

鉴于各方当事人对伊利公司的引证商标为驰名商标的事实不持异议，法院认定在被异议商标申请注册前，引证商标已经构成驰名商标。伊利公司的引证商标为驰名商标，该商标核定使用的牛奶制品等商品为日常生活消费品，相关公众对其有较高的认知度，会将“伊利”商标与伊利公司及其牛奶制品紧密联系在一起。虽然“伊利”二字还出现在美国五大淡水湖“伊利湖”或“伊利运河”中，但对相关公众而言，看到“伊利”二字首先想到的应当是伊利公司及其牛奶制品，而非“伊利湖”或“伊利运河”。因此，引证商标“伊利及图”与伊利公司及其牛奶制品在中国相关公众中已经形成了固定的联系，原审判决对此的认定是正确的，商标评审委员会关于两者不存在唯一特定联系的上诉主张因没有考虑相关公众的认知度，其理由不成立，本院对其主张不予支持。鉴于引证商标“伊利及图”为驰名商标，其使用的商品又为日常生活消费品，在我国有庞大的消费群，尤成和将“伊利”作为水龙头等商品上被异议商标的主要部分使用，尽管其指定使用商品类别在生产、销售等方面与伊利公司没有关联之处，但其行为实际上不当利用了伊利公司驰名商标的声誉，割裂了相关公众对“伊利”商标与伊利公司及其牛奶制品之间的固有联系，会导致减弱“伊利”驰名商标显著性的损害后果。原审判决关于被异议商标的申请注册违反2001年《商标法》第十三条第二款的规定的认定是正确的，法院予以支持；商标评审委员会关于原审判决用“反淡化理论”解释《商标法》第十三条第二款的规定违反立法本意的上诉主张，于法无据，法院不予支持。

律师策略与解析

代理律师在代理该案期间，坚定地认为商标评审委员会裁定错误，认为2001年《商标法》第十三条第二款的适用情形包括驰名商标的反淡化。诉争商标的使用会割裂相关公众对“伊利”商标与伊利公司及其牛奶制品之间的固有联系，会导致减弱“伊利”驰名商标显著性的损害后果，由此，被异议商标已构成《商标法》第十三条第二款规定的情形。

1.《商标法》第十三条第二款是否给予驰名商标“反淡化”的保护

《商标法》第十三条第二款规定：“就不相同或者不相类似商品申请注册的商标是复制、摹仿或者翻译他人已经在中国注册的驰名商标，误导公众，致使该驰名商标注册人的利益可能受到损害的，不予注册并禁止使用。”虽然条款中并没有出现“反淡化”相关文字，但是驰名商标的淡化属于致使驰名商标注册人利益受到损害的情形之一，故应当认为《商标法》第十三条第二款适用的情形包括驰名商标的淡化。对此，最高人民法院也有相应的司法解释。《最高人民法院关于审理涉及驰名商标保护的民事纠纷案件应用法律若干问题的解释》第九条第二款规定：“足以使相关公众认为被诉商标与驰名商标具有相当程度的联系，而减弱驰名商标的显著性、贬损驰名商标的市场声誉，或者不正当利用驰名商标的市场声誉的，属于商标法第十三条第二款规定的‘误导公众，致使该驰名商标注册人的利益可能受到损害’。”

代理律师明确提出的观点是我们国家更需要反淡化，如果不给予驰名商标更高的反淡化保护，对知名品牌“搭便车”的现象会日益严重，这将对企业造成不利的影响，亦不利于中国企业的做大做强。本案中各方当事人对伊利公司的“伊利”商标构成驰名均不持异议，故伊利公司引证商标符合在先驰名商标的适用要件。引证商标“伊利及图”为驰名商标，且“伊利”商标早在1999年就被认定为驰名商标，达到驰名的时间较早。使用“伊利”商标的商品又为牛奶等日常生活消费品，消费群体覆盖范围极广。尤成和将“伊利”作为水龙头等商品上被异议商标的主要部分使用，尽管其指定使用商品类别在生产、销售等方面与伊利公司没有关联之处，但其行为实际上不当利用了伊利公司驰名商标的声誉，割裂了相关公众对“伊利”商标与伊利公司及其牛奶制品之间的固有联系，会导致减弱“伊利”驰名商标显著性的损害后果，所以应当认定被异议商标构成《商标法》第十三条第二款规定的情形。

2. 驰名商标反淡化保护的适用标准是驰名商标注册人的利益是否受到损害

如前所述，驰名商标反淡化是作为致使驰名商标注册人利益受到损害的情形之一进行规制的，所以驰名商标反淡化理论是否应当适用的最终标准还是考量系争商标的使用是否构成《商标法》第十三条第二款规定的“误导公众，致使该驰名商标注册人的利益可能受到损害”。

在相关司法判决中，驰名商标的“淡化”情形是指：足以使相关公众认为诉争商标与驰名商标具有相当程度的联系，而减弱驰名商标的显著性（即弱化行为），贬损驰名商标的市场声誉（即丑化行为），或者不正当利用驰名商标的市场声誉。而对于“淡化”的认定，通常而言，若诉争商标指定或核定使用商品或服务的相关公众在看到诉争商标时会联想到在先的驰名商标，并基于此联想而认识到该商品或服务并非由驰名商标所有人提供或与其有特定关联，则应认定该驰名商标可以获得反淡化的保护。对于驰名商标提供“反淡化”保护的目的，在于避免驰名商标之显著性的弱化，即驰名商标与特定商品或服务上唯一、单一和固定的联系的破坏[2]。从以上标准可知，驰名商标反淡化保护包括弱化和丑化两种情形，而本案中两种情形均存在。首先，相关公众看到水龙头、卫生洁具上的“伊利”商标时，可以清楚地知道该商品并非由生产牛奶的伊利公司提供而是由其他主体提供，从而割裂了“伊利”驰名商标与伊利公司之间的联系。其次，“伊利”是牛奶等食品上的驰名商标，当消费者看到卫生洁具上的“伊利”商标时，难免会产生不好的联想，是对“伊利”驰名商标的丑化。故本案被异议商标已构成了《商标法》第十三条第二款规定的致使驰名商标注册人利益受到损害的情形。

本案涉及的法律要点/理论知识点

1. 《商标法》第十三条第二款是否给予驰名商标“反淡化”的保护；
2. 驰名商标反淡化保护的适用标准是驰名商标注册人的利益是否受到损害。

典型意义

本案的典型意义在于开创了2001年《商标法》第十三条第二款对驰名商标给予反淡化保护的先例。

在“伊利案”前，行政机关和司法机关普遍认为商标行政确权案件中只有对臆造词才给予反淡化保护，本案因为在先有伊利湖和伊利运河，所以“伊利”并非臆造词，不应当给予反淡化保护。本案代理律师强调伊利湖和伊利运河在相关公众中认知度低，且“伊利”是知名度极高的驰名商标，“伊利”商标与伊利公司已产生唯一对应关系，应当对其给予更大范围的跨类保护。司法机关采纳了这一观点，法院最终认定“伊利”是知名度极高的驰名商标，同时给予

---

〔2〕 参见北京市第一中级人民法院（2012）一中知行初字第3468号案。

“伊利”商标反淡化保护。

在本案判决作出后不久，最高人民法院即出台了相应的司法解释，即《最高人民法院关于审理涉及驰名商标保护的民事纠纷案件应用法律若干问题的解释》。其第九条第二款规定：“足以使相关公众认为被诉商标与驰名商标具有相当程度的联系，而减弱驰名商标的显著性、贬损驰名商标的市场声誉，或者不正当利用驰名商标的市场声誉的，属于商标法第十三条第二款规定的‘误导公众，致使该驰名商标注册人的利益可能受到损害’。”驰名商标反淡化保护应当以是否误导公众，致使驰名商标注册人利益受到损害为唯一判断标准。驰名商标条款给予驰名商标相较于非驰名商标更强的保护是基于驰名商标的高知名度和良好声誉，反淡化保护理论并不要求以相关公众的产源混淆误认为适用前提，而只以系争商标的使用割裂了驰名商标与其注册人之间的固定联系，从而减弱驰名商标的显著性为适用前提。该条款的适用应当全面考虑各要件，即应当综合考量请求保护的商标是否为驰名商标、双方商标近似程度、商标的显著性等因素。

在本案之后，伊利公司的“伊利”商标受保护的力度大大提高，“伊利”商标几乎在所有商品和服务上都得到了保护，这对伊利公司的快速发展起到了极大的促进作用。

（编写人：马　翔）

北京市高级人民法院
行政判决书

（2009）高行终字第1418号

上诉人（原审被告）国家工商行政管理总局商标评审委员会。

法定代表人许瑞表。

委托代理人薛寅君。

被上诉人（原审原告）内蒙古伊利实业集团股份有限公司。

法定代表人潘刚。

委托代理人马翔，北京市天驰律师事务所律师。

委托代理人宁光，北京市天驰律师事务所律师。

原审第三人尤成和。

委托代理人陈贺政。

上诉人国家工商行政管理总局商标评审委员会（简称商标评审委员会）因商标行政纠纷一案，不服北京市第一中级人民法院（2009）一中行初字第1589号行政判决，向本院提起上诉。本院2009年11月17日受理本案后，依法组成合议庭，于2009年12月3日公开开庭进行了审理。上诉人商标评审委员会的委托代理人薛寅君，被上诉人内蒙古伊利实业集团股份有限公司（简称伊利公司）的委托代理人马翔、宁光，原审第三人尤成和的委托代理人陈贺政到庭参加了诉讼。本案现已审理终结。

1991年10月8日，伊利公司提出第613251号"伊利及图"商标（简称引证商标）注册申请，该申请于1992年10月10日被核准，核定使用商品为第29类的牛奶、牛奶制品、酪、奶油、黄油、奶皮子、奶豆腐，专用期限经续展至2012年10月9日。

2000年6月2日，尤成和以瑞安市梅头和成水暖经营部的名义提出第1634078号"伊利 YiLi"商标（简称被异议商标）注册申请，指定使用商品为第11类水龙头、水管龙头、浴室装置、桑拿浴设备、卫生间用手干燥器、水箱液面控制阀、冲水装置、喷水器、卫生器械和设备、管道（卫生间设备部件）。2005年5月13日，被异议商标变更注册人名义为温州市龙湾海城和成水暖经营部，该经营部为个体工商户，业主为尤成和。

被异议商标经初审公告后，伊利公司向国家工商行政管理总局商标局（简称商标局）提出异议申请。2005 年 1 月 19 日，商标局作出［2005］商标异字第 23 号《“伊利 YILI”商标异议裁定书》（简称第 23 号裁定），对被异议商标予以核准注册。

伊利公司不服，向商标评审委员会提起复审申请。2009 年 5 月 4 日，商标评审委员会作出商评字［2009］第 11679 号《关于第 1634078 号“伊利 YiLi”商标异议复审裁定书》（简称第 11679 号裁定），对被异议商标予以核准注册。

伊利公司不服，向北京市第一中级人民法院提起诉讼。

北京市第一中级人民法院认为：被异议商标与引证商标相比，相同之处为均含有“伊利”文字部分，在文字与图形组合商标中，文字部分构成该商标的主要识别部分，是其显著性区别特征所在，两商标的主要识别部分都是“伊利”汉字与拼音，商标评审委员会据此认为两商标标识构成近似是正确的。

根据伊利公司有关驰名商标事实的相关证据，鉴于尤成和对于第 11679 号裁定认定伊利公司的“伊利”商标为驰名商标的事实不持异议，对该事实予以确认。

伊利公司的“伊利”商标具有极高的知名度，当他人将“伊利”作为商标注册使用在其他领域的商品上时，难免使人将其与伊利公司的“伊利”商标发生联系，据此认定这种联系已成为客观事实，足以使公众认为被异议商标与伊利公司的驰名商标“伊利”具有相当程度的联系。“伊利”二字虽有美国五大淡水湖的“伊利湖”或“伊利运河”中的中文译文“伊利”与之相同，但对于中国消费者而言，知晓“伊利”牌奶制品的消费者数量远远多于知晓美国“伊利运河”的人数，对“伊利”的使用已产生并具有唯一对应于伊利公司产源的标识性效果，商标评审委员会认定“伊利”二字并未与伊利公司建立起唯一对应的关系，该认定与客观事实不符。

鉴于“伊利”商标的极高的知名度，尤成和将“伊利”作为水龙头等商品上的商标使用，尽管注册申请的商品类别在生产销售等方面与伊利公司没有关联之处，但可以认定其使用行为客观上带来了减弱“伊利”作为驰名商标显著性的损害后果；其使用在卫生器械和设备上，易使消费者将其与不洁物发生联想，伊利公司据此有理由认为尤成和的这种使用会造成贬损其“伊利”商标声誉的损害后果；同时也因“伊利”商标极高的知名度，伊利公司有理由认为，尤成和的这种使用行为无形中利用了伊利公司“伊利”商标的市场声望，无偿占用了伊利公司因付出努力和大量的投资而换来的知名度的利益成果。因此尤成和注册使用“伊利”商标，已构成《中华人民共和国商标法》（简称商标法）第十三条第二款规定的“误导公众，致使该驰名商标注册人的利益可能受到损害”的情形。

北京市第一中级人民法院依照《中华人民共和国行政诉讼法》第五十四条第（二）项第1目、第2目之规定，判决：一、撤销商标评审委员会第11679号裁定；二、商标评审委员会重新作出商标异议复审裁定。

商标评审委员会不服原审判决，向本院提起上诉，请求撤销原审判决，维持商标评审委员会的第11679号裁定。其主要理由是：一、“伊利”二字并未与伊利公司建立唯一对应关系。“伊利”二字是美国五大淡水湖之“伊利湖”或“伊利运河”的中文译文名称，早在1988年就收入中国正式出版的书籍，早于伊利公司将“伊利”用作商标的时间，因此“伊利”与伊利公司并未形成唯一对应关系。二、原审判决对引证商标“伊利”给予不适当的扩大保护，违背了商标法的立法本意。商标法第十三条第二款中关于“误导公众，致使驰名商标注册人的利益可能受到损害的”规定，应当以是否构成混淆误认为前提，而原审判决认为被异议商标的申请注册会减弱驰名商标“伊利”的显著性、贬损伊利公司“伊利”商标的声誉、利用伊利公司“伊利”商标的市场声望。原审判决的上述观点是驰名商标保护的“反淡化理论”，我国商标法中并未采纳这一理论，而是把混淆、误导作为驰名商标保护的前提，因此原审判决的这一认定是错误的，商标评审委员会第11679号裁定的认定是正确的。

经审理查明：1991年10月8日，伊利公司提出引证商标（见下图）注册申请，该申请于1992年10月10日被核准，核定使用商品为第29类的牛奶、牛奶制品、酪、奶油、黄油、奶皮子、奶豆腐，专用期限经续展至2012年10月9日。

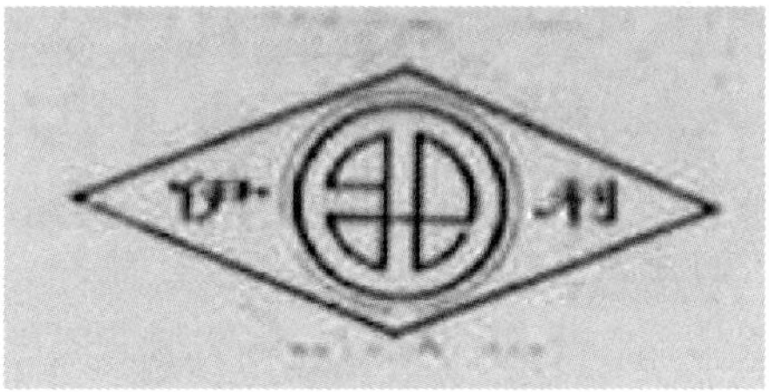

引证商标

2000年6月2日，尤成和以瑞安市梅头和成水暖经营部的名义提出被异议商标（见下图）注册申请，指定使用商品为第11类水龙头、水管龙头、浴室装置、桑拿浴设备、卫生间用手干燥器、水箱液面控制阀、冲水装置、喷水器、卫生器械和设备、管道（卫生间设备部件）。2005 年 5 月 13 日，被异议商标变更注册人名义为温州市龙湾海城和成水暖经营部，该经营部为个体工商户，业主为尤成和。

被异议商标

被异议商标经初审公告后，伊利公司向商标局提出异议申请。2005 年 1 月 19 日，商标局作出第 23 号裁定，该裁定认定：伊利公司的引证商标注册在“牛奶制品”上，而被异议商标注册在“水龙头”等商品上，两商标指定使用商品在功能、用途、销售渠道、消费对象等方面均不同，即不构成使用在类似商品上的近似商标。引证商标虽然属于驰名商标，但其赖以知名的商品是冷饮，与“水龙头”等商品分属不同行业，差异较大，故被异议商标使用在“水龙头”等商品上，不会引起消费者混淆。对被异议商标予以核准注册。

伊利公司不服，向商标评审委员会提起复审申请。其主要理由是：伊利公司是全国乳品行业龙头企业之一，“伊利”既是伊利公司的字号，又是伊利公司独创并长期使用的商标，伊利公司的“伊利”商标 1999 年被国家工商行政管理局认定为驰名商标，在全国范围内有很高的知名度。被异议商标与伊利公司的驰名商标文字完全相同，不同之处仅在于被异议商标还包含拼音部分，二者已构成近似商标。考虑伊利公司“伊利”商标的知名度，尽管被异议商标指定使用商品与伊利公司驰名商标所使用商品有所不同，但其注册明显是对伊利公司驰名商标的复制摹仿，是为了搭便车和谋取不正当利益，并且被异议商标的注册和使用必将引起消费者的混淆误认，误导公众并损害广大消费者和伊利公司的合法权益。伊利公司的驰名商标使用在食品上，被异议商标指定使用的卫生器械和设备等商品包括马桶、小便池等，必然使消费者产生不好的联想，淡化和贬损伊利公司驰名商标的价值。因此请求依据商标法第十三条、第三十一条的规定对被异议商标不予核准注册。

2009 年 5 月 4 日，商标评审委员会作出第 11679 号裁定，该裁定认为：伊利公司使用在牛奶等商品上的引证商标在中国消费者中具有很高的知名度，并于 1999 年被国家工商行政管理总局认定为驰名商标，双方当事人对此没有异议。但由于被异议商标指定使用的商品为水龙头等，与伊利公司的引证商标指定使用的牛奶等商品分属于完全不同的两个行业，加之确有美国“伊利运河”等称谓，“伊利”一词未与伊利公司建立唯一对应的联系，被异议商标的注册使用不易使消费者将其标识的商品误以为源自伊利公司，从而误导公众，损害伊利公司与消费者的利益。故被异议商标的注册并未违反商标法第十三条第二款的规定。伊利公司没有举证证明其在水龙头等商品上在先使用了“伊利”商标，且其生产的主要商品与水龙头也不属于类似商品，因此不能认为被异议商标的注册侵犯了伊利公司的在先商号权益或抢注了伊利公司在先使用的具有一定影响的引证商标。对伊利公司依据商标法第三十一条规定要求不予被异议商标注册的主张，亦不予支持。综上，商标评审委员会裁定：被异议商标予以核准注册。

商标评审阶段和原审诉讼中，各方当事人对于引证商标属于驰名商标的事实不持异议。尤成和向原审法院提交的《中国驰名商标汇集（一）》载明：伊利公司的“伊利”和“伊利及图”商标于 1999 年 12 月 29 日被认定为驰名商标，认定商品为第 30 类冷饮，其中“伊利及图”商标标志与引证商标图样一致。2007 年 9 月 13 日，商标评审委员会在商评字［2007］第 7409 号《关于第 3536506 号“伊利 ELEI”商标争议裁定书》（简称［2007］第 7409 号裁定）中认定，伊利公司在第 29 类牛奶制品上的“伊利及图”商标在 2003 年 4 月 22 日之前已经构成驰名商标。

上述事实有引证商标档案、被异议商标档案、商标局第 23 号裁定、商标评审委员会第 11679 号裁定、商标评审委员会［2007］第 7409 号裁定、尤成和在商标异议复审和诉讼中提交的证据材料、伊利公司在异议复审和诉讼中提交的证据材料、商标评审委员会在诉讼中提交的证据材料、当事人陈述及庭审笔录等证据在案佐证。

本院认为：商标法第十三条第二款规定，就不相同或者不相类似商品申请注册的商标是复制、摹仿或者翻译他人已经在中国注册的驰名商标，误导公众，致使该驰名商标注册人的利益可能受到损害的，不予注册并禁止使用。该款中所规定的“误导公众，致使该驰名商标注册人的利益可能受到损害”是指，足以使相关公众认为他人的商标与驰名商标所有人具有相当程度的联系，而减弱驰名商标的显著性、贬损驰名商标的市场声誉，或者不正当利用驰名商标的市场声誉的情况。

鉴于各方当事人对伊利公司的引证商标为驰名商标的事实不持异议，本院认定在被异议商标申请注册前，引证商标已经构成驰名商标。

伊利公司的引证商标为驰名商标，该商标核定使用的牛奶制品等商品为日常生活消费品，相关公众对其有较高的认知度，会将“伊利”商标与伊利公司及其牛奶制品紧密联系在一起。虽然“伊利”二字还有美国五大淡水湖“伊利湖”或“伊利运河”的含义，但对相关公众而言，看到“伊利”二字首先想到的应当是伊利公司及其牛奶制品，而非“伊利湖”或“伊利运河”。因此，引证商标“伊利及图”与伊利公司及其牛奶制品在中国相关公众中已经形成了固定的联系，原审判决对此的认定是正确的，商标评审委员会关于两者不存在唯一特定联系的上诉主张因没有考虑相关公众的认知度，其理由不成立，本院对其主张不予支持。

鉴于引证商标“伊利及图”为驰名商标，其使用的商品又为日常生活消费品，在我国有广大的消费群，因此尤成和将“伊利”作为水龙头等商品上被异议商标的主要部分使用，尽管其指定使用商品类别在生产、销售等方面与伊利公司没有关联之处，但其行为实际上不当利用了伊利公司驰名商标的声誉，割裂了相关公众对“伊利”商标与伊利公司及其牛奶制品之间的固有联系，将会导致减弱“伊利”驰名商标显著性的损害后果。原审判决关于被异议商标的申请注册违反商标法第十三条第二款的规定的认定是正确的，本院予以支持；商标评审委员会关于原审判决用“反淡化理论”解释商标法第十三条第二款的规定违反立法本意的上诉主张，于法无据，本院不予支持。

综上，原审判决认定事实清楚，适用法律正确，程序合法，应予维持。上诉人商标评审委员会的上诉请求及其理由缺乏依据，本院不予支持。依照《中华人民共和国行政诉讼法》第六十一条第（一）项之规定，判决如下：

驳回上诉，维持原判。

一审案件受理费人民币一百元，由国家工商行政管理总局商标评审委员会负担（于本判决生效后七日内交纳）；二审案件受理费人民币一百元，由国家工商行政管理总局商标评审委员会负担（已交纳）。

本判决为终审判决。

审　判　长　张　冰
审　判　员　莎日娜
代理审判员　钟　鸣
二〇〇九年十二月十六日
书　记　员　张见秋

“溥儀眼镜 PUYI OPTICAL 及图”商标驳回复审行政诉讼案

基本案情

诉讼当事人

上诉人（原审原告）：中雅有限公司，住所地：英属维尔京群岛托托拉岛罗德镇黑伯恩大道海洋草场大楼。

被上诉人（原审被告）：国家工商行政管理总局商标评审委员会，住所地：北京市西城区三里河东路8号。

案由

◎ **商标驳回复审行政纠纷**[1]

案情简介

2004年4月8日，上诉人中雅有限公司（以下简称中雅公司）向国家工商行政管理总局商标局（以下简称商标局）提出第4005379号“溥儀眼镜 PUYI OPTICAL 及图”商标（以下简称申请商标）的注册申请，商标局、国家工商行政管理总局商标评审委员会（以下简称商标评审委员会）均认为该商标易产生不良影响，从而驳回中雅公司的注册申请。中雅公司不服，向北京市第一中级人民法院提起行政诉讼。北京市第一中级人民法院经审理认为：申请商标中文部分的“溥儀”二字，是我国末代皇帝溥仪的名字。其作为清朝末代皇帝退位后，被日本帝国主义在我国东北扶植为傀儡政权伪满洲国的执政皇帝，沦为日本帝国主义侵略和奴役我国的工具；新中国成立后，溥仪作为战犯接受我国政府的

[1] （2010）高行终字第524号。

教育改造后被特赦，成为新中国的公民。溥仪的上述经历，使得其成为我国历史上不同于其他皇帝、具有特殊身份和影响的历史人物。将“溥儀”二字作为商标指定使用在眼镜等商品上易产生不良影响。因此，商标评审委员会的相关认定，并无不当。中雅公司所主张的申请商标曾被广泛使用以及其他历史上的中国皇帝的名字曾被注册为商标，与商标评审委员会的上述认定无关，法院不予支持。综上，北京市第一中级人民法院判决维持被诉决定。中雅公司不服一审判决，向北京市高级人民法院提起上诉，其主要上诉理由是：(1) 申请商标中使用的是经过艺术处理的“溥儀”二字，相关公众不会将其与溥仪联系起来，原审法院对争议商标文字部分的认定有误；(2) 溥仪属于可以宣传的正面历史人物，“溥儀”二字本身没有任何不良影响，将“溥儀”二字作为商标使用在眼镜等商品上也不可能产生不良影响，且经过中雅公司的长期使用，客观上亦未造成任何不良影响，一审判决认定错误，申请商标应当予以初审公告。

案件处理结果

北京市高级人民法院经审理认为，我国2001年《商标法》第十条第一款第（八）项规定，具有其他不良影响的标志不得作为商标使用。这里的“不良影响”应当理解为商标的构成要素或将商标的构成要素与所指定的商品或服务相结合对我国政治、经济、文化、宗教、民族等社会公共利益和公共秩序产生消极、负面的影响。申请商标中显著部分为“溥儀”二字，与清朝末代皇帝溥仪的名字相同。虽然溥仪曾为伪满洲国的执政皇帝，但经政府教育改造后成为新中国的普通公民。因此“溥儀”二字作为申请商标的构成要素并不会直接产生任何不利于社会公共利益和公共秩序的影响。将申请商标与其所指定的“眼镜”等商品相结合，亦不会造成任何《商标法》意义上的“不良影响”。商标评审委员会及原审法院仅因申请商标中采用了清朝末代皇帝溥仪的名字作为构成要素即认定其属于《商标法》第十条第一款第（八）项规定的具有不良影响而禁止使用的情形，理由不充分，法院应予纠正。综上，北京市高级人民法院二审撤销一审判决。

律师策略与解析

1. 从溥仪的生平看诉争商标的申请注册

中雅公司于2001年在香港创立，考虑到溥仪与眼镜的种种不解之缘，故打算用"溥仪"作为品牌名称。2001 年 4 月，中雅公司在香港注册了"溥儀眼镜"商标并持续使用。经过多年发展，"溥仪眼镜"已经迈入顶级奢侈品行列，成为中国高端眼镜店的杰出代表。"溥仪眼镜"在香港最繁华的尖沙咀设有旗舰店，店内产品琳琅满目，价格从几万元到几百万元不等，有的全球限量款眼镜价格甚至高达上千万元，吸引了大批游客前往购买，其售卖的眼镜也成为很多明星的"标配"产品。

说到溥仪，其与眼镜的渊源颇深。溥仪在紫禁城生活时，庄士敦〔2〕是其英文教师。一次，庄士敦发现溥仪上课看时间时，不看摆在前桌上的小钟，而是看墙上挂着的大钟，就问原因。溥仪的回答是看不清桌上的小钟。庄士敦猜想溥仪可能有眼疾，便提议请眼科医生给他看病、配镜。但此举遭到了王公大臣的反对〔3〕，宫中极有发言权的端康太妃反对得尤其厉害，声称"皇上戴眼镜是万万不可的"。庄士敦在提议无效后，威胁说如果不叫溥仪看眼病就辞职。溥仪一直认为庄士敦是好老师，没有允许他辞职。1921 年 11 月 8 日，庄士敦请北京协和医院眼科系主任霍华德博士来到紫禁城为溥仪检查眼睛。诊断结果是，溥仪患有严重的近视，并患有其他视觉缺陷，建议通过配戴眼镜来矫正视力。溥仪配了两副眼镜，均是当时最流行的款式。戴上眼镜后，溥仪自我感觉良好。"刚开始时，碍于宫中压力，在参加一些典礼活动时摘下眼镜，以免'失礼'，后来变得一刻也离不开眼镜了。在紫禁城当逊帝时期，在天津时期当寓公时期，在伪满洲国当执政、皇帝时期，在苏联做囚徒时期，在抚顺战犯管理所改造时期，成为普通公民时期，眼镜伴随着溥仪走完一生。"〔4〕

可见，中雅公司将"溥仪"作为"眼镜"商品的品牌名称是经过深思熟虑的，它既能让消费者联想到产品深厚的文化底蕴，也暗喻中雅公司能与溥仪一样，成为"不守旧、追新潮"的"弄潮儿"，因此，和中雅公司和代理律师均认为"溥仪眼镜"是一个很好的商标创意。但遗憾的是，该商标在商标局、商

---

〔2〕庄士敦（Reginald Fleming Johnston，1874—1938），英国苏格兰人，清朝末代皇帝爱新觉罗·溥仪的外籍老师。毕业于爱丁堡大学和牛津大学，1898 年赴中国，1930 年返回英国并在伦敦大学任教，著有《儒家与近代中国》《佛教中国》《紫禁城的黄昏》等。

〔3〕溥仪在《我的前半生》中写道："庄士敦说我眼睛可能近视，建议请个外国眼科医生来检验一下，如果确实的话，就给我配眼镜。不料这个建议竟像把水倒进了热油锅，紫禁城里简直炸开了。这还了得！皇上的眼珠子还能叫外国人看？皇上正当春秋鼎盛，怎么就像老头子一样戴'尖子'（眼镜）。"

〔4〕谷迪：《溥仪戴的眼镜背后故事真不少》，长春市人民政府网站，http：//www.changchun.gov.cn/zjzc/mlzc/ls/201709/t20170926_431114.html，最后访问时间：2021 年 4 月 26 日。

标评审委员会以及北京市第一中级人民法院均未能顺利获得初审公告，至北京市高级人民法院二审时，我们已无退路，只能毕其功于一役。

2. 通过补强证据证明诉争商标不具有“不良影响”

行政诉讼的特点决定了当事人原则上不能在诉讼中提交“新证据”（在被告作出具体行政行为时已经形成的证据）。但是，商标授权确权行政诉讼案件不同于普通的行政诉讼案件，其往往涉及长期的历史发展、复杂的权利纠葛等诸多因素，因此，“一刀切”地不考虑当事人在诉讼中提交的任何证据，不利于实质性解决纠纷，也不利于司法机关在公平的基础上提升审判效率。2011 年，《最高人民法院关于充分发挥知识产权审判职能作用推动社会主义文化大发展大繁荣和促进经济自主协调发展若干问题的意见》印发，其中第 23 条指出：“当事人因行使程序权利的瑕疵而可能影响其重大实体权益，甚至可能导致其丧失救济机会且没有其他救济途径的，可以根据案件具体情况给予补救机会。要注重商标授权确权争议的实质性解决，避免陷入不必要的程序重复，搁置实体问题和回避矛盾。对于商标是否应予注册、是否应当撤销等能够作出实体性判断的，可以在裁判理由中作出明确的判断，为被诉行政机关重作决定作出明确指引。”正因如此，“补强证据”日益被商标司法实践所接受。“补强证据”来源于英美法系，其英文“corroboration”可以被翻译为“进一步的证据”。是指证明案件主要事实的同时，增强或担保主证据证明力，共同证明案件事实的证据。〔5〕二审中，代理律师在一审证据的基础上又提交了多份补强证据，再次强调了“溥仪”二字本身并没有不良影响。

（1）1956 年，毛泽东主席发表了《论十大关系》，指出像宣统皇帝这样的人……能劳动改造的去劳动改造……可以让他们给人民办点事情。〔6〕

（2）溥仪在抚顺战犯管理所期间，认真进行改造，用了一年半时间完成了《我的前半生》的写作。1959 年年底，抚顺战犯管理所将这份文稿油印了几十本，送公安部领导传阅并报毛泽东、周恩来等中央领导，该书稿后以“政治系统内部发行”的传播方式问世。截至 2010 年，该书销量已近 200 万册。〔7〕

---

〔5〕 郭华、焦鹏：《补强证据的性质认定》，中国法院网，https：//www. chinacourt. org/article/detail/2004/03/id/108103. shtml，最后访问时间：2021 年 5 月 31 日。

〔6〕 毛泽东：《论十大关系》，共产党员网，http：//fuwu. 12371. cn/2013/08/14/ARTI1376449049161135. shtml，最后访问时间：2021 年 8 月 6 日。

〔7〕 《溥仪〈我的前半生〉3 版本出齐销量共近 200 万册》，中国新闻网，https：//www. chinanews. com/cul/2010/12-21/2736024. shtml，最后访问时间：2021 年 4 月 27 日。

（3）1959年，毛泽东主席听取了关于"国民党战犯和伪满蒙战犯的学习改造情况"的报告后非常满意，随即研究了这些战犯的处理问题。之后，毛泽东主席代表中共中央向全国人大常委会提交建议，提出在庆祝新中国成立10周年之际，对于一些"确已改恶从善"的战争罪犯、反革命罪犯和普通刑事罪犯，宣布实行特赦。

（4）1959年9月，第二届全国人民代表大会常务委员会第九次会议根据毛泽东的建议通过了关于特赦确实已改恶从善的罪犯的决定。随后，刘少奇发布《中华人民共和国特赦令》。

（5）溥仪在《我的前半生》中写道："不等听完（由辽宁省高级人民法院的代表宣读给特赦人员的通知书），我已痛哭失声。祖国，我的祖国阿，你把我造就成了人！……"

（6）1959年12月4日，溥仪被安排为全国政协文史专员。他屡屡言之："我溥仪能有生命存在，是靠共产党宽大政策！亦是靠自己低头认罪。……在中国历史长河中，末代皇帝能善终者能有几人啊？"〔8〕

（7）据统计，1961—1966年，溥仪接待外宾来访达几百人次。特别是《我的前半生》外文版改称《从皇帝到公民》一书畅销世界之后，外国名流不断来访，接待中，溥仪揭露自己的过去，感激政府对他的生活安排，对祖国生产建设的成就的自豪感，在每一次接见中都表达出来。

综上，结合在案证据，可以看出溥仪一生传奇，三岁登基，六岁退位，做过皇帝，当过囚徒，最后经过中国共产党的改造成为新中国的公民。其姓名不仅不会具有"不良影响"，反而具有积极正面的宣传价值，"因为成功改造一位皇帝那是人类历史上空前绝后的事情"〔9〕。因此，我们坚定地认为将"溥仪"作为商标申请注册，并不会对我国政治、经济、文化、宗教、民族等社会公共利益和公共秩序产生消极、负面影响。申请商标应予初审公告，北京市高级人民法院二审采纳了代理律师的上诉理由，撤销了一审判决以及商标评审委员会决定，本案以中雅公司胜诉告终。

有趣的是，与"溥仪"同处晚晴时期的另外一位历史人物慈禧就没有那么

---

〔8〕 李以劻：《文史专员（四）| 与爱新觉罗·溥仪共事的六年》，中国人民政治协商会议全国委员会网站，http：//www.cppcc.gov.cn/zxww/2019/05/16/ARTI1557966655670158.shtml，最后访问时间：2021年4月26日。

〔9〕 百家讲坛：《末代皇帝溥仪二十一：走向新生》，央视网，https：//tv.cctv.com/2010/12/03/VIDE1355519975203129.shtml，最后访问时间：2021年4月27日。

幸运了。2002 年，自然人毕某申请了第 3242132 号“慈禧水道”商标，指定使用在“旅行社”等第 39 类服务上，商标局、商标评审委员会均适用“不良影响”条款将其驳回，毕某不服商标评审委员会决定提起行政诉讼。受理该案的法院认为：慈禧为中国历史上的负面人物是不争的事实，将“慈禧水道”作为商标使用，易产生不良影响。虽然原告毕某所在单位观光旅游项目包括“慈禧水道”，但是该旅游项目的开展并不能证明原告将“慈禧水道”用作识别观光旅游服务来源的服务商标就具有合法性。[10]

3. 不良影响条款及《最高人民法院关于审理商标授权确权行政案件若干问题的规定》的适用

我国《商标法》第十条第一款规定了禁止作为商标使用的标志，其中第（八）项规定“有害于社会主义道德风尚或者有其他不良影响的”标志不得作为商标使用，该条款规范的目的，主要是通过驳回特定商标的申请注册或对其予以宣告无效，维护社会的“公序善俗”。在以往的司法实践中，“其他不良影响”条款的适用频率较高，争议也较大，主要是因为“其他不良影响”并无统一明晰的定义和界定，其适用上具有很强的主观性。美国联邦最高法院大法官哈伦曾说，“汝之砒霜，彼之蜜饯”（one man’s vulgarity is another’s lyric），可见，一旦涉及主观判断，又无客观标准时，就难以得出合理结论。2010 年，《最高人民法院关于审理商标授权确权行政案件若干问题的意见》第三条指出：“人民法院在审查判断有关标志是否构成具有其他不良影响的情形时，应当考虑该标志或者其构成要素是否可能对我国政治、经济、文化、宗教、民族等社会公共利益和公共秩序产生消极、负面影响。如果有关标志的注册仅损害特定民事权益，由于商标法已经另行规定了救济方式和相应程序，不宜认定其属于具有其他不良影响的情形。”最高人民法院的上述规定明确了“其他不良影响”仅是指有害于社会主义道德风尚，可能对我国政治、经济、文化、宗教、民族等社会公共利益和公共秩序产生消极、负面影响的情形。而且，在考虑诉争商标是否具有“其他不良影响”时，应该只考虑其标志本身及其构成要素，不能将商标使用可能产生的结果以及其他因素作为具有“其他不良影响”的情形予以规制。

2017 年 1 月，《最高人民法院关于审理商标授权确权行政案件若干问题的规定》印发，其中第五条指出：“商标标志或者其构成要素可能对我国社会公共利

〔10〕（2009）一中行初字第 481 号。

益和公共秩序产生消极、负面影响的，人民法院可以认定其属于商标法第十条第一款第（八）项规定的"其他不良影响"。将政治、经济、文化、宗教、民族等领域公众人物姓名等申请注册为商标，属于前款所指的"其他不良影响"。根据以上规定可以看出，如将知名公众人物姓名作为商标注册，可能会因具有"其他不良影响"而被驳回。代理律师认为，就该条款的适用问题，应当根据不同申请主体区分对待；如果是获得公众人物授权或者公众人物自身将其姓名作为商标进行申请注册，则不宜适用该条款而驳回；如果是他人将公众人物姓名进行商标申请注册，则应依法适用该条款坚决予以驳回。在 2016 北京市高级人民法院公布的"2015 年度知识产权十大创新性案例"中，"莫言"商标驳回复审行政诉讼案法院即持此种观点，北京市高级人民法院在二审中认为："申请商标为'莫言'文字商标，与我国首位获得诺贝尔文学奖的作家'莫言'笔名相同。莫言获得诺贝尔文学奖后，其'莫言'两字就与诺贝尔文学奖建立直接联系。诺贝尔文学奖是举世公认的世界文坛最重要、最权威、最受人瞩目的一个奖项，莫言获得诺贝尔文学奖意味着莫言的艺术成就得到国际文学界的普遍认可，当然也对我国文化领域产生重大影响。在未经莫言本人同意或经其许可的情况下，他人以'莫言'作为商标注册，必然会对我国文化领域的社会公共利益和公共秩序产生消极、负面影响。本院注意到，申请商标的申请日为莫言获得诺贝尔文学奖之后一个月。这种抢注知名人士姓名、笔名、艺名，借助知名人士效应获得利益的行为不但有违诚实信用原则，损害了该知名人士的特定利益，而且也在一定程度上损害了社会公共秩序和善良风俗。如果允许这种商标抢注行为发生，不但会出现大量人名商标的注册申请，严重地冲击我国正常的商标注册秩序，而且会助长不劳而获、坐享他人之利的不良风气，有违社会主义善良风俗。因此，这种行为不应得到支持。当然，莫言本人或经其许可申请的商标除外。"〔11〕

本案涉及的法律要点

《商标法》第十条第一款第（八）项中"不良影响"的适用。

---

〔11〕（2015）高行（知）终字第 3061 号。

典型意义

本案申请商标在申请注册时以及驳回复审决定作出时，《最高人民法院的关于审理商标授权确权行政案件若干问题的意见》并未出台，故法院在判决时不能直接援引。本案的典型意义就在于二审法院在考量申请商标是否具有不良影响时，将考量范围仅仅限定在标志本身，如果标志本身并无不良影响，则应当秉持较为宽松温和的审查标准，尊重市场经营者在商业标志选择方面的自主权。

（编写人：马　翔）

北京市高级人民法院
行政判决书

（2010）高行终字第 524 号

上诉人（原审原告）中雅有限公司（CHINA ELEGANT LIMITED），住所地英属维尔京群岛托托拉岛罗德镇黑伯恩大道海洋草场大楼。

法定代表人邱子杰，行政总裁。

委托代理人宁光，北京市天驰律师事务所律师。

委托代理人马翔，北京市天驰律师事务所律师。

被上诉人（原审被告）中华人民共和国国家工商行政管理总局商标评审委员会，住所地中华人民共和国北京市西城区三里河东路 8 号。

法定代表人许瑞表，主任。

委托代理人黄凡，中华人民共和国国家工商行政管理总局商标评审委员会审查员。

上诉人中雅有限公司（CHINA ELEGANT LIMITED）（简称中雅公司）因商标驳回复审行政纠纷一案，不服中华人民共和国北京市第一中级人民法院（简称北京市第一中级人民法院）（2009）一中行初字第 1783 号行政判决，向本院提起上诉。本院于 2010 年 3 月 9 日受理后，依法组成合议庭，于 2010 年 4 月 15 日公开开庭进行了审理，上诉人中雅公司的委托代理人宁光、马翔，被上诉人中华人民共和国国家工商行政管理总局商标评审委员会（简称商标评审委员会）的委托代理人黄凡到庭参加了诉讼。本案现已审理终结。

针对中雅公司提出的第 4005379 号“溥儀眼镜 PUYI OPTICAL 及图”商标（即申请商标）的注册申请，中华人民共和国国家工商行政管理总局商标局（简称商标局）作出了驳回注册申请的决定。中雅公司不服，向商标评审委员会提出复审申请。商标评审委员会于 2009 年 3 月 2 日作出商评字［2009］第 4119 号《关于第 4005379 号“溥仪眼镜 PUYI OPTICAL 及图”商标驳回复审决定书》（简称第 4119 号决定），对申请商标予以驳回。中雅公司不服，向北京市第一中级人民法院提起行政诉讼。

北京市第一中级人民法院认为：申请商标中文部分中的“溥儀”二字，是我国末代皇帝溥仪的名字。其在作为清朝末代皇帝退位后，被日本帝国主义在我国东北扶植为傀儡政权伪满洲国的执政皇帝，沦为日本帝国主义侵略和奴役我国的工具；新中国成立后，溥仪作为战犯接受我国政府的教育改造后被特赦，成为新中国的公民。溥仪的上述经历，使得其成为我国历史上不同于其他皇帝、具有特殊身份和影响的历史人物。将“溥儀”二字作为商标指定使用在眼镜等商品上易产生不良影响。因此，商标评审委员会的相关认定，并无不当。中雅公司所主张的申请商标曾被大量广泛使用以及其他历史上的中国皇帝的名字曾被注册为商标，与商标评审委员会的上述认定无关，法院不予支持。

综上，北京市第一中级人民法院依照《中华人民共和国行政诉讼法》第五十四条第（一）项之规定，判决：维持第4119号决定。

中雅公司不服原审判决，向本院提起上诉，请求撤销原审判决及第4119号决定，并判令商标评审委员会就申请商标重新作出复审决定。其主要上诉理由为：一、申请商标中使用的是经过艺术处理的“溥儀”二字，相关公众不会将其与溥仪联系起来，原审法院对争议商标文字部分的认定有误；二、溥仪属于可以宣传的正面历史人物，将“溥儀”二字作为商标使用在眼镜等商品上不可能产生不良影响，且经过长期使用，客观上亦未造成任何不良影响，原审判决认定错误，申请商标应当获准注册。

商标评审委员会服从原审判决。

本院经审理查明：2004年4月8日，中雅公司向商标局申请在第9类“擦眼镜布、夹鼻眼镜、太阳镜、眼镜、眼镜玻璃、眼镜盒、眼镜架、眼镜框、眼镜链、隐形眼镜”商品上注册第4005379号“溥儀眼镜 PUYI OPTICAL 及图”商标（即申请商标）。

2006年1月4日，商标局以申请商标“为我国清朝末代皇帝的名字，用作商标易产生不良影响”为由，决定驳回申请商标的注册申请。

中雅公司不服商标局的驳回决定，于2006年1月25日向商标评审委员会申请复审，其理由为：已有多位历史上中国皇帝的名字作为商标在先注册，商标主管机构不应对溥仪的名字予以特殊保护。申请商标已被大量广泛使用，从未产生任何不良影响。申请商标并不属于有不良影响的商标，应获准注册。中雅公司为此向商标评审委员会提交了以清朝及历史上其他朝代部分皇帝名字注册的商标清单、集团及其商品简介、宣传册及其他宣传推广资料、申请商标广泛使用的资料等作为证据。

2009年3月2日，商标评审委员会作出第4119号决定，认定：申请商标中文部分的"溥仪"一词系我国普通消费者熟知的清朝末代皇帝溥仪的名字，将其作为商标指定使用在眼镜商品上，易产生不良社会影响。依据《中华人民共和国商标法》（简称《商标法》）第十条第一款第（八）项和第二十八条的规定，商标评审委员会决定对申请商标予以驳回。

二审期间，中雅公司提交了如下证据材料：三份商标注册信息及香港商标注册证明书。鉴于上述证据材料并非本案第 4119 号决定的依据，与本案申请商标应否注册缺乏关联性，本院对其不予采纳。

上述事实有第 4119 号决定、申请商标档案、商标驳回通知书、中雅公司向商标评审委员会提交的复审材料及当事人陈述等证据在案佐证。

本院认为：本案中，申请商标中所包含的汉字"溥儀"，是我国公众所熟知的清朝末代皇帝溥仪名字的繁体，原审判决对申请商标的事实认定中采用简体"溥仪"二字，并无不可。中雅公司关于申请商标中使用的是经过艺术处理的"溥儀"二字，相关公众不会将其与溥仪联系起来，原审法院对争议商标文字部分的认定有误的主张，依据不足，本院不予支持。

我国《商标法》第十条第一款第（八）项规定，具有其他不良影响的标志不得作为商标使用。这里的"不良影响"应当理解为商标的构成要素或将商标的构成要素与所指定的商品或服务相结合对我国政治、经济、文化、宗教、民族等社会公共利益和公共秩序产生消极、负面的影响。申请商标中显著部分为"溥儀"二字，与清朝末代皇帝溥仪的名字相同。虽然溥仪曾为伪满洲国的执政皇帝，但经政府教育改造后成为新中国的普通公民。因此"溥儀"二字作为申请商标的构成要素并不会直接产生任何不利于社会公共利益和公共秩序的影响。将申请商标与其所指定的"眼镜"等商品相结合，亦不会造成任何《商标法》意义上的"不良影响"。商标评审委员会及原审法院仅因申请商标中采用了清朝末代皇帝溥仪名字作为构成要素即认定属于《商标法》第十条第一款第（八）项规定的具有不良影响而禁止使用的情形，理由不充分，本院应予纠正。

综上，原审判决虽认定事实清楚，程序合法，但适用法律不当，本院应予纠正。上诉人中雅公司的部分上诉理由成立，本院对其上诉请求予以支持。依照《中华人民共和国行政诉讼法》第六十一条第（二）项之规定，判决如下：

一、撤销中华人民共和国北京市第一中级人民法院（2009）一中行初字第 1783 号行政判决；

二、撤销中华人民共和国国家工商行政管理总局商标评审委员会［2009］第 4119 号《关于第 4005379 号"溥仪眼镜 PUYI OPTICAL 及图"商标驳回复审决定书》；

三、中华人民共和国国家工商行政管理总局商标评审委员会就第 4005379 号“溥儀眼镜 PUYI OPTICAL 及图”商标重新作出行政决定。

一、二审案件受理费各人民币一百元，均由中华人民共和国国家工商行政管理总局商标评审委员会负担（均于本判决生效之日起七日内交纳）。

本判决为终审判决。

审 判 长 李燕蓉
代理审判员 潘 伟
代理审判员 戴怡婷
二〇一〇年九月九日
书 记 员 李 静

“百度” 商标无效宣告行政诉讼案

基本案情

诉讼当事人

上诉人（原审被告）：国家工商行政管理总局商标评审委员会，住所地：北京市西城区。

被上诉人（原审原告）：百度在线网络技术（北京）有限公司，住所地：北京市海淀区。

原审第三人：深圳市夜来香保健品有限公司，住所地：广东省深圳市福田区。

案由

◎ **商标争议行政纠纷**〔1〕

案情简介

百度公司是世界上规模最大的中文搜索引擎服务提供商，自2000年在中国创建以来，先后在多个类别上申请注册了“百度”商标。经过多年的宣传和使用，“百度”商标已经与百度公司形成紧密的对应关系，“百度”搜索引擎成为公众常用工具，为公众广泛知晓。

2001年5月28日，百度公司经国家工商行政管理总局商标局（以下简称商标局）核准，在第42类“计算机编程、以计算机信息网络方式提供计算机信息”等服务上注册了第1579950号“百度”商标。

2005年4月13日，夜来香公司向商标局申请注册诉争商标“百度”（以下

---

〔1〕 北京市高级人民法院（2012）高行终字第1081号。

简称诉争商标），2008 年 2 月 14 日，争议商标被核准注册，商标注册号为 4599043，核定使用商品为第 10 类“子宫帽、避孕套、非化学避孕用具”。

2010 年 3 月 29 日，百度公司以诉争商标违反《中华人民共和国商标法》（以下简称《商标法》）第十三条第二款、第三十一条为由，向商标评审委员会提出撤销诉争商标注册申请。

2011 年 12 月 2 日，商标评审委员会作出商评字［2011］第 31717 号《关于第 4599043 号“百度”商标争议裁定》（以下简称被诉裁定），维持诉争商标的注册。

百度公司不服，依法提起商标行政诉讼。

案件处理结果

北京市第一中级人民法院经审理认为：“百度”并无固定含义，具有较强的固有显著性。且经过长期、大量的使用，相关公众看到“百度”商标，很容易联想到其指代百度公司提供的“互联网搜索引擎服务”，“百度”商标具有较强的获得显著性。诉争商标与百度公司的“百度”商标几乎完全相同，消费者看到使用在“避孕套”等商品上的诉争商标时，难免将其与百度公司的“百度”驰名商标建立相当程度的联系，进而破坏“百度”商标与百度公司提供的互联网搜索引擎服务之间的密切联系，减弱百度公司“百度”驰名商标的显著性。同时，“百度”商标使用在“避孕套”等相关商品上，可能会降低“百度”驰名商标在部分消费者心目中的形象，减少部分消费者对“百度”驰名商标的认同感，进而损害百度公司的合法利益。诉争商标的注册已经构成《商标法》第十三条第二款所述情形，应予撤销。据此，北京市第一中级人民法院判决撤销被诉裁定，责令商标评审委员会重新作出裁定。商标评审委员会不服一审判决，上诉至北京市高级人民法院。

北京市高级人民法院经审理认为，一审判决对诉争商标予以撤销理由正当，程序合法，商标评审委员会上诉理由不能成立，判决驳回上诉，维持原判。

律师解析

本案诉争商标申请时间为 2005 年，距百度公司“百度”商标注册日不足 5 年，距商标争议、行政诉讼程序时间较长，百度公司举证困难；诉争商标核定使用商品为第 10 类"医疗器械、避孕套"等商品，与百度公司"百度"商标核定使用服务相差甚远，在商标评审委员会对百度公司驰名商标保护请求不予支持的情况下，通过诉讼再次寻求跨类保护难度极大。针对以上情况，一方面，代理律师进一步补强"百度"商标驰名证据；另一方面，代理律师结合互联网行业特点，驰名商标的淡化、丑化理论及第三人恶意证据等内容，多层面论述争议商标应予撤销，该意见最终被法院采纳。

1. 认定驰名商标应充分考虑互联网行业的特殊性

对于驰名商标的认定，实践中一般会参照《商标法》《驰名商标认定和保护规定》等规范性文件。2001 年《商标法》第十四条规定："认定驰名商标应当考虑下列因素：（一）相关公众对该商标的知晓程度；（二）该商标使用的持续时间；（三）该商标的任何宣传工作的持续时间、程度和地理范围；（四）该商标作为驰名商标受保护的记录；（五）该商标驰名的其他因素。"《驰名商标认定和保护规定》第三条规定："以下材料可以作为证明商标驰名的证据材料：（一）证明相关公众对该商标知晓程度的有关材料；（二）证明该商标使用持续时间的有关材料，包括该商标使用、注册的历史和范围的有关材料；（三）证明该商标的任何宣传工作的持续时间、程度和地理范围的有关材料，包括广告宣传和促销活动的方式、地域范围、宣传媒体的种类以及广告投放量等有关材料；（四）证明该商标作为驰名商标受保护记录的有关材料，包括该商标曾在中国或者其他国家和地区作为驰名商标受保护的有关材料；（五）证明该商标驰名的其他证据材料，包括使用该商标的主要商品近三年的产量、销售量、销售收入、利税、销售区域等有关材料。"《驰名商标认定和保护规定》虽然是原国家工商行政管理总局颁布的部门规章，但由于其规定更为细致，具有较强的可操作性，也被司法机关在司法认定驰名商标时广泛适用。[2] 本案中，百度公司自成立至诉争商标申请日仅 5 年时间，较难举出大量宣传、使用证据，从形式上不符合传统意义上认定驰名商标的要求，认定驰名商标难度较大。

代理律师分析认为，本案若想寻求突破，一方面需要继续补强知名度证据，另一方面百度公司系互联网行业的知名企业，互联网具有"传播快捷性、普及

---

〔2〕 谌蔚、周高、曹伟华：《驰名商标司法认定浅析》，湖南省高级人民法院网站，http：//hunanfy.chinacourt.gov.cn/article/detail/2008/08/id/1377728.shtml，最后访问日期：2021 年 4 月 24 日；柳洪祥：《驰名商标司法认定的标准》，中国法院网，https：//www.chinacourt.org/article/detail/2006/11/id/223523.shtml，最后访问日期：2021 年 4 月 24 日。

性”的特点，这决定了在互联网行业认定驰名商标具有区别于传统行业的特殊性，应予充分考量。

首先，互联网传播迅速，百度公司的“百度”商标可以在短时间内被公众广为知晓。相较于传统媒体，互联网具有信息量大、传播速度快、传播手法多样、传播过程多向互动、交流开放性、传播主体广泛性等多重优势[3]。相关公众凭借互联网，可以在短时间内对某一事物达到全方位认知，商标达到“为相关公众广为知晓”的程度，往往只需要 2 年，甚至 1 年，短于传统行业认定驰名商标所需要的 3 年。

其次，百度搜索引擎具有大众化特点，且已经成为公众常用工具，应减轻百度公司的举证责任。根据百度公司提供的补强证据，早在 2000 年 6 月 6 日百度公司就已经推出“百度搜索”，2003—2005 年，“百度搜索”连续三年位居同行业第一，迅速成为中国流量最大的网站、全球最大的中文搜索引擎、用户最常用的搜索引擎。2005 年，百度公司“百度中文搜索引擎”被中国互联网协会评选为“中文搜索引擎第一品牌”。最高人民法院《关于充分发挥知识产权审判职能作用 推动社会主义文化大发展大繁荣和促进经济自主协调发展若干问题的意见〉的通知》第 21 条规定：“对于一般公众广泛知晓的驰名商标，要结合众所周知的驰名事实，减轻商标权人对于商标驰名情况的举证责任。”鉴于百度公司“百度”商标在“互联网搜索引擎服务”上具有极高的知名度，公众已普遍将“百度搜索”作为常用工具，应减轻百度公司的举证责任。

上述观点被合议庭采纳，且为其他法院在处理类似案件时借鉴。在“抖音商标侵权及不正当竞争案”[4] 中，江苏省苏州市中级人民法院认为：“本案中，请求进行驰名商标保护的‘抖音’商标尽管注册时间较晚，但是互联网行业本身所具有的信息快速传播的特点……客观上促使短视频在当下移动互联网时代能够以几何级数量进行快速、大量的传播和扩散……已累积了极高的市场知名度，为广大消费者所熟知，具有被认定为驰名商标的事实基础。”在“小米生活商标侵权及不正当竞争案”[5] 中，江苏省高级人民法院认为：“在认定涉案‘小米’商标驰名的时间节点、社会公众知晓程度时，需综合考虑《商标法》第十四条规定的各项因素，并结合移动互联网行业的特点，对涉案‘小米’商

---

〔3〕《当今互联网发展迅速 它究竟改变了我们什么》，中国法院网，https：//www. chinacourt. org/article/detail/2010/07/id/418929. shtml，最后访问日期：2021 年 4 月 24 日。

〔4〕 江苏省苏州市中级人民法院（2018）苏 05 民初 1268 号。

〔5〕 江苏省高级人民法院（2019）苏民终 1316 号。

标是否驰名进行客观、全面的认定，不应机械地适用《驰名商标认定和保护规定》中关于持续3年或5年时间等相关内容的规定。"

2. *认定驰名商标的知名度需要充分考量该商标知名度的积累过程*

对于认定驰名商标的时间点，法院一般认为应当以"争议事实前或争议事实发生时为准"。具体而言，对于因商标注册发生的纠纷，应当以涉案商标注册申请日为判断权利人商标是否驰名的节点。[6]

本案中，为证明百度公司"百度"商标具有极高的知名度，百度公司提交了陕西省工商行政管理局陕工商字［2007］147号《关于认定"百度"商标为驰名商标的请示》以及商标局于2008年3月5日作出的［2008］第122号《关于认定"百度"商标为驰名商标的批复》，该批复认定：百度公司使用在第42类"以计算机信息网络方式提供互联网搜索引擎服务"上的"百度"注册商标为驰名商标。庭审中，第三人夜来香公司、被告商标评审委员会认为该证据形成时间晚于诉争商标申请日，无法证明"百度"商标在诉争商标申请日之前构成驰名。

代理律师分析认为，不应孤立地看待驰名商标的知名度情况，更不应混淆驰名事实时间点与驰名认定时间点。

首先，百度公司提交的证据足以佐证其持有的"百度"商标在2005年年底就已经构成驰名。根据百度公司提交的《关于认定"百度"商标为驰名商标的批复》，2007年百度公司发现西安"百度网吧"在使用"百度"商标，该网吧成立于2006年11月15日。为证明2006年前"百度"商标已经成为驰名商标，百度公司提交了2000年至2005年的证据材料，"百度"商标并最终被商标局认定为"驰名商标"。该证据完全可以证明，"百度"商标驰名事实至少在2005年年底就已经发生，不应人为混淆"驰名事实发生时间"与"驰名认定时间点"。

其次，商标驰名不可能一蹴而就，是一个不断积累的过程。诉争商标2005年4月13日申请，距2005年年底仅短短数月，完全能够推定诉争商标申请日前"百度"已经是驰名商标，不应片面认定"百度"在2005年年底是驰名，却在诉争商标申请日前就不驰名。

上述观点被合议庭采纳，且已为其他法院在处理类似案件时借鉴。如在"全友QUANYOU商标异议复审行政纠纷"[7]中，最高人民法院认为："在认定

---

〔6〕北京市第一中级人民法院知识产权庭课题组：《驰名商标司法认定的性质和标准》，《中华商标》，2007年第12期，第5页。

〔7〕最高人民法院（2013）行提字第3号。

特定时间点的商标知名度状态时，一般不应孤立地、片面地审查相关事实，必要时应将之放置在商标知名度积累过程之中，综合分析此前此后一段时间的商标使用证据，以确保认定商标在该时间点知名度高低的准确性。故对发生在特定时间点之后，能够补强证明该时间点商标知名度状态的商标使用事实，亦应酌情予以考虑。”

3. 将“百度”商标使用在“避孕套”上会贬损该驰名商标的市场声誉

《商标法》第十三条规定：“就不相同或者不相类似商品申请注册的商标是复制、摹仿或者翻译他人已经在中国注册的驰名商标，误导公众，致使该驰名商标注册人的利益可能受到损害的，不予注册并禁止使用。”《最高人民法院关于审理涉及驰名商标保护的民事纠纷案件应用法律若干问题的解释》第9条规定：“足以使相关公众认为被诉商标与驰名商标具有相当程度的联系，而减弱驰名商标的显著性、贬损驰名商标的市场声誉，或者不正当利用驰名商标的市场声誉的，属于商标法第十三条第二款规定的‘误导公众，致使该驰名商标注册人的利益可能受到损害’。”由上可知，除混淆之外，对他人驰名商标的损害还可以表现为“淡化”，即“弱化”（减弱驰名商标的显著性）、“丑化”（贬损驰名商标的市场声誉）和“搭乘”（不正当利用驰名商标的市场声誉）。质言之，相关公众未必会对商品及其来源产生混淆和误认，但会产生“联想”，而该种联想会对驰名商标的商誉造成不同形式的消极影响。[8]

本案中，鉴于“百度”商标核定使用的服务与“避孕套”等商品在商品类别上相差较大，加之原告“百度”商标的极高知名度，证明诉争商标“误导公众”存在极大的难度。代理律师分析认为，本案应着眼于“驰名商标的淡化”，诉争商标的注册使用会贬损“百度”驰名商标的市场声誉。

首先，诉争商标的注册会减弱“百度”驰名商标的显著性。“百度”商标不仅具有较强的固有显著性，且经过百度公司广泛使用和宣传获得了更强显著性，具有极高的知名度。“百度”商标与百度公司形成了紧密对应关系。诉争商标与百度公司的“百度”商标几乎完全一样，相关公众在“避孕套”上看到诉争商标，难免将其与百度公司的“百度”驰名商标建立起联系，进而减弱百度公司“百度”驰名商标的显著性。

其次，诉争商标的注册会贬损“百度”驰名商标的市场声誉。“避孕套”

---

〔8〕 袁博：《“商标戏仿”在我国为何难以被认可?》，IPRdaily 中文网，http：//www. iprdaily. cn/article1_ 18547_ 20180323. html，最后访问日期：2021 年 4 月 28 日。

等商品作为成人用品，虽然属于日常生活用品，但不适宜在公开场合讨论，对儿童、青少年等未成年人更应回避，私密性较强。将“百度”驰名商标使用在私密性较强的“避孕套”等商品上，不可避免地贬损“百度”驰名商标的市场声誉。

4. 第三人具有一贯恶意，其行为可以推定不正当地利用了“百度”驰名商标的市场声誉

代理律师认为，第三人的客观行为，也可以佐证其不正当利用“百度”驰名商标市场声誉的恶意明显。

首先，夜来香公司的恶意具有一贯性，且该公司具有较强的商标意识。经查询商标网，夜来香公司先后申请注册了 147 件商标，其中既有“百度”“阿里巴巴”“雅虎”等知名互联网行业企业的知名商标，还有“联通”“大宝”“三枪”“七喜”“花王”“雀巢”“耐克”“宜家”“梦工场”“家乐福”“戴梦得”“梦特娇”“宝丽来”“可爱多”“凤凰卫士”“宜而爽”等其他行业知名商标，这充分证明其专门抢注他人知名商标从事不正当竞争，具有一贯的恶意。

其次，夜来香公司除使用诉争商标外，还对百度公司进行全方位模仿。夜来香公司在恶意抢注诉争商标后，在“避孕套”产品上使用“百度 BAIDU 及图”商标，该商标无论在颜色、排列，还是在图形整体外观上与百度公司搜索引擎首页“百度 baidu 及图”商标几乎完全相同，夜来香公司商标使用图形仅仅是将百度公司“熊掌”图形的四个小爪去掉，但整体仍然并无明显区别（图 1）。此外，夜来香公司还将百度网站首页近似的画面作为产品包装使用，并打出“享性福，找百度”的标语，被媒体以《“百度”商标被安全套厂家注册变身性用

图 1　百度公司搜索引擎首页（左）与夜来香公司产品（右）对比

品》进行了报道。夜来香公司的行为已经构成不正当利用“百度”驰名商标的市场声誉。

本案涉及的法律要点/理论知识点

1. 互联网行业认定驰名商标的特殊性；
2. 驰名商标驰名事实发生时间点的判断；
3. 驰名商标淡化的司法认定；
4. 诉争商标注册人恶意的判断及对商标争议案件的影响。

典型意义

本案明确了互联网行业认定驰名商标的标准，是较早适用驰名商标反淡化理论打击恶意注册的经典案例。本案不仅维护了百度公司的合法权益，也为人民法院、商标局今后处理类似案件提供了重要参考，本案代理思路及对相关问题的说理，已经被相关机关广泛采纳。本案社会关注度高，中央电视台等媒体跟踪报道，本案判决对提高我国企业的商标保护意识提升有很大帮助。

本案获奖/社会影响

荣获 2012 年中华全国律师协会知识产权专业委员会“十佳知识产权案例”。

（编写人：刘艳锋　姜　地）

北京市高级人民法院
行政判决书

（2012）高行终字第1081号

上诉人（原审被告）国家工商行政管理总局商标评审委员会，住所地北京市西城区。

法定代表人何训班，主任。

委托代理人郑婷，国家工商行政管理总局商标评审委员会审查员。

委托代理人杨磊，国家工商行政管理总局商标评审委员会审查员。

被上诉人（原审原告）百度在线网络技术（北京）有限公司，住所地北京市海淀区。

法定代表人王湛，执行董事。

委托代理人马翔，北京市天驰律师事务所律师。

委托代理人刘艳锋，北京市天驰律师事务所律师。

原审第三人深圳市夜来香保健品有限公司，住所地广东省深圳市福田区。

法定代表人刘卓，总经理。

委托代理人孙旭辉，北京市鑫义律师事务所律师。

上诉人国家工商行政管理总局商标评审委员会（简称商标评审委员会）因商标争议行政纠纷一案，不服北京市第一中级人民法院（2012）一中知行初字第776号行政判决，向本院提起上诉。本院于2012年6月18日受理后，依法组成合议庭进行了审理。本案现已审理终结。

2011年12月2日，商标评审委员会依据《中华人民共和国商标法》（简称《商标法》）第四十一条、第四十三条的规定，作出商评字［2011］第31717号《关于第4599043号“百度”商标争议裁定书》（简称第31717号裁定），裁定：第4599043号“百度”商标（简称争议商标）的注册予以维持。百度在线网络技术（北京）有限公司（简称百度公司）不服，向北京市第一中级人民法院提起行政诉讼。

北京市第一中级人民法院认为：

百度公司主张适用《商标法》第十三条第二款对其在“以计算机信息网络

方式提供互联网搜索引擎服务”上注册使用的“百度”商标给予驰名商标保护，由于争议商标系在与百度公司的“百度”商标不相同且不相类似的商品上注册，且文字构成与百度公司的“百度”商标基本一致，构成对百度公司商标的复制，故本案审理的关键在于：百度公司的“百度”商标是否构成驰名商标，以及争议商标注册是否会误导公众，并致使百度公司的利益可能受到损害。

百度公司在商标评审阶段提交的证据 1、2 能够反映“百度”搜索引擎服务通过网络媒体、平面媒体、商务楼宇液晶电视广告、户外霓虹灯广告等多种途径进行了广泛、持续的宣传推广，宣传地域范围覆盖了包括北京、上海、深圳等在内的国内多个城市和地区；证据 3 中的国家工商行政管理总局商标局（简称商标局）认定百度公司的“百度”商标为驰名商标的时间虽然晚于争议商标申请日，但能在一定程度上反映“百度”商标的持续使用和知名度情况；证据 4 体现了百度公司的“百度”商标作为驰名商标在商标注册审查程序中受保护的记录。综合上述证据 1—4，并结合实际生活中社会公众对“百度”搜索引擎服务的知晓程度，可以认定百度公司在“以计算机信息网络方式提供互联网搜索引擎服务”上注册使用的“百度”商标，在争议商标申请注册之前，已经在中国境内为相关公众广为知晓，构成驰名商标。

百度公司在诉讼阶段提交的证据 5—8 虽然未在商标评审阶段提交，并非第 31717 号裁定作出的依据，但考虑到这部分证据仍为证明“百度”商标的知名度情况，从节约行政裁决资源和诉讼资源的角度出发，在本案中对该部分证据予以考虑。证据 5 由业内权威机构出具，证据 6 由专业的市场调查机构根据随机取得的大量调查样本分析得出，可信度较高，证据 5、6 反映了“百度”搜索引擎服务的市场占有率在 2003、2004、2005 年度连续位居同行业第一，是 2005 年中国搜索引擎用户最常使用的搜索引擎；证据 7 虽然缺乏合同实际履行的证明，但百度公司提交的其他证据材料完全能够佐证“百度”搜索引擎服务自 2001 年推出后，一直持续为广大网民和企事业单位提供服务；证据 8 表明“百度”搜索引擎服务获得了网民和同行业的认可，取得了一些荣誉。上述证据 5—8 能够进一步证明，在争议商标申请注册之前，百度公司在“以计算机信息网络方式提供互联网搜索引擎服务”上注册使用的“百度”商标已经成为中国境内相关公众广为知晓的驰名商标。

“百度”文字组合虽然出自古诗词“众里寻他千百度，蓦然回首，那人却在灯火阑珊处”，但却没有固有含义，且“百度”文字组合与“以计算机信息网络方式提供互联网搜索引擎服务”并无任何关联，其作为该服务上的商标，具有较强的固有显著性。同时，“百度”商标经过百度公司长期、大量的使用，已经构成相关公众广为知晓的驰名商标，相关公众看到“百度”商标，很容易想到其指代了百度公司所提供的互联网搜索引擎服务，该商标已形成较强的获得显著性。

由于百度公司的“百度”商标显著性较强、知名度很高，且争议商标标识与百度公司的“百度”商标标识几乎完全相同，因此，虽然争议商标指定使用的“避孕套”等商品与百度公司的商标所使用的“以计算机信息网络方式提供互联网搜索引擎服务”相差甚远，但消费者看到使用在“避孕套”等商品上的争议商标时，仍难免将其与百度公司的“百度”驰名商标建立相当程度的联系。如此一来，便会破坏“百度”商标与百度公司提供的互联网搜索引擎服务之间的密切联系，从而减弱百度公司“百度”驰名商标的显著性。

虽然现有证据表明存在其他市场主体将“百度”二字作为商标注册的情形，但并没有证据证明这些“百度”商标已投入实际使用，并具有一定影响。消费者在看到“百度”商标时，最容易想到的仍然是百度公司所提供的互联网搜索引擎服务，故其他“百度”商标获准注册的事实，并不影响争议商标注册会减弱百度公司的“百度”驰名商标显著性的结论。

避孕套虽然系日常生活用品，但受我国传统文化的影响，在部分消费者的观念中，避孕套因其与私密生活相关的特性，往往难登大雅之堂。“百度”商标使用在“避孕套”等相关商品上，可能会降低“百度”驰名商标在部分消费者心目中的形象，减少部分消费者对“百度”驰名商标的认同感，进而损害百度公司的合法利益。因此，争议商标注册已构成贬损百度公司“百度”驰名商标市场声誉的情形。

根据已查明的事实可知，除争议商标之外，深圳市夜来香保健品有限公司（简称夜来香公司）在“避孕套”等商品上还申请注册了147枚商标，其中很多商标的标识均与他人享有合法权利的商标标识相同或相近似，这体现了夜来香公司是商标意识非常强烈的市场主体，其对其他市场主体的商标，特别是有一定知名度的商标，了然于心。而百度公司的“百度”商标显著性较强、知名度很高，由此可以推定，夜来香公司是明知百度公司“百度”商标的存在和其知名度，而有意注册的争议商标。其意即在于通过“百度”标识来吸引广大消费者的注意力，获取不正当经济利益。夜来香公司在实际经营过程中，除使用争议商标之外，在产品包装上还使用了与百度公司的网站标识无论在图文组合，还是在颜色搭配上都非常相似的标识，这进一步印证了夜来香公司试图通过争议商标的注册和使用误导公众，从而获取不正当经济利益的意图。因此，争议商标注册已构成不正当利用百度公司“百度”驰名商标的市场声誉的情形。

综上，争议商标注册已经构成《商标法》第十三条第二款所述之情形，应予撤销。商标评审委员会作出的第31717号裁定认定争议商标注册未违反《商标法》第十三条第二款的规定，认定事实不清、适用法律不当，予以撤销。依照《中华人民共和国行政诉讼法》第五十四条第（二）项第1目、第2目之规定，判决：一、撤销第31717号裁定；二、商标评审委员会重新作出裁定。

商标评审委员会不服原审判决，向本院提起上诉，请求撤销原审判决，维持第31717号裁定，其主要上诉理由为：一、百度公司在商标评审阶段提交的证据不足以证明在争议商标注册申请日前，百度公司的“百度”商标已达到中国相关公众广为知晓的驰名程度，原审法院采信百度公司在诉讼阶段提交的证据缺乏法律依据，对商标评审委员会有失公允；二、争议商标的注册不会减弱百度公司的“百度”商标的显著性，也未损害百度公司的合法利益，致使消费者产生误认。

百度公司、夜来香公司服从原审判决。

本院经审理查明：

2000年3月16日，百度公司向商标局申请注册“百度”商标（见下图），于2001年5月28日被核准注册，注册号为1579950，核定使用在第42类“计算机编程、以计算机信息网络方式提供计算机信息”等服务上，经续展，专用期限至2021年5月27日止。

第1579950号商标

2005年4月13日，夜来香公司向商标局申请注册争议商标（见下图），2008年2月14日，争议商标被核准注册，商标注册号为4599043，核定使用商品为第10类子宫帽、避孕套、非化学避孕用具，专用期限至2018年2月13日止。

争议商标

2010年3月29日，百度公司以争议商标的注册违反《商标法》的有关规定为由，向商标评审委员会提出撤销注册申请，主要理由包括：百度公司是世界上规模最大的中文搜索引擎服务提供商，自2000年在中国创建以来，先后在多个类别上申请注册了“百度”商标。经过多年的宣传和使用，“百度”搜索引擎在医药、保健品行业建立了良好的口碑和一定知名度。“百度”商标于2008年被认定为驰名商标。争议商标的注册足以误导公众，从而损害百度公司的利益，亦会造成对“百度”驰名商标的淡化和贬损，已构成《商标法》第十三条第二款所规定之情形。此外，争议商标与百度公司的商号相同，争议商标注册损害了百度公司的商号权，且构成以不正当手段抢先注册他人已经使用并有一定影响的商标的情形，违反了《商标法》第三十一条的规定。

百度公司向商标评审委员会提交了以下主要证据以证明其“百度”商标的使用及知名度情况：

1. 百度企业的相关介绍资料，介绍并宣传了该企业的经营理念、经营模式、发展势头及在相关行业的传奇经历：主要有2004年新浪科技时代、2002年硅谷动力网、2003年科技资讯网、2003年搜狐网IT频道、2004年天极网、2005年搜狐网科技时代等对百度企业及业务的介绍，以及百度2002—2007年的服务窗口网页。相关媒体对百度的报道主要有：《人民日报》（2005年8月海外版）、《参考消息》（2005年8月）、《21世纪经济报道》（2005年8月）、《经济观察报》（2005年8月）、《中国经营报》（2005年6月）、《金融时报》（2005年6月）、《上海商报》（2005年8月）、《成都商报》（2005年8月）、《黑龙江晨报》（2005年9月）、《京华时报》（2005年9月）、《重庆商报》（2005年8月）、深圳特区报（2005年8月）、《羊城晚报》（2005年8月）、《江苏商报》（2005年8月）、《青岛日报》（2005年12月）、《河北青年报》（2005年4月）等平面媒体于2005年间对百度公司及其搜索引擎服务的报道。

2. 百度公司就其百度品牌及搜索引擎服务与北京赛迪万维广告有限公司（2001年）、光明日报报业集团（2001年5月）、深圳商报社（2002年3月）、北京光线电视传播有限公司（2002年4月）、电脑报（2003年3月）、电脑爱好者杂志（2003年4月）、精品购物指南报社（2004年1月）、广州标王广告有限公司（2004年1月）、上海申尼邦德广告传播有限公司（2004年4月）、新京报社（2004年12月）、三秦都市报广告有限公司（2004年12月）、上海炎黄在线网络有限公司（2005年1月）、经济观察报（2005年1月）、湖南体坛文化传播有限责任公司（2005年2月）、北京鼎立天地广告有限公司（2005年3月）、上海星期三报社（2005 年 4 月）、上海分众广告有限公司（2005 年 6 月）、第一财经日报（2005 年 6 月）、上海金灿灿广告展览有限公司（2005 年 7 月）、北京中外名人有限公司《CCTV－2〈开心词典〉》栏目（2005 年 7 月）、沈阳日报社（2005 年 10 月）、杭州日报社（2005 年 10 月）、上海聚众目标有限公司（2005 年 12 月）、上海东杰传媒广告有限公司（2006 年 3 月）、深圳财迅广告有限公司（2006 年 4 月）等单位于 2001—2006 年间签订的广告推广合同及发票或收据，推广方式包括网络推广、平面媒体推广、商务楼宇液晶电视广告、户外霓虹灯广告等。

3. 陕西省工商行政管理局的陕工商字［2007］147 号《关于认定“百度”商标为驰名商标的请示》以及商标局于 2008 年 3 月 5 日作出的［2008］第 122 号《关于认定“百度”商标为驰名商标的批复》，商标局在该批复中认定，百度公司使用在第 42 类“以计算机信息网络方式提供互联网搜索引擎服务”上的“百度”注册商标为驰名商标。

4. 商标局于 2009 年 5 月 27 日作出的［2009］商标异字第 07121 号《“佰度 BAIDO”商标异议裁定书》，商标局在该裁定中认定，百度公司在“以计算机信息网络方式提供互联网搜索引擎服务”上注册的“百度”商标已被商标局认定为驰名商标，被异议商标“佰度 BAIDO”（2003 年 9 月 18 日申请注册）已构成对上述驰名商标的摹仿，其使用在“印刷膏”等指定商品上易误导公众，致使百度公司的利益可能受损。依据《商标法》第十三条第二款之规定，被异议商标不予核准注册。

商标评审委员会、夜来香公司对上述证据 1—4 的真实性予以认可，但认为上述证据不足以证明第 1579950 号商标在争议商标申请日前已构成驰名商标。

2011 年 12 月 2 日，商标评审委员会作出第 31717 号裁定，认为：百度公司提交的在案证据虽然可以证明其“百度”商标在“以计算机信息网络方式提供互联网搜索引擎服务”上具有一定知名度，但尚不足以证明该商标在争议商标申请注册日之前，已达到为中国相关公众广为知晓的驰名程度。况且“百度”商标的知名度主要体现在“以计算机信息网络方式提供互联网搜索引擎服务”上，与争议商标核定使用的“避孕套”等商品所属行业不同，关联性较弱，争议商标的注册和使用尚不致误导公众从而损害百度公司的利益。争议商标注册未违反《商标法》第十三条第二款的规定。百度公司并未提交证据证明其在“避孕套”等相同或类似商品上使用了“百度”商标，或者“百度”商号，因此，争议商标注册未构成《商标法》第三十一条所指“以不正当手段抢先注册他人已经使用并有一定影响的商标”“损害他人现有的在先权利”的情形。综上，百度公司所提撤销理由不成立，商标评审委员会依据《商标法》第四十一条、第四十三条的规定，裁定争议商标注册予以维持。

在本案原审诉讼中，百度公司向原审法院补充提交了以下主要证据，用以证明其“百度”商标的使用及知名度情况（证据编号续前）：

5. 中国互联网协会于2006年8月23日出具的书面证明，载明：根据艾瑞市场咨询有限公司公布的《2005年中国搜索引擎研究报告》以及2006年中国互联网协会发布的《中国互联网产业调查报告》，百度公司搜索引擎服务在中国搜索引擎行业内2003年度市场占有率为30.7%，2004年度市场占有率为44.7%，2005年度市场占有率为34.6%，三年均位居同行业第一。

6. 艾瑞市场咨询有限公司出具的《2005年中国搜索引擎研究报告》，该次调查主要采用计算机网上联机的方法进行，通过在中国51家主要网站（门户网站和垂直网站）的相关频道投放网幅广告和文字链接广告，将问卷放置在iResearch的网站上，于2005年11月1日—11月30日由用户主动参与填写问卷的方式来获取信息，共收到调查问卷超过15万份，经排除无效问卷，并根据网民的性别比例和地域比例进行配额，对最终的样本问卷进行随机抽样，获得71396份样本，并对其进行汇总。调查结果显示：2005年网页搜索的用户访问量中，百度的市场份额最高，为46.2%，其次是谷歌，为39.4%；2005年MP3搜索的用户访问量中，百度的市场份额最高，为65.1%，其次为雅虎/一搜，为19.7%；2005年中国搜索引擎用户最常使用的搜索引擎是百度，市场份额为56.5%，其次是谷歌，为32.8%。

7. 百度公司与中国人民银行金融信息管理中心、中国工商银行、中国移动通信有限公司、北京央视公众资讯有限公司、重庆市数据通信局、中国专利信息中心、新浪互联信息服务有限公司、深圳市腾讯计算机系统有限公司等单位于2001—2005年间签订的数据库检索服务合同、搜索引擎服务合同。

8. 百度公司获互联网周刊组织评选的“2004中国商业网站100强”称号的荣誉证书；百度公司竞价排名服务在《中国经营报》组织的读者票选活动中获“2005年度最佳网络营销服务奖”的奖杯照片；百度公司中文搜索引擎获中国软件行业协会颁发的“2006中国十大创新软件产品”的荣誉证书。

上述证据5—8均未在商标评审阶段提交。商标评审委员会、夜来香公司对上述证据5—8的真实性予以认可，但认为证据5—6证明力较低，证据7缺乏合同实际履行的证明。同时，商标评审委员会、夜来香公司均主张上述证据5—

8 并非第 31717 号裁定作出的依据，故不应予以采信。

在原审诉讼中，百度公司提交了夜来香公司网站（www. ylx. cn）页面打印件显示：在网站“产品展示”栏目下，有“百度”牌避孕套产品展示，该产品的外包装上除使用了争议商标之外，还使用了与百度公司的网站标识无论在图文组合，还是在颜色搭配上都非常相似的标识。

在原审诉讼中，百度公司提交了 www. tianjinwe. com 网站转载的来源于北京晨报的一篇名为《“百度”商标被安全套厂家注册变身性用品（图）》的报道，以证明争议商标的注册使用对其造成了实际损害。该报道中称，“市民张先生无意中在自家楼下的超市中发现一种‘百度’牌安全套，整个外形同知名搜索引擎‘百度’首页十分接近，记者拿着盒子随机找到几个路人进行询问，看到的人反应出奇的一致，‘百度新出相关产品了吗?’仔细端详后才发现端倪，进而也产生了一定的疑问，‘这个不侵权吗?’‘百度知不知道这产品呀?’”

在原审诉讼过程中，夜来香公司提交了案外人注册的若干枚“百度”商标的商标档案，以证明百度公司并非将“百度”二字作为商标注册的第一人和唯一人。这些商标包括 1999 年 6 月 28 日由乌鲁木齐市奥瑞特科技产业发展有限公司申请注册在第 11 类“暖气片”等商品上的第 1479296 号“百度”商标（该商标因期满未续展已无效），2000 年 4 月 10 日由安徽阜阳徽煌酒业有限公司申请注册在第 32 类“啤酒、果汁”等商品上的第 1595438 号“百度”商标，2002 年 12 月 23 日由上海百度密封材料有限公司申请注册在第 6 类“金属门、金属锁”等商品上的第 3412513 号“百度”商标等。

另查，陕工商字［2007］147 号《关于认定“百度”商标为驰名商标的请示》所附的证据包含了百度公司在商标评审阶段提交的证据 2。

再查，除争议商标外，夜来香公司在第 10 类“避孕套”等商品上还申请注册了 147 枚商标，其中包括“雀巢”“耐克”“宜家”“七喜”“家乐福”“戴梦得”“联通”“大宝”“悍马”“雅虎”“阿里巴巴”“淘宝”“爱力信”“赛蕾斯”等。在本案诉讼中，夜来香公司对其申请注册 147 枚商标的事实予以认可。

在本案二审诉讼中，百度公司明确表示仅主张争议商标注册违反《商标法》第十三条第二款的规定，并明确主张构成驰名商标的是其注册使用在“以计算机信息网络方式提供计算机信息”上的第 1579950 号“百度”商标。

上述事实，有争议商标及第 1579950 号“百度”商标的商标档案、注册商标争议裁定申请书、百度公司在商标评审阶段提交的证据 1—4 以及诉讼中提交的证据 5—8、夜来香公司所注册的商标列表以及该公司网站相关页面的打印件、

www. tianjinwe. com 网站页面打印件，案外人注册的其他“百度”商标的商标档案、当事人陈述等证据在案佐证。

本院认为：根据各方当事人的诉辩主张，本案的争议焦点在于争议商标注册是否属于《商标法》第十三条第二款规定的情形。

《商标法》第十三条第二款规定，就不相同或者不相类似商品申请注册的商标是复制、摹仿或者翻译他人已在中国注册的驰名商标，误导公众，致使该驰名商标注册人的利益可能受到损害的，不予注册并禁止使用。该规定意在给予相关公众广为知晓的商标较大的保护范围和保护强度，发挥驰名商标所承载的商誉及表彰功能，同时，遏制对驰名商标的非法抢注行为。

本案中，百度公司主张其在“以计算机信息网络方式提供计算机信息”上注册使用的“百度”商标在争议商标申请时已达驰名状态，争议商标适用《商标法》第十三条第二款的规定不应予以注册并禁止使用。根据查明的事实，争议商标核定使用在第 10 类“子宫帽、避孕套、非化学避孕用具”商品上，第 1579950 号“百度”商标核定使用在第 42 类“计算机编程、以计算机信息网络方式提供计算机信息”等服务上，两者属于不相同且不相类似的商品或服务，但两商标标志皆为汉字“百度”，构成要素基本一致。因此，本案审理的关键在于：百度公司的第 1579950 号“百度”商标在争议商标申请注册前是否构成驰名商标，以及争议商标的注册是否误导公众，并致使百度公司的利益可能受到损害。

一、百度公司的第 1579950 号“百度”商标在争议商标申请注册前是否构成驰名商标

驰名商标是指在中国境内为相关公众广为知晓的商标，属于一种事实状态。《商标法》第十四条规定，认定驰名商标应当考虑下列因素：（一）相关公众对该商标的知晓程度；（二）该商标使用的持续时间；（三）该商标的任何宣传工作的持续时间、程度和地理范围；（四）该商标作为驰名商标受保护的记录；（五）该商标驰名的其他因素。对上述因素的考量，并非要求当事人一一予以提交所有证据，应视各因素的内在联系综合考虑。

本案中，百度公司在商标评审阶段提交了证据 1—4，其中：

证据 1 为百度公司的介绍宣传及各类平面媒体的报道，尽管百度公司提交的媒体报道的时间大部分稍晚于争议商标申请日，但其反映的都是争议商标申请日前后第 1579950 号“百度”商标的使用情况及该企业对“百度”商号的宣传，结合一些主流网站的介绍可以认定，百度公司持续使用了该商标，并对该商标进行了大量宣传。

证据 2 反映了“百度”搜索引擎服务通过网络、平面媒体、商务楼宇液晶电视广告、户外霓虹灯广告等进行了广泛、持续的宣传推广，宣传地域范围覆盖了包括北京、上海、深圳等在内的国内多个城市和地区，已经使相关公众对该商标广为知晓。

证据 3 为商标局在 2008 年 3 月 5 日认定百度公司的“百度”商标为驰名商标的批复，认定时间虽然晚于争议商标申请日，但商标驰名的事实状态是一个持续渐进的过程，并非在某一时间点突然发生的事实，因此，不能仅以商标局认定“百度”商标为驰名商标的时间认为“百度”商标在之前不处于驰名状态、相关公众对该商标的知名度和影响力就不知晓，结合本院查明陕工商字［2007］147 号《关于认定“百度”商标为驰名商标的请示》所附证据，可以认定在争议商标申请注册日前“百度”商标已持续使用并享有较高的知名度。

证据 4 体现了百度公司的“百度”商标作为驰名商标在商标注册审查程序中受保护的记录，足以证明商标局根据该案证据已认定在 2003 年 9 月 18 日之前第 1579950 号“百度”商标已构成驰名商标的事实。

综合上述证据 1—4，原审法院认定，“百度公司在‘以计算机信息网络方式提供计算机信息’上注册使用的‘百度’商标，在争议商标申请注册之前，已经在中国境内为相关公众广为知晓，构成驰名商标”是正确的。

百度公司在诉讼阶段提交的证据 5—8 虽然未在商标评审阶段提交，并非第 31717 号裁定作出的依据，但原审法院考虑到上述证据仍为证明“百度”商标的知名度情况的补强证据，反映了“百度”商标客观存在的一些法律事实，商标评审委员会、夜来香公司对该证据的真实性亦予以认可，对其予以综合考量并无不妥。证据 5 由业内权威机构出具，证据 6 由专业的市场调查机构根据随机取得的大量调查样本分析得出，可信度较高，证据 5、6 反映了“百度”搜索引擎服务的市场占有率在 2003、2004、2005 年度连续位居同行业第一，是 2005 年中国搜索引擎用户最常使用的搜索引擎；证据 7 虽然缺乏合同实际履行的证明，但百度公司提交的其他证据材料完全能够佐证“百度”搜索引擎服务自 2001 年推出后，一直持续为广大网民和企事业单位提供服务的事实；证据 8 表明“百度”搜索引擎服务获得了网民和同行业的认可，取得了一些荣誉。由此可见，证据 5—8 能够进一步佐证，在争议商标申请注册日之前，第 1579950 号“百度”商标已经成为中国境内相关公众广为知晓的驰名商标。

二、争议商标的注册是否误导公众，致使百度公司的利益可能受到损害

《商标法》第十三条第二款规定的“误导公众，致使该驰名商标注册人的利

益可能受到损害”，包括足以使相关公众认为争议商标与驰名商标具有相当程度的联系，从而减弱驰名商标的显著性、贬损驰名商标的市场声誉，或者不正当利用驰名商标的市场声誉的情形。

本案中，“百度”文字组合没有固有含义，作为“以计算机信息网络方式提供计算机信息”等服务上的商标，具有较强的固有显著性。同时，“百度”商标经过百度公司长期、大量的使用，已达到相关公众广为知晓的程度，相关公众看到“百度”商标，很容易想到其指代了百度公司所提供的互联网搜索引擎服务，该商标由于使用而获得的显著性较强。夜来香公司注册的争议商标与百度公司的“百度”商标标志几乎完全相同，虽然两商标指定使用的商品与服务并不类似，但消费者看到使用在“避孕套”等商品上的争议商标时，仍难免将其与百度公司的“百度”驰名商标建立相当程度的联系，进而破坏“百度”商标与百度公司提供的互联网搜索引擎服务之间的密切联系，削弱百度公司“百度”驰名商标的显著性。

根据查明的事实，除争议商标之外，夜来香公司在“避孕套”等商品上还申请注册了 147 枚商标，其中很多商标的标志均与他人享有合法权利的商标标志相同或相近似，说明夜来香公司具有较强的商标意识，因“百度”商标已构成驰名商标，夜来香公司应明知“百度”商标的存在和其知名度，仍有意注册争议商标，意即通过“百度”商标来吸引广大消费者的注意力，获取不正当经济利益。夜来香公司在实际经营中，除使用争议商标之外，在产品包装上还使用了与百度公司的网站标识无论在图文组合，还是在颜色搭配上都非常相似的标识，进一步印证了夜来香公司试图通过争议商标的注册和使用误导公众，从而不正当利用百度公司的“百度”驰名商标的市场声誉的意图。

因此，争议商标的注册属于《商标法》第十三条第二款所规定的“误导公众，致使该驰名商标注册人的利益可能受到损害”情形，原审法院相关认定正确。

夜来香公司在原审诉讼过程中提交了其他市场主体将“百度”二字作为商标注册的情形，但其并未提供证据证明这些“百度”商标已投入实际使用并有一定影响，且商标评审实行个案审查原则，其他商标的注册不是本案争议商标应予注册的理由。

综上所述，争议商标的注册已经构成《商标法》第十三条第二款所规定之情形，应予撤销。第 31717 号裁定认定事实不清、适用法律不当，原审法院对其依法予以撤销理由正当，程序合法，本院予以支持。商标评审委员会的上诉理由均不能成立，对其上诉请求，本院不予支持。依照《中华人民共和国行政诉讼法》第六十一条第（一）项之规定，判决如下：

驳回上诉，维持原判。

一审案件受理费一百元，由国家工商行政管理总局商标评审委员会负担（于本判决生效后七日内交纳）；二审案件受理费一百元，由国家工商行政管理总局商标评审委员会负担（已交纳）。

本判决为终审判决。

审　判　长　李燕蓉
代理审判员　孔庆兵
代理审判员　马　军
二〇一二年八月十七日
书　记　员　李　静
书　记　员　郭雪洁

“金山安全卫士” 商标异议复审行政诉讼案

基本案情

诉讼当事人

原告：北京奇虎科技有限公司，住所地：北京市西城区新街口外大街28号D座112室（德胜园区）。

被告：国家工商行政管理总局商标评审委员会，住所地：北京市西城区茶马南街1号。

第三人：北京金山数字娱乐科技有限公司，住所地：北京市海淀区小营西路33号金山软件大厦2层西区。

案由

◎ **商标异议复审行政纠纷**[1]

案情简介

本案诉争商标为“金山安全卫士”商标（以下简称被异议商标），由北京金山数字娱乐科技有限公司（以下简称金山科技）于2010年5月27日申请注册，指定使用在第9类“计算机”等商品上，商标注册号为8338613号。在被异议商标初审公告期内，北京奇虎科技有限公司（以下简称奇虎公司）向商标局提出异议申请，奇虎公司提出异议时引证的商标是第5820067号“奇虎360安全卫士”商标（以下简称引证商标一）和第5820066号“奇虎360安全卫士”商标（以下简称引证商标二）。引证商标一于2006年12月30日申请注册，核定使用在第9类“计算机程序（可下载软件）”等商品上。引证商标二于2006

---

〔1〕 北京市第一中级人民法院（2014）一中行（知）初字第5699号。

年12月30日申请注册，核定使用在第35类“推销（替他人）”等服务上。商标局经异议程序裁定被异议商标予以核准注册。奇虎公司不服异议裁定，提出异议复审申请，商标评审委员会作出异议复审裁定，裁定对被异议商标核准注册。奇虎公司不服异议复审裁定，在法定期限内向北京知识产权法院提起行政诉讼。

案件处理结果

北京知识产权法院经审理认为：被异议商标由“金山安全卫士”文字构成，引证商标一和引证商标二均由“奇虎360安全卫士”文字构成，尽管被异议商标与两引证商标均含有“安全卫士”，但同为显著识别部分的“金山”和“奇虎360”存在明显不同；此外，在“金山”和“奇虎360”商业标识在计算机行业均具有一定知名度，且被异议商标指定使用的商品亦属于与计算机软硬件密切相关的商品的情况下，两商标整体上不会导致相关公众的混淆误认或误认为两商标具有某种联系，故两商标未构成近似商标，不会导致相关公众对商品或服务来源的混淆误认。被异议商标未违反2001年《商标法》第二十八条的规定。

已经注册为商标的商业标识不宜再作为知名商标的特有名称进行认定，故第23856号裁定不再将“安全卫士”作为知名商品的特有名称进行认定并无不当；而且，在案证据亦不足以证明“安全卫士”经过原告使用已经成为其计算机软件产品的特有名称，被异议商标未违反2001年《商标法》第三十一条关于“不得侵害他人在先权利”的规定。

原告奇虎公司基于被异议商标具有不良影响的主要理由仍是基于其损害了原告相关权利并可能对社会公众产生误导，该理由仍可归结为对特定民事权益的损害而非对社会公共利益或公共秩序的消极影响，故本案所涉情形不符合2001年《商标法》第十条第一款第（八）项规定的适用条件。

律师策略与解析

代理律师在代理该案期间，坚定地认为商标评审委员会的裁定没有错误，商标继续有效注册。

1. 对在先商标中显著性较弱的部分不宜给予过强保护

本案中，诉争商标“金山安全卫士”与二引证商标“奇虎360安全卫士”

虽然均包含"安全卫士"文字，但是"安全卫士"用于杀毒软件等产品上显著性较弱的部分不宜给予过强保护。经查询，在第9类软件类商品上，已有多件不同主体的包含"安全卫士"的商标获得注册得以共存。本案被异议商标另外包含"金山"，引证商标另外包含"奇虎360"，文字明显不同且均具有相当高的知名度，在此情况下，应当判定为两商标整体上未构成近似标识。

2. 知名商品特有名称权和已注册商标权的保护冲突

2001年《商标法》第三十一条规定的"在先权利"既包括法定权利，亦包括受法律保护的民事权益。知名商品的特有名称为《反不正当竞争法》规定的受保护的民事权益，原告有权利主张知名商品特有名称权。但是《商标法》第三十一条规定的在先权利并不包括在先已注册商标权。知名商品特有名称权如果同时是已注册商标的话，则不宜再作为知名商品的特有名称进行保护。根据《商标法》的规定，在先已注册商标权已由《商标法》第二十八条进行保护。本案原告已将产品名称注册为商标进行保护，故不宜再将其作为知名商品特有名称保护。

3. 对于特定民事权益的保护能否使用"不良影响"

《商标法》第十条第一款第（八）项的适用主要在于考察该标志或者其构成要素是否可能对我国政治、经济、文化、宗教、民族等社会公共利益或公共秩序产生消极、负面影响。如果有关标志的注册仅损害特定民事权益，由于《商标法》已经另行规定了救济方式和相应程序，不宜认定其属于具有其他"不良影响"的情形。本案原告奇虎公司主张被异议商标违反了《商标法》第十条第一款第（八）项的规定，但其理由是损害了原告作为特定民事主体的利益而非对社会公共利益或公共秩序产生了消极影响。因此，对奇虎公司作为特定民事主体权益的保护不宜再适用《商标法》第十条第一款第（八）项的规定。

4. 商标行政确权诉讼中的程序问题是否必然导致撤销被诉裁定

商标异议复审裁定应当针对复审申请人的具体理由作出，在复审申请人明确提出某单独理由时，商标评审委员会应当作出针对性评述并得出相应结论。本案中，奇虎公司在补充的复审理由中明确提出被异议商标系以不正当手段对其在先使用并有一定影响的商标的抢注，但商标评审委员会在第23856号裁定中未予评述，属于程序不当。但上述程序问题是否必然导致法院判决撤销被诉裁定，还应综合考虑该程序问题对裁定结论的影响。如果漏审的理由所依据的事实及证据已经在其他理由中加以考虑，且该漏审的理由明显不成立，则法院撤销被诉裁定并责令商标评审委员会重新作出裁定，则会导致行政和司法程序的无效循环从而浪费行政和司法资源。

本案中，奇虎公司主张在先使用并有一定影响的未注册商标是“安全卫士”，法院认为该文字用在“计算机程序（可下载软件）”等与计算机软硬件密切相关的商品上显著性较弱，奇虎公司将其注册商标一部分主张为非注册商标，并将注册商标的使用证据作为非注册商标的使用证据，明显不当。此外，“安全卫士”无论作为“在先权利”还是“在先使用的非注册商标”，在2001年《商标法》第三十一条关于“不得损害他人在先权利”和“不得以不正当手段抢先注册他人在先使用并具有一定影响的商标”的理由中考虑的在先使用的情形及证据标准均近似，奇虎公司亦承认“安全卫士”作为非注册商标的使用证据与“安全卫士”作为知名商品特有名称的使用证据相同，故这些证据及事实在适用《商标法》第三十一条关于“不得损害他人在先权利”的规定时已经得到考虑，商标评审委员会和法院仅依据上述证据及理由进行重作，其结论将与第23856号裁定相同，很可能出现行政和诉讼程序的无效循环。因此，法院仅依据原告上述理由不足以撤销第23856号裁定。

本案涉及的法律要点/理论知识点

1. 对在先商标中显著性较弱的文字的保护力度；
2. 知名商品特有名称权与在先已注册商标权的保护冲突；
3. “不良影响”法律条款的司法适用；
4. 商标行政确权诉讼中程序问题不必然导致撤销被诉裁定。

典型意义

本案明确了商标行政诉讼中程序不当的情形并不必然导致被诉裁定被撤销。如果程序瑕疵是漏审相关理由且该瑕疵对裁定的结论没有影响，漏审的理由所依据的事实及证据已经在其他理由中加以考虑，行政诉讼经审理认为该漏审的理由明显不成立的，为避免行政和司法程序的无效循环从而导致行政和司法资源的浪费，可以对被诉裁定不予撤销。

明确了商标法对在先已注册商标权的保护和在先未注册商标权保护应分别适用于不同的情形，在先已注册商标权、在先未注册商标权分别属于不同的在先权利并分属不同的商标法律条款。2001 年《商标法》第三十一条所称的在先权利并不包括在先已注册商标权，故在同一种商品上的同一商标使用证据，既主张已注册商标权也主张未注册商标权是不当的。同样，将注册商标的一部分主张为未注册商标，并将注册商标的使用证据作为未注册商标的使用证据，也明显不当。

再次明确了商标近似性判断是多因素结合的考量，在进行商标近似性判断时，在先商标的显著性是重要考虑因素之一，如果在先商标主张保护的部分缺乏显著性或显著性较弱，则不宜给予过强保护。如果系争商标和引证商标均包含其他具有显著识别性的部分，两商标整体可区分并不易导致相关公众产生混淆误认，则不宜认定系争商标与引证商标构成使用在同一种或类似商品上的近似商标。

（编写人：杨　梅）

北京市第一中级人民法院
行政判决书

（2014）一中行（知）初字第5699号

原告北京奇虎科技有限公司，住所地北京市西城区新街口外大街28号D座112室（德胜园区）。

法定代表人齐向东，总裁。

委托代理人娄丽，北京奇虎科技有限公司法律顾问。

被告国家工商行政管理总局商标评审委员会，住所地北京市西城区茶马南街1号。

法定代表人何训班，主任。

委托代理人朱末，国家工商行政管理总局商标评审委员会审查员。

第三人北京金山数字娱乐科技有限公司，住所地北京市海淀区小营西路33号金山软件大厦2层西区。

法定代表人雷军，董事长。

委托代理人杨梅，北京天驰洪范律师事务所律师。

原告北京奇虎科技有限公司（简称奇虎公司）因商标异议复审行政纠纷一案，不服被告国家工商行政管理总局商标评审委员会（简称商标评审委员会）作出的商评字［2014］第23856号关于第8338613号“金山安全卫士”商标（简称被异议商标）异议复审裁定（简称第23856号裁定），在法定期限内向本院提起行政诉讼。本院于2014年6月30日受理后，依法组成合议庭，并通知北京金山数字娱乐科技有限公司（简称金山公司）作为第三人参加本案诉讼，于2014年9月18日公开开庭进行了审理。原告奇虎公司的委托代理人娄丽，第三人金山公司的委托代理人杨梅到庭参加了诉讼；被告商标评审委员会经本院合法传唤，向本院提交不出庭申请，本院依法缺席审理。本案现已审理终结。

第23856号裁定系被告商标评审委员会针对奇虎公司就金山公司申请注册的被异议商标提出的异议复审申请所作出的。商标评审委员会在该裁定中认为：一、奇虎公司援引《中华人民共和国反不正当竞争法》（简称《反不正当竞争法》）第五条之规定，该条款第（一）项、第（四）项所列假冒他人注册商标、伪造或冒用认证标志等情形不属于商标评审范围；该条款第（二）、（三）项所指情形体现在 2001 年《中华人民共和国商标法》（简称 2001 年《商标法》）第三十一条实体条款中，商标评审委员会将据此予以审理。二、被异议商标由汉字“金山安全卫士”组成，第 5820067 号商标（简称引证商标一）由“奇虎 360 安全卫士”组成、第 5820066 号商标（简称引证商标二）由“奇虎 360 安全卫士”组成。被异议商标与引证商标一、引证商标二虽都含有“安全卫士”，但显著性较弱，且被异议商标中的金山更容易为相关公众识别，使被异议商标与引证商标一、引证商标二整体产生可明显区分的显著特征。被异议商标指定使用的计算机编程等服务与引证商标一、二核定使用的商品或服务不属于相同或类似商品或服务。故被异议商标与引证商标一、二未构成 2001 年《商标法》第二十八条的规定。三、关于 2001 年《商标法》第三十一条的适用。根据《国家工商行政管理总局关于禁止仿冒知名商品特有的名称、包装、装潢的不正当竞争行为的若干规定》（简称《若干规定》）第三条规定：“知名商品的特有名称是指知名商品独有的与通用名称有显著区别的商品名称，但该名称已经作为商标注册的除外。”据此，引证商标一、二均为注册商标，“安全卫士”不应再以知名商品的特有名称加以保护，被异议商标的注册未构成 2001 年《商标法》第三十一条所指的“损害他人现有在先权利”之情形。四、被异议商标的注册与使用未构成 2001 年《商标法》第十条第一款第（八）项所指的对我国社会公共利益、公共秩序产生消极、负面影响的情形从而具有“不良影响”。因此，商标评审委员会裁定被异议商标予以核准注册。

奇虎公司不服第 23856 号裁定，于法定期限内向本院提起行政诉讼称：被异议商标违反 2001 年《商标法》第二十八条、第十条第一款第（八）项、第三十一条关于“不得损害他人在先权利”规定；而且，商标评审委员会漏审了原告提出的 2001 年《商标法》关于“不得以不正当手段抢先注册他人在先使用并具有一定影响的商标”的理由，构成程序违法。故，原告请求人民法院依法撤销第 23856 号裁定。

被告商标评审委员会辩称：坚持第 23856 号裁定的意见，关于 2001 年《商标法》关于“不得以不正当手段抢先注册他人在先使用并具有一定影响的商标”的理由，商标评审委员会认为在案证据不足以证明其主张，故商标评审委员会认为第 23856 号裁定认定事实清楚、证据充分、适用法律正确，请求人民法院依法予以维持。

第三人金山公司庭审过程中陈述意见称：同意第 23856 号裁定的意见，认为第 23856 号裁定认定事实清楚、证据充分、适用法律正确，程序合法，请求人民法院依法予以维持。

经审理查明：

被异议商标系“金山安全卫士”组合商标，于 2010 年 5 月 27 日向国家工商行政管理总局商标局（简称商标局）申请注册，指定使用在国际分类第 9 类的“计算机”等商品上，商标注册号为 8338613 号，目前权利人为金山公司。

引证商标一为第 5820067 号“奇虎 360 安全卫士”商标，于 2006 年 12 月 30 日申请注册，核定使用在国际分类第 9 类的“计算机程序（可下载软件）”等商品上，专用权期限至 2019 年 10 月 13 日，权利人为奇虎公司。

引证商标二为第 5820066 号“奇虎 360 安全卫士”商标，于 2006 年 12 月 30 日申请注册，核定使用在国际分类第 35 类的“推销（替他人）”等服务上，专用权期限至 2020 年 9 月 6 日，权利人为奇虎公司。

在异议期内，奇虎公司向商标局提出商标异议申请，商标局作出［2012］商标异字第 44330 号“金山安全卫士”商标异议裁定（简称第 44330 号裁定），裁定被异议商标予以核准注册。奇虎公司提出了异议复审申请，商标评审委员会作出第 23856 号裁定，裁定对异议商标予以核准注册。

奇虎公司不服第 23856 号裁定，在法定期限内向本院提起行政诉讼，未提交新的证据材料。

被告商标评审委员会收到应诉通知后，在法定答辩期内提交了答辩状和以下证据材料：

1. 被异议商标、各引证商标档案打印件；

2. 原告评审阶段提交的申请书及证据复印件；

3. 第三人提交的答辩书；

4. 答辩通知书、证据交换通知书。

奇虎公司提交的证据中，广告合同主要反映的是“360 杀毒软件”产品广告；百度“安全卫士”搜索页打印件中的时间晚于被异议商标申请日。

第三人未提交新的证据材料。

庭审过程中，原告明确其提交的适用 2001 年《商标法》第三十一条关于“在先权利”的证据与关于“以不正当手段抢先注册他人在先使用并具有一定影响的商标”的证据相同。

以上事实，有被异议商标和各引证商标档案、各方当事人在评审程序和诉讼程序中提交的证据及当事人陈述等证据在案佐证。

本院认为，鉴于本案被诉裁定的作出日处于2001年《商标法》施行期间，因此依据《中华人民共和国立法法》第八十四条的规定，本案应适用2001年《商标法》进行审理。

一、关于被异议商标是否违反2001年《商标法》第二十八条的规定。

根据该条款的规定，申请注册的商标，凡不符合本法有关规定或者同他人在同一种或者类似商品或服务上已经注册的或者初步审定的商标相同或者近似的，由商标局驳回申请，不予公告。

被异议商标由“金山安全卫士”文字构成，引证商标一和引证商标二均由“奇虎360安全卫士”文字构成，尽管被异议商标与两引证商标均含有“安全卫士”，但考虑到同为显著识别部分的“金山”和“奇虎360”存在明显不同；此外，在“金山”和“奇虎360”商业标识在计算机行业均具有一定知名度的情况下，且被异议商标指定使用的商品亦属于与计算机软硬件密切相关的商品，两商标的整体上不会导致相关公众的混淆误认或误认为两商标具有某种联系，故两商标未构成近似商标，不会导致相关公众对商品或服务来源的混淆误认，被异议商标相对于引证商标一、引证商标二未违反2001年《商标法》第二十八条的规定。第23856号裁定对此并无不当，本院予以支持。

二、关于被异议商标是否违反2001年《商标法》第三十一条关于“不得侵害他人在先权利”的规定。

原告奇虎公司主张“安全卫士”为其计算机软件商品上的特有名称，构成2001年《商标法》第三十一条规定的“在先权利”，被异议商标包含该名称，侵害了原告现有的在先权利。

2001年《商标法》第三十一条中的“在先权利”既包括法定权利，亦包括受法律保护的民事权益。知名商品的特有名称为《反不正当竞争法》规定的受保护的民事权益，原告据此主张被异议商标违反2001年《商标法》第三十一条的理由具有法律依据。

但《若干规定》第三条规定：“知名商品的特有名称是指知名商品独有的与通用名称有显著区别的商品名称，但该名称已经作为商标注册的除外”，根据该规定可知，已经注册为商标的商业标识不宜再作为知名商品的特有名称进行认定，故第23856号裁定不再将“安全卫士”作为知名商品的特有名称进行认定并无不当；而且，在案证据亦不足以证明“安全卫士”经过原告使用已经成为其计算机软件产品的特有名称，从而使该标识与原告建立起一一对应的关系；因此，被异议商标未违反2001年《商标法》第三十一条关于“不得侵害他人在先权利”的规定。原告主张被异议商标的注册侵害原告对“安全卫士”所享有的在先权利缺乏事实依据，本院不予支持。

三、关于被异议商标是否违反了2001年《商标法》第十条第一款第（八）项规定。

该条款规定，有害于社会主义道德风尚或者有其他不良影响的标志不得作为商标使用。人民法院在审查判断有关标志或者构成要素是否构成具有其他不良影响的情形时，应当考虑该标志或者其构成要素是否可能对我国政治、经济、文化、宗教、民族等社会公共利益或者公共秩序产生消极、负面影响。如果有关标志的注册仅损害特定民事权益，由于2001年《商标法》已经另行规定了救济方式和相应程序，不宜认定其属于具有其他不良影响的情形。

具体到本案而言，原告认为被异议商标具有不良影响的主要理由仍是基于其损害了原告相关权利并可能对社会公众产生误导，故该理由仍可归结为对特定民事权益的损害而非对社会公共利益或公共秩序的消极影响，故本案所涉情形不符合2001年《商标法》第十条第一款第（八）项规定的适用条件。被告所作被异议商标未违反2001年《商标法》第十条第一款第（八）项规定的认定是正确的，本院对此予以支持。

四、关于程序问题。

商标异议复审裁定应当针对复审申请人的具体理由作出，在复审申请人明确提出某单独理由时，商标评审委员会应当作出针对性评述并得出相应结论。本案中，奇虎公司在补充复审理由中明确提出了被异议商标系以不正当手段对其在先使用并具有一定影响的商标抢注的理由，但商标评审委员会在第23856号裁定中未予评述，属于程序不当，本院予以指出。

但上述程序问题是否必然导致法院判决撤销被诉裁定，还应综合考虑该程序问题对裁定结论的影响。如果漏审的理由所依据的事实及证据已经在其他理由中加以考虑，且该漏审的理由明显不成立的，若法院撤销被诉裁定并责令商标评审委员会重做则会导致行政和司法程序的无效循环从而浪费行政和司法资源。

本案中，奇虎公司认为商标评审委员会漏审的理由是被异议商标系以不正当手段抢先注册奇虎公司在先使用并具有一定影响的商标“安全卫士”，从而违反了2001年《商标法》第三十一条关于“不得以不正当手段抢先注册他人在先使用并具有一定影响的商标”的规定。本院认为，“安全卫士”是奇虎公司注册的引证商标一、引证商标二的一部分，且指定使用在“计算机程序（可下载软件)"等与计算机软硬件密切相关的商品上的显著性较弱，奇虎公司将其注册商标一部分主张为非注册商标，并将注册商标的使用证据作为非注册商标的使用证据，明显不当。此外，"安全卫士"无论作为"在先权利"还是"在先使用的非注册商标"，在2001年《商标法》第三十一条关于"不得损害他人在先权利"和"不得以不正当手段抢先注册他人在先使用并具有一定影响的商标"的理由中考虑的在先使用的情形及证据标准均近似，而且奇虎公司亦承认"安全卫士"作为非注册商标的使用证据与"安全卫士"作为知名商品特有名称的使用证据相同，故这些证据及事实在适用2001年《商标法》第三十一条关于"不得损害他人在先权利"的规定时已经考虑，商标评审委员会和法院仅依据上述证据及理由进行重做，其结论将与第23856号裁定相同，很可能出现行政和诉讼程序的无效循环。因此，本院仅依据原告上述理由不足以撤销第23856号裁定。

综上所述，第23856号裁定存在程序瑕疵，但结论正确。依照最高人民法院《关于执行〈中华人民共和国行政诉讼法〉若干问题的解释》第五十六条第一款第（四）项之规定，本院判决如下：

驳回原告北京奇虎科技有限公司的诉讼请求。

案件受理费一百元，由原告北京奇虎科技有限公司负担（已交纳）。

如不服本判决，各方当事人可在本判决书送达之日起十五日内，向本院递交上诉状，并按对方当事人人数提交副本，交纳上诉案件受理费一百元，上诉于北京市高级人民法院。

审　判　长　司品华
代理审判员　陈　栋
人民陪审员　郭灵东
二〇一四年十月十四日
书　记　员　侯　坤

“圣塔太雕” 商标无效宣告行政诉讼案

基本案情

诉讼当事人

上诉人（原审原告）：浙江圣塔绍兴酒有限公司，住所地：浙江省绍兴市越城区东湖。

被上诉人（原审被告）：国家工商行政管理总局商标评审委员会，住所地：北京市西城区茶马南街1号。

被上诉人（原审第三人）：绍兴市咸亨酒店有限公司，住所地：浙江省绍兴市鲁迅中路179号。

案由

◎ **商标无效宣告行政纠纷**[1]

案情简介

2012年3月13日，上诉人浙江圣塔绍兴酒有限公司（以下简称圣塔公司）向国家工商行政管理总局商标局提出第10609573号“聖塔太雕”商标（以下简称争议商标）的注册申请，并于2013年5月7日获准注册，核定使用在第33类“烧酒、黄酒”等商品上，专用权期限至2023年5月6日。2013年8月14日，被上诉人绍兴市咸亨酒店有限公司（以下简称咸亨酒店）针对争议商标的注册向商标评审委员会提出商标无效宣告申请。2013年12月30日，商标评审委员会作出商评字［2013］第144624号《关于第10609573号“聖塔太雕”商标争议裁定书》（以下简称第144624号裁定）。该裁定认为：争议商标核定使用的烧

---

〔1〕（2015）高行（知）终字第2574号。

酒等商品与引证商标核定使用的烧酒等商品构成同一种或类似商品。争议商标“聖塔太雕”完整包含引证商标“太雕”，且未形成新的整体性含义。根据在案查明的事实，除引证商标外，在争议商标申请注册前，咸亨酒店已在第33类酒等商品上在先注册了多件包含“太雕”字样的商标，且“太雕”和“太雕十六及图”商标已在浙江省内享有较高知名度。鉴于此，并考虑到圣塔公司与咸亨酒店同处浙江绍兴一市，争议商标与引证商标共同使用在烧酒等商品上，争议商标易被误认为咸亨酒店的系列商标，从而导致产源混淆、误认，因此，商标评审委员会认为争议商标与引证商标已构成《中华人民共和国商标法》（以下简称《商标法》）第二十八条所指的使用在同一种或类似商品上的近似商标。圣塔公司提交的网页资料等证据不足以证明“太雕酒”为黄酒通用名称。圣塔公司主张的其他商标获准注册的情况与本案无关，不能成为争议商标维持注册的当然理由。综上，商标评审委员会依据《商标法》第二十八条、第四十一条第三款、第四十三条和《中华人民共和国商标法实施条例》第二十九条的规定，裁定对争议商标予以无效宣告。

圣塔公司不服商标评审委员会裁定，向北京市第一中级人民法院提起行政诉讼，北京市第一中级人民法院经审理，驳回圣塔公司的诉讼请求，圣塔公司不服一审判决，认为一审判决存在事实认定和法律适用错误，遂向北京市高级人民法院提起上诉，请求依法撤销一审判决。

案件处理结果

北京市高级人民法院经审理认为，争议商标由中文“聖塔太雕”构成，引证商标由中文“太雕”构成，争议商标完整包含了引证商标的全部文字。争议商标与引证商标使用在同一种或者类似商品上，容易使相关公众误认为使用上述商标的商品系由同一经营者提供，或者相关提供者之间存在关联关系。

圣塔公司主张“太雕”或者“太雕酒”是商品名称，但其提供的证据数量极为有限，而且根据圣塔公司提供的《绍兴老字号》一书记载的内容可知，虽然民国时期沈永和酒厂曾经生产过“太雕酒”，并在广告宣传中使用过“真正本色太雕”字样，但该书同时指出，沈永和酒厂生产的“太雕酒”也随该厂的萧条而断档。因此，即使历史上存在以“太雕”或“太雕酒”命名的黄酒商品，但现有证据尚不足以证明在我国目前的市场环境中存在将“太雕”或“太雕酒”作为商品名称使用的客观情况。而且，个别的市场经营者将他人注册商标标志作为商品名称对待和使用的行为，不能作为认定商品名称存在的依据。在引证商标仍为合法有效的注册商标的情况下，圣塔公司关于“太雕”系商品名称的上诉理由缺乏事实和法律依据。综上，北京市高级人民法院二审维持一审判决。争议商标“聖塔太雕”最终被宣告无效。

律师策略与解析

1. 商品通用名称的概念及相关案例研读

“通用名称简单地讲就是商品或者服务的名称，是为公众或某一行业所共用，反映一类商品与另外一类商品之间根本区别的规范化称谓。”[2]《商标法》第十一条规定，下列标志不得作为商标注册：（一）仅有本商品的通用名称、图形、型号的；（二）仅直接表示商品的质量、主要原料、功能、用途、重量、数量及其他特点的；（三）其他缺乏显著特征的。《最高人民法院关于审理商标授权确权行政案件若干问题的规定》第十条规定，诉争商标属于法定的商品名称或者约定俗成的商品名称的，人民法院应当认定其属于《商标法》第十一条第一款第（一）项所指的通用名称。依据法律规定或者国家标准、行业标准属于商品通用名称的，应当认定为通用名称。相关公众普遍认为某一名称能够指代一类商品的，应当认定为约定俗成的通用名称。被专业工具书、辞典等列为商品名称的，可以作为认定约定俗成的通用名称的参考。

约定俗成的通用名称一般以全国范围内相关公众的通常认识为判断标准。对于由于历史传统、风土人情、地理环境等原因形成的相关市场固定的商品，在该相关市场内通用的称谓，人民法院可以认定为通用名称。诉争商标申请人明知或者应知其申请注册的商标为部分区域内约定俗成的商品名称的，人民法院可以视其申请注册的商标为通用名称。

在近年的商标行政授权确权诉讼中，涉及商品通用名称的案件不在少数，比较知名的如最高人民法院在2017年审理的“席梦思”案。“SIMMONS席梦思”商标经过驳回复审，行政诉讼一审、二审及再审依然未能获得初审公告，最高人民法院再审认为：诉争的第12953093号“SIMMONS席梦思”商标已经成为床垫商品的通用名称，核定使用在“家具；长沙发；床垫；床；弹簧床垫；垫褥（亚麻制品除外）；软垫”商品上，缺乏显著特征，不能作为区分商品来源

[2] 周云川：《商标授权确权诉讼规则与判例》，法律出版社2014年版，第105页。

的标志。尽管美梦公司提交了该商标的使用证据，但仍不能证明申请商标已经经过使用在床垫等商品上取得了显著特征并便于识别，故商标评审委员会，一审、二审法院认定申请商标在"家具；长沙发；床垫；床；弹簧床垫；垫褥（亚麻制品除外）；软垫"等商品上不能作为商标注册并无不当。[3]

在北京市高级人民法院于2021年5月审结的"摩卡"案[4]中，也涉及商品通用名称认定的问题。2015年9月，北京慧能泰丰信息咨询有限责任公司分公司（以下简称慧能泰丰公司）依据2013年《商标法》第四十九条的规定，以诉争商标"摩卡MOCCA及图"已成为"咖啡"等商品上的通用名称为由，向商标局提出撤销申请。商标局经审理后认定慧能泰丰公司提交的证据不足以证明诉争商标在注册之后演变成为"咖啡"等商品的通用名称，决定诉争商标不予撤销。慧能泰丰公司不服商标局作出的上述决定向商标评审委员会提出复审，商标评审委员会经审理，决定诉争商标予以维持。慧能泰丰公司不服商标评审委员会决定，遂提起诉讼。北京知识产权法院一审认为：第一，从诉争商标标志本身来看，"摩卡"有指代位于也门红海岸边的一个港口城市等含义，16—17世纪，摩卡曾是全世界最大的咖啡贸易中心。在诉争商标申请日之前，"摩卡"即与咖啡商品存在特定关联。第二，从消费者的认知情况来看，根据在案证据，"摩卡"已经被各地消费者普遍认知为一种咖啡口味。第三，从同业经营者的使用情况来看，"摩卡"已经广泛被其他同业经营者作为商品名称使用。第四，从第三方的介绍和报道来看，相关书籍、报纸期刊、网络媒体中有大量关于"摩卡""摩卡咖啡"的介绍文章，且都认为"摩卡"是一种咖啡口味或一个咖啡品种。第五，从词典的收录情况来看，其均有摩卡咖啡是一种优质咖啡等内容。因此，现有证据能够证明，至迟在商标评审委员会审理本案之时，包括消费者和同业经营者在内的相关公众已普遍认为"摩卡"指代的是一类咖啡商品，且上述认知并不限于特定地域，而是全国范围内的普遍现象，"摩卡"已成为咖啡类商品上约定俗成的通用名称。综上，一审法院撤销了商标评审委员会裁定，本案经过北京市高级人民法院二审，成为生效判决，"摩卡"商标最终被撤销。

无独有偶，同为知名黄酒的"状元红"此前也遭遇过类似的商标纠纷，第1324561号"状元红"商标系浙江古越龙山绍兴酒股份有限公司于1999年获准注册的商标，浙江利府公司在2004年对其提出商标争议申请，主要理由是"状

---

〔3〕（2017）最高法行申2200号裁定书。

〔4〕（2018）京73行初3240号。

元红”已成为酒类商品上的通用名称。商标评审委员会经审理维持“状元红”商标注册，浙江利府公司不服商标评审委员会裁定向法院提起行政诉讼，北京市第一中级人民法院认为：首先，根据国家标准，“状元红”酒属于“绍兴酒”（GB 17946—2000）分类中的绍兴善酿酒类。由此可见，国家标准仅对“状元红”酒进行了分类归纳，并没有确定其是代表着某种性状、品质、色泽、口味、工序的特定酒或黄酒产品，更没有将其作为某种酒的通用名称在国家标准中予以列举，因此，“状元红”为法定通用名称的事实不能成立。其次，关于约定俗成的通用名称的事实认定。根据原告提交的证据所证明的事实，在争议商标注册之前，确有浙江省四家企业的黄酒等酒类产品的包装上使用了“状元红”的名称，在相关词典、文学作品和酒行业书籍中也有“状元红”名称渊源的记载。但商品的通用名称应当具有广泛性、规范性的特征，即应当具有在国家区域范围内或者某一行业范围内的共用性，仅为国家部分区域或部分企业所使用的名称不具有通用名称的广泛性。原告的证据所证明的上述事实不能证明“状元红”的使用已经达到了国家区域或行业程度上的广泛性并足以形成通用名称。因此，“状元红”在酿酒行业中不能构成酒或黄酒某一品种的通用名称。〔5〕

2. “太雕”并非酒类商品上的通用名称

“太雕”是本案第三人咸亨酒店旗下最具核心竞争力的产品。清光绪甲午年（公元1894年），鲁迅堂叔周仲翔等在绍兴城内的都昌坊口开设一家酒店。店主从《易经·坤卦》之《彖传》“含弘光大，品物咸亨”句中，取“咸亨”两字为店名，寓意酒店生意兴隆，万事亨通。鲁迅先生在《孔乙己》《风波》《明天》等著名小说中，也将咸亨酒店作为重要背景，使咸亨酒店名扬海内外。1981年，在鲁迅先生一百周年诞辰之际，咸亨酒店老店新开，并先后获得“中华老字号企业”“中国餐饮百强企业”“中国餐饮名店”“浙江省知名商号”等荣誉称号，“咸亨”服务商标还在2002年被国家工商总局商标局认定为驰名商标。〔6〕

20世纪80年代，咸亨酒店研制出口味独特的黄酒新品种，并以“太雕”作为品牌，逐步形成具有独创性的“太雕”“太雕十六”“太雕二十四”品牌矩阵。随着“太雕”商标知名度的不断扩大，一些企业尤其是浙江地区的企业开

---

〔5〕（2006）一中行初字第195号。

〔6〕黄建强：《“咸亨”商标被认定为中国驰名商标》，绍兴市人民政府网站，http://www.sx.gov.cn/art/2005/6/8/art_1462424_17003250.html，最后访问时间：2021年4月25日。

始不断申请、使用与"太雕"近似的如"塔牌太雕""越国泰雕""圣塔太雕"等商标，此举不仅会导致消费者的混淆误认，淡化"太雕"与咸亨酒店的唯一对应关系，长此以往，还会使"太雕"在酒类商品上逐渐丧失显著特征并最终沦为商品通用名称。正因如此，商标维权始终是咸亨酒店高度重视的工作。

本案中，圣塔公司认为太雕酒是由花雕酒演化而来，太雕即远年的花雕。因此，"太雕酒"应当属于商品的特定名称，也应当是商品名称，用以区分花雕与太雕。但其提供的用以支持上述主张的证据数量极为有限，不足以认定"太雕"或者"太雕酒"已经成为第33类酒类商品的商品名称。且根据圣塔公司提供的《绍兴老字号》一书记载的内容可知，虽然民国时期沈永和酒厂曾经生产过"太雕酒"，并在广告宣传中使用过"真正本色太雕"字样，但该书亦指出，沈永和酒厂生产的"太雕酒""也随该厂的萧条而断档"。因此二审法院明确指出，即使历史上曾经存在过以"太雕"或"太雕酒"命名的黄酒商品，但现有证据尚不足以证明在我国目前的市场环境中存在将"太雕"或"太雕酒"作为商品名称使用的客观实际。而且，个别的市场经营者将他人注册商标标志作为商品名称对待和使用的行为，不能作为认定商品名称存在的依据。在相关标志已经作为商标获准注册的情况下，如果允许他人将该标志作为商品名称加以使用和对待，不仅有可能使该商标丧失显著性、损害他人已经取得的合法权利，而且也有可能动摇商标注册制度、损害法律的严肃性和权威性。

3. 代理策略

针对对方的诉讼请求，代理律师拟定了如下答辩要点：一是争议商标"圣塔太雕"与引证商标"太雕"已经构成使用在类似商品上的近似商标。结合两商标核定使用的酒类商品的一般消费者的注意力程度，并考虑同一企业使用近似商标生产、销售系列商品的现象已经日益普遍，且上诉人圣塔公司与被上诉人咸亨酒店同处浙江省绍兴市的事实，如若允许两商标共存于酒类商品的市场之中，确难避免相关公众对两商标指向商品的来源产生混淆误认的可能性。二是引证商标"太雕"并非商品通用名称，具有显著特征，依法应予保护。我国实行商标注册制度，在引证商标为合法有效的情况下，应对其予以保护，如上诉人圣塔公司认为引证商标"太雕"缺乏显著特征，属商品通用名称，应该通过商标无效宣告程序解决，而圣塔公司从未对本案引证商标即第759669号"太雕"商标提出过无效宣告申请，法律赋予其权利却从未使用，本身即可说明其认可引证商标的注册符合《商标法》相关规定。而且，圣塔公司既已强调"太雕"是商品通用名称，则其不需要再进行商标注册申请，直接使用即可。但事实却是圣塔公司多年来从未间断对含有“太雕”“泰雕”“大雕”等标识进行商标注册申请，侧面印证其承认咸亨酒店对“太雕”商标享有的合法权利。三是商品名称与通用名称并不相同，即使在历史上的某段时间内，“太雕”可能是商品名称，也无法推定其现阶段仍为商品名称甚至是商品的通用名称。结合以上理由，我们认为争议商标“圣塔太雕”已经与引证商标“太雕”构成使用在类似商品上的近似商标，北京市高级人民法院在二审中也支持了咸亨酒店的答辩理由，维持一审判决以及商标评审委员会裁定。本案以咸亨酒店胜诉告终。

本案涉及的法律要点

商品通用名称的判定标准。

典型意义

本案的典型意义在于，对于商品通用名称的认定，北京市高级人民法院总结了如下两个重要原则：一是从现实出发考察当前的市场实际，认定相关商品名称是否存在以及是否仍然存续，不能将历史上曾经存在过的商品名称直接等同于现存的商品名称；二是从整体出发考察整个市场状况，认定相关商品名称是否为相关公众所普遍接受，不能忽视他人在相关标志上享有的合法权利。

（编写人：吕东宇）

北京市高级人民法院
行政判决书

（2015）高行（知）终字第2574号

上诉人（原审原告）浙江圣塔绍兴酒有限公司，住所地浙江省绍兴市越城区东湖。

法定代表人王关荣，董事长。

委托代理人汪文峰，浙江中行律师事务所律师。

委托代理人徐沈斌，浙江中行律师事务所律师。

被上诉人（原审被告）国家工商行政管理总局商标评审委员会，住所地北京市西城区茶马南街1号。

法定代表人何训班，主任。

委托代理人张梦，国家工商行政管理总局商标评审委员会审查员。

委托代理人李静，国家工商行政管理总局商标评审委员会审查员。

原审第三人绍兴市咸亨酒店有限公司，住所地浙江省绍兴市鲁迅中路179号。

法定代表人宋金才，董事长。

委托代理人杨梅，北京天驰洪范律师事务所律师。

委托代理人吕东宇，北京天驰洪范律师事务所实习律师。

上诉人浙江圣塔绍兴酒有限公司（简称圣塔公司）因商标争议行政纠纷一案，不服北京市第一中级人民法院（2015）一中行（知）初字第365号行政判决，向本院提起上诉。本院于2015年7月15日受理后依法组成合议庭，并于2015年8月19日公开开庭审理了本案。上诉人圣塔公司的委托代理人汪文峰、徐沈斌，被上诉人国家工商行政管理总局商标评审委员会（简称商标评审委员会）的委托代理人张梦、李静，原审第三人绍兴市咸亨酒店有限公司（简称咸亨酒店）的委托代理人杨梅、吕东宇到庭参加了诉讼。本案现已审理终结。

北京市第一中级人民法院查明：2012年3月13日，圣塔公司向国家工商行政管理总局商标局（简称商标局）提出第10609573号"聖塔太雕"商标（简称争议商标）的注册申请，并于2013年5月7日获准注册，核定使用在第33类

"烧酒、黄酒"等商品上，专用权期限至2023年5月6日。

第759669号"太雕"商标（简称引证商标）注册人为咸亨酒店，核定使用在第33类"酒（饮料）、烧酒"等商品上，专用权期限自2005年8月7日起至2015年8月6日。

第3697102号"太雕十六及图"商标注册人为咸亨酒店，核定使用在第33类"酒（饮料）、烧酒"等商品上，专用权期限自2005年4月14日起至2015年4月13日。

第1132983号"太雕十二四及图"商标注册人为咸亨酒店，核定使用在第33类"酒"商品上，专用权期限自2007年12月7日起至2017年12月6日。

第3697101号"太雕王及图"商标注册人为咸亨酒店，核定使用在第33类"酒（饮料）、烧酒"等商品上，专用权期限自2005年4月14日起至2015年4月13日。

2013年8月14日，咸亨酒店针对争议商标的注册向商标评审委员会提出撤销申请。

2013年12月30日，商标评审委员会作出商评字［2013］第144624号《关于第10609573号"聖塔太雕"商标争议裁定书》（简称第144624号裁定）。该裁定认为：争议商标核定使用的烧酒等商品与引证商标核定使用的烧酒等商品构成同一种或类似商品。争议商标"聖塔太雕"完整包含引证商标"太雕"，且未形成新的整体性含义。根据在案查明的事实，除引证商标外，在争议商标申请注册前，咸亨酒店已在第33类酒等商品上在先注册了多件包含"太雕"字样的商标，且"太雕"和"太雕十六及图"商标已在浙江省内享有较高知名度。鉴于此，并考虑到圣塔公司与咸亨酒店同处浙江绍兴一市，争议商标与引证商标共同使用在烧酒等商品上，争议商标易被误认为咸亨酒店的系列商标，从而导致产源混淆、误认。因此，争议商标与引证商标已构成《中华人民共和国商标法》（简称《商标法》）第二十八条所指的使用在同一种或类似商品上的近似商标。圣塔公司提交的网页资料等证据不足以证明"太雕酒"为黄酒通用名称。圣塔公司主张的其他商标获准注册的情况与本案无关，不能成为争议商标维持注册的当然理由。鉴于争议商标与相同或类似的商品上在先申请注册的引证商标是否构成近似商标属于《商标法》第二十八条的调整范围，本案不再适用《商标法》第十三条的规定进行审理。

《商标法》第三十一条关于"不得以不正当手段抢先注册他人已经使用并有一定影响的商标"的规定是对于未注册商标的保护。鉴于咸亨酒店在与争议商标使用的商品相同或类似的商品上已在先申请并注册与之近似的引证商标，且本案已依据《商标法》第二十八条进行保护，因此，对争议商标的注册是否违反《商标法》第三十一条上述规定不予评述。

《商标法》第十条第一款第（八）项所指的"有害社会主义道德风尚或者有其他不良影响"是指商标本身的图形、文字或其他构成要素有害于人们共同生活及其行为的准则、规范以及在一定时期内社会上流行的良好风气和习惯，或者对我国政治、经济、文化、宗教、民族等社会公共利益和公共秩序产生消极的、负面的影响。争议商标不属于上述所指的情形，未违反《商标法》第十条第一款第（八）项的规定。

《商标法》第四十一条第一款所指的"以欺骗手段或者其他不正当手段取得注册"的情形涉及的是撤销商标注册的绝对事由，这些行为损害的是公共秩序或者公共利益，或是妨碍商标注册管理秩序的行为。争议商标不属于本条款所指情形，咸亨酒店的该项争议理由不能成立。

综上，商标评审委员会依据《商标法》第二十八条、第四十一条第三款、第四十三条和《中华人民共和国商标法实施条例》第二十九条的规定，裁定：争议商标予以撤销。

在庭审过程中，圣塔公司及咸亨酒店对商标评审委员会认定的事实及审查程序均没有异议。

北京市第一中级人民法院认为：本案应适用2001年《商标法》进行审理。圣塔公司提供的《绍兴老字号》（2012年12月第1版）等证据，不足以证明"太雕酒"属于通用名称，圣塔公司的该项诉讼主张缺乏事实及法律依据。争议商标核定使用的烧酒等商品与引证商标核定使用的烧酒等商品构成同一种或类似商品。争议商标"聖塔太雕"完整包含引证商标"太雕"，且未形成新的整体性含义。另外，在争议商标申请注册前，咸亨酒店已在第33类酒等商品上在先注册了多件包含"太雕"字样的商标，且"太雕"和"太雕十六及图"商标已在浙江省内享有较高知名度。圣塔公司与咸亨酒店同处浙江省绍兴市，争议商标与引证商标共同使用在烧酒等商品上，争议商标易被误认为咸亨酒店的系列商标，从而导致产源混淆、误认。因此，商标评审委员会关于争议商标与引证商标已构成《商标法》第二十八条所指的使用在同一种或类似商品上近似商标的认定，符合法律和法规的规定。

综上，北京市第一中级人民法院依据《中华人民共和国行政诉讼法》第六十九条的规定，判决：驳回圣塔公司的诉讼请求。

圣塔公司不服原审判决，提起上诉，请求撤销原审判决及第144624号裁定、判令商标评审委员会重新作出裁定。主要上诉理由为：一、原审判决认定“太雕酒”不属于商品名称，属于事实认定错误。原审法院将商品名称直接定义为商品的通用名称，由此否定“太雕酒”的商品名称属性，存在事实认定错误。商品名称是指为了区别于其他商品而使用的商品的称呼，可分为通用名称和特定名称。商品的通用名称是用来区别不同种类的商品的，而商品的特定名称是用来区别同种类商品的特定商品、特定物。本案中太雕酒是由花雕酒演化而来，太雕即远年的花雕。因此，本案中的“太雕酒”应当属于商品的特定名称，也应当是商品名称，用以区分花雕与太雕。圣塔公司提供的《绍兴老字号》中有关绍兴沈永和酒厂生产“寿星”牌太雕酒瓶贴的内容，能够证明80多年前沈永和酒厂就将“太雕酒”作为商品名称进行宣传和销售。二、原审判决认定争议商标包含了引证商标，圣塔公司与咸亨酒店同处于浙江省绍兴市，与咸亨酒店的系列商品构成商标近似，存在事实认定和法律适用错误。1. 争议商标与引证商标存在明显区别，并不构成近似商标。2. 圣塔公司与咸亨酒店处于同一地域，并不能构成商标近似的理由；判断商标近似应当坚持主客观相统一的标准，争议商标与咸亨酒店的商标也不会导致产源混淆、误认；与圣塔公司、咸亨酒店同处绍兴市的中国绍兴黄酒集团有限公司于2000年5月8日申请注册了“古越太雕”商标，核定使用在第33类黄酒、料酒、食用酒精等商品上，经核准注册并经续展专用权期限至2021年7月20日，该商标与咸亨酒店的“太雕”商标并存十余年，消费者并未发生误认，并已形成了稳定的市场秩序，因此，带有“太雕”二字的商标与咸亨酒店并没有特定联系。3. 原审判决将引证商标与“太雕十六及图”“太雕十二四及图”“太雕王及图”等商标定性为系列商标是不准确的。引证商标与“太雕十六及图”“太雕十二四及图”“太雕王及图”等商标没有相同的显著部分，没有形成“太雕”系列商标；咸亨酒店是在2003年8月通过受让取得引证商标专用权的，而咸亨酒店早在1996年就申请注册“太雕十六及图”“太雕十二四及图”等商品，显然上述商标与引证商标并不近似，否则商标局也不会核准上述商标的注册。

商标评审委员会、咸亨酒店服从原审判决。

本院经审理查明：原审判决查明的事实基本清楚，有争议商标的商标档案、商标评审委员会第144624号裁定、当事人陈述等证据在案佐证，本院予以确认。

另查明：引证商标由绍兴县新围酿酒厂于1990年11月21日申请注册，

1995年8月7日获准注册，核定使用在第33类"含酒精饮料（啤酒除外）、烧酒、米酒、酒（饮料）"商品上，经续展，专用权期限至2025年8月6日。2002年1月11日和2003年6月19日，该商标经商标局核准先后转让给绍兴市东升酒业有限公司和绍兴市咸亨酒店。2006年9月27日，商标注册人名义经核准变更为咸亨酒店。

2012年9月10日，中国酒业协会黄酒分会在其他案件中向原审法院出具了《关于"雕"与黄酒关系的说明》，其内容为："黄酒起源于中国，是世界三大古酒之一，绍兴黄酒被公认为是中国黄酒之典型代表。早在宋代，绍兴家家酿酒。每当一户人家生了女孩，满月那天就选酒数坛，密封窖藏，待女儿长大出嫁时，将其取出，请人刻字彩绘，在酒坛上雕上各种花卉图案，人物鸟兽，山水亭榭等，如'八仙过海'，'龙凤呈祥'，'嫦娥奔月'等，并配以吉祥如意，花好月圆的'彩头'，以兆吉祥。这种雕了花的酒坛成了绍兴酒一种代表包装，后雕花酒日益传播，人们觉得此等叫法比较拗口，按古人喜欢动字后置的习惯，即改称'雕花酒'为'花雕酒'。所以'花雕'是民间对黄酒的一种称呼，现代可以理解为绍兴加饭酒的一种雅称。'太雕'是晚清至民国时期流传在绍兴的一种民俗酒文化，即在大户人家，在长辈的'寿诞佳期'作为喜庆吉祥、延年益寿的一种祝愿，是女儿酒民俗的演化，这种民俗文化现已不再流传。'雕'作为一个单字，是一个动词，不表示任何具体的物品。企业通过挖掘绍兴的民俗酒文化，把'太雕'作为黄酒的品牌，注册成为商标，这种做法应该提倡。"圣塔公司对该说明的内容不予认可。

原审期间，咸亨酒店向原审法院提交了2001年1月10日中国绍兴黄酒集团公司、浙江古越龙山绍兴酒股份有限公司、绍兴咸亨集团股份有限公司、绍兴市咸亨酒店签署的《会议纪要》，其内容为："一、绍兴市咸亨酒店系绍兴咸亨集团股份有限公司全资企业；浙江古越龙山绍兴酒股份有限公司系绍兴咸亨集团股份有限公司的大股东；中国绍兴黄酒集团公司系浙江古越龙山绍兴酒股份有限公司控股企业。会议认为四家企业是以资产为纽带的关联企业，应加强合作，共同开拓绍兴黄酒市场，打造绍兴黄酒品牌。因'古越龙山'系中国驰名商标，所有权人为中国绍兴黄酒集团公司，依据驰名商标的保护原则，凡同类产品注册商标涉及'古越'二字的，均应归中国绍兴黄酒集团公司所有，会议商定由中国绍兴黄酒集团公司向商标管理部门申请注册'古越太雕'。如注册成功，该商标作为'太雕'系列商标使用，但其注册人和所有人为中国绍兴黄酒集团公司。二、'太雕''太雕十六''太雕十二四'商标专用权属绍兴市咸亨酒店，由浙江古越龙山绍兴酒股份有限公司定点生产。”

原审期间，圣塔公司向原审法院提交了绍兴市政协文史资料委员会、绍兴老字号企业协会编《绍兴老字号》（西泠印社出版社2012年12月第1版，2012年12月第1次印刷）中《“沈永和”与“古越龙山”》一文部分内容的复印件，二审期间，圣塔公司当庭出示了该书的原件，其中载明：“‘沈永和’当时已生产‘太雕’酒，现在还能看到彩印的坊单，左上角是商标‘寿星’像，右上角印有‘浙绍沈永和酒厂，南洋劝业会超等褒奖、美国巴拿马赛会一等奖章、西湖博览会超等奖状’等字样。中间用较大字体印有‘真正本色太雕’字样。……沈墨臣执掌沈永和酒厂时期是‘沈永和’的鼎盛时期。1937年沈墨臣病逝，抗战爆发，接着绍兴沦陷，沈永和酒厂损失惨重。……抗战胜利后，遭受浩劫的沈永和已难以恢复元气。……太雕酒也随该厂的萧条而断档（20世纪80年代后，绍兴咸亨酒店开发黄酒新品，均以‘太雕’为名注册。酒店形成了独创的‘太雕’系列品牌黄酒，使‘太雕’黄酒商标成为中国驰名商标）。1948年冬酿时，该坊仍酿酒百余缸。招牌一度用‘鼎和永’。1949年5月7日绍兴解放时，‘沈永和’传人已是第七代，虽然沈墨臣有6个子女，但基本上没有人继承祖业。1956年，绍兴酿酒行业公私合营，沈永和酒厂和绍兴城区14家酿坊联合起来。……1956年8月5日，公私合营后的沈永和酒厂从市区迁至绍兴偏门外的鉴湖之滨。……1994年，沈永和酒厂与绍兴酿酒公司‘强强联合’，组成中国绍兴黄酒集团有限公司，‘沈永和’成为浙江古越龙山绍兴酒股份有限公司的‘中华老字号’的著名酒类商标，也是中国驰名商标。”

上述事实，有当事人提交的相关证据、当事人陈述等在案佐证。

本院认为：2014年11月1日修改的《行政诉讼法》已于2015年5月1日起施行，本案应当适用2014年11月1日修改的《行政诉讼法》。该《行政诉讼法》第六条规定：“人民法院审理行政案件，对行政行为是否合法进行审查。”虽然2013年8月30日修改的《商标法》已于2014年5月1日起施行，但本案被诉的第44624号裁定系由商标评审委员会于2014年5月1日前作出，因此，本案应当适用2001年10月27日修改的《商标法》。

该《商标法》第二十八条规定：“申请注册的商标，凡不符合本法有关规定或者同他人在同一种商品或者类似商品上已经注册的或者初步审定的商标相同或者近似的，由商标局驳回申请，不予公告。”本案中，争议商标核定使用的“烧酒、黄酒”等商品，与引证商标核定使用的“含酒精饮料（啤酒除外）、烧酒、米酒、酒（饮料）”商品，属于同一种或者类似商品。认定商标是否近似，既要考虑商标标志构成要素及其整体的近似程度，也要考虑相关商标的显著性和知名度、所使用商品的关联程度等因素，以是否容易导致混淆作为判断标准。

本案中，争议商标由中文“聖塔太雕”构成，引证商标由中文“太雕”构成，争议商标完整包含了引证商标的全部文字。争议商标与引证商标使用在同一种或者类似商品上，容易使相关公众误认为使用上述商标的商品系由同一经营者提供，或者相关提供者之间存在关联关系。

虽然商品名称并不直接等同于商品的通用名称，原审判决仅就“太雕酒”是否构成商品通用名称加以分析并不严谨，但是，在对商标标志中包含的相关要素是否构成商品名称，进而认定该部分要素是否具有识别作用、是否属于商标显著性判断和商标近似性判断时需要重点考虑的内容进行认定时，还是应当结合相关证据加以具体分析。一方面，要从现实出发考察当前的市场实际，认定相关商品名称是否存在以及是否仍然存续，不能将历史上曾经存在过的商品名称直接等同于现存的商品名称；另一方面，要从整体出发考察整个的市场状况，认定相关商品名称是否为相关公众所普遍接受，不能忽视他人在相关标志上享有的合法权利。

本案中，圣塔公司主张“太雕”或者“太雕酒”是商品名称，但其提供的用以支持上述主张的证据数量极为有限，而且根据圣塔公司提供的《绍兴老字号》一书记载的内容可知，虽然民国时期沈永和酒厂曾经生产过“太雕酒”，并在广告宣传中使用过“真正本色太雕”字样，但该书亦已同时指出，沈永和酒厂生产的“太雕酒”“也随该厂的萧条而断档”。因此，即使历史上曾经存在过以“太雕”或“太雕酒”命名的黄酒商品，但现有证据尚不足以证明在我国目前的市场环境中存在将“太雕”或“太雕酒”作为商品名称使用的客观实际。而且，即使考虑商品名称并不能直接等同于商品的通用名称，商品名称的认定也应当以客观存在的市场实际为标准加以认定。个别的市场经营者将他人注册商标标志作为商品名称对待和使用的行为，不能作为认定商品名称存在的依据。在相关标志已经作为商标获准注册的情况下，如果允许他人将该标志作为商品名称加以使用和对待，不仅有可能使该商标丧失显著性、损害他人已经取得的合法权利，而且也有可能动摇商标注册制度、损害法律的严肃性和权威性。本案中，虽然咸亨酒店系通过受让取得引证商标的专用权，但《商标法》对商标专用权的保护并不因其取得方式方面的差异而有所区别。在引证商标仍为合法有效的注册商标的情况下，圣塔公司关于“太雕”系商品名称的上诉理由缺乏事实和法律依据，本院对此不予支持。

商标注册应当根据个案情况加以具体审查，其他商标获准注册的情况并非本案争议商标应予核准注册的当然理由。因此，圣塔公司关于“古越太雕”商标已核准注册、带有“太雕”二字的商标与咸亨酒店并没有特定联系的上诉理由与本案没有关联，本院对此不予支持。

综合考虑以上因素，争议商标与引证商标已构成使用在同一种或者类似商品上的近似商标，争议商标的注册违反了《商标法》第二十八条的规定。第144624号裁定及原审判决将圣塔公司和咸亨酒店同处浙江绍兴以及其他商标的注册情况作为判断争议商标与引证商标近似的考量因素虽然并不准确，但其裁判结论正确，本院在指出其不当的基础上，对其结论予以维持。

综上，原审判决认定事实基本清楚，部分法律适用虽不准确，但其裁判结论正确，本院在指出其不当之处的基础上，对其结论予以维持。圣塔公司的部分上诉理由虽然成立，但其上诉请求缺乏事实和法律依据，本院不予支持。依照2014年11月1日修改的《中华人民共和国行政诉讼法》第八十九条第一款第（一）项之规定，判决如下：

驳回上诉，维持原判。

一、二审案件受理费各一百元，均由浙江圣塔绍兴酒有限公司负担（均已交纳）。

本判决为终审判决。

审　判　长　莎日娜
审　判　员　刘晓军
代理审判员　周　波
二〇一五年十月十三日
书　记　员　张梦娇
书　记　员　金萌萌

“全民飞机大战” 商标驳回复审行政诉讼案

基本案情

诉讼当事人

上诉人（原审原告）：腾讯科技（深圳）有限公司，住所地：广东省深圳市福田区赛格科技园2栋东403号。

被上诉人（原审被告）：国家工商行政管理总局商标评审委员会，住所地：北京市西城区茶马南街1号。

案由

◎ **商标权驳回复审请求行政纠纷**[1]

案情简介

腾讯科技（深圳）有限公司（以下简称腾讯公司）成立于1998年11月，是目前中国最大的互联网综合服务提供商之一，也是中国服务用户最多的互联网企业之一。《全民飞机大战》是腾讯公司开发的一款飞行射击类手机游戏，于2014年1月10日发布，短期内受到用户玩家的极大推崇，游戏官方论坛达10余万人关注，游戏谈论帖达40余万则，仅两个多月注册用户即突破1亿人，2014年当年即被评为“年度最佳益智休闲手机游戏”第一名及“年度十大最受欢迎手机游戏”。在2015年进行的“中国游戏风云榜”投票活动中，《全民飞机大战》游戏位列“年度最佳益智休闲手机游戏”飞行类的第一位。

本案复审商标“全民飞机大战”，系腾讯公司于2013年10月30日向国家工商行政管理总局商标局提出商标注册申请，指定使用在第41类“教育信息、

---

〔1〕 北京市高级人民法院（2016）京行终613号。

组织教育或娱乐竞赛、提供在线电子出版物（非下载）、除广告片外的影片制作、电影胶片的分配（发行）、娱乐、在计算机网络上提供在线游戏、体育野营服务、玩具出租、游戏器具出租”服务上，申请号：13456825。

2014年1月13日，商标局作出第TMZC13456825BHTZ01号《商标驳回通知书》，认为申请商标直接表示指定服务的内容特点，缺乏显著性，不宜作为商标注册。根据《商标法》第十一条第一款第（二）项、第十一条第一款第（三）项、第三十条的规定，决定申请商标予以驳回。腾讯公司不服，向国家工商行政管理总局商标评审委员会提出复审申请。

2015年4月8日，商标评审委员会作出商评字［2015］第28386号《关于第13456825号“全民飞机大战”商标驳回复审决定书》，认为申请商标直接表示了指定服务的内容特点，缺乏显著性，不宜作为商标注册。腾讯公司所述其他商标注册情况与本案不同，不能作为申请商标获准注册的必然依据。腾讯公司提交的证据不足以证明申请商标具有可注册性。因此，依据《商标法》第十一条第一款第（二）项、第（三）项、第三十条和第三十四条的规定，决定对申请商标予以驳回。腾讯公司不服，向北京知识产权法院提起行政诉讼。

2015年11月10日，北京知识产权法院作出（2015）京知行初字第3097号行政判决，认为申请商标指定使用在“在计算机网络上提供在线游戏”等服务上，直接表示服务的内容或服务的特点，容易使相关公众认为其是对服务内容的描述，无法起到商标应具有的区分商品或服务来源的识别作用，故申请商标不具有应有的显著特征，且腾讯公司提交的相关证据尚不足以证明申请商标经使用已取得了显著特征。因此，申请商标的注册申请属于《商标法》第十一条第一款第（二）项规定的情形，不应予以核准注册。商标评审委员会同时适用《商标法》第十一条第一款第（二）项和第十一条第一款第（三）项驳回了申请商标的申请注册不当，应予纠正。因此依照《最高人民法院关于执行〈中华人民共和国行政诉讼法〉若干问题的解释》第五十六条第（四）项之规定，判决驳回腾讯公司的诉讼请求。

腾讯公司不服一审判决，向北京市高级人民法院提出上诉，请求撤销一审判决及被诉决定，判令商标评审委员会重新作出决定。

案件处理结果

2016年3月18日，北京市高级人民法院法院开庭审理本案，法院经审理认为：根据《商标法》第十一条的规定，下列标志不得作为商标注册："（一）仅有本商品的通用名称、图形、型号的；（二）仅直接表示商品的质量、主要原料、功能、用途、重量、数量及其他特点的；（三）其他缺乏显著特征的。前款所列标志经过使用取得显著特征，并便于识别的，可以作为商标注册。"

根据腾讯公司提交的证据可知，"全民飞机大战"是腾讯公司开发的一款网络在线游戏名称，并非仅直接表示服务的内容及其他特点，且经过宣传使用，取得了较高的知名度，相关公众能够将其与腾讯公司联系起来，应当认定为具有显著性。即便"飞机大战"有可能被相关公众认为是一类游戏的通称，但是"全民飞机大战"整体上具有商标的识别作用。该款游戏由腾讯公司开发，其作为商标使用亦不会侵害他人及公众利益，予以核准注册更为妥当。

2016年3月29日，北京市高级人民法院作出（2016）京行终613号行政判决，撤销北京知识产权法院一审行政判决及撤销商标评审委员会被诉决定；并判决商标评审委员会重新就腾讯公司针对复审商标提出的复审请求作出决定。

律师策略与解析

本案复审商标已经使用并有一定知名度却又涉及违反《商标法》第十一条的显著性条款。《商标法》第十一条第二款（前款所列标志经过使用取得显著特征，并便于识别的，可以作为商标注册）是以商标构成《商标法》第十一条第一款（下列标志不得作为商标注册：……）为前提条件的，如果律师直接将使用证据用来论证《商标法》第十一条第二款，等于变相承认复审商标违反了《商标法》第十一条第一款，这是对当事人非常不利的。而且《商标法》第十一条第二款的规定，对使用证据的要求非常高，一般难以达到"取得显著性"的要求。因此从更有利于当事人的角度考虑适用法律，更大限度地发挥使用证据的作用，此类案件应重点强调使用证据可用于证明（验证）商标"本身具有显著性"。

本案复审商标经使用后虽有一定知名度，但仍然难以达到"经使用取得显著性"的要求。但本案部分使用证据可以用来证明（验证）复审商标本身即具有商标显著性，如本案《全民飞机大战》游戏仅两个多月注册用户即突破1亿，数以亿计的消费者从一开始即没有出现不能区分识别的情况，即可以充分验证复审商标本身具有"显著性"。

因此代理律师转变代理思路，将本案重点从论证"商标经使用取得显著性"

更改为论证商标“本身具有显著性”。商标“本身具有显著性”十分重要。商标本身的显著性是核准注册的基础，商标本身显著性越强，对使用证据要求越低，核准注册可能性越大。而且商标“本身具有显著性”论证空间大。可分为两方面，一是消费者可以区分识别；二是不会侵犯其他方利益。更重要的是，本案代理律师将使用证据亦用于证明（验证）复审商标“本身具有显著性”及“经过使用增强显著性”，取得了意想不到的效果。

1. “全民飞机大战”商标本身具有显著性论证

（1）“全民飞机大战”商标独创性强。“全民飞机大战”商标不是汉字固有词汇，是由腾讯公司独创的，是腾讯公司智力劳动的成果和思想智慧的结晶。而商标的独创性与显著性是成正比例关系的，独创性强的商标显著性亦强。实践中，独创的商标绝大多数都具有显著性。

（2）“全民飞机大战”商标识别性强。“全民飞机大战”是腾讯公司的一款游戏，来源于腾讯公司的“微信飞机大战”游戏，仅将“微信”二字更改为“全民”二字而已。显然“微信飞机大战”商标具有极强的识别性，则与其一脉相承的”全民飞机大战”商标同样具有极强的识别性。

（3）“全民”标识商标显著性强。“全民”与“大众”含义相同，都是指众多的人，民众、群众。“大众”商标是汽车上的知名品牌，具有极强的商标显著性，则与“大众”含义相同的“全民”标识，同样具有极强的商标显著性。而“全民飞机大战”商标比“全民”商标的显著性更强，更应该通过审查。

（4）“飞机大战”标识商标显著性强。代理律师查询商标局数据库发现，他人“计算机游戏软件”商品上的第13846273号“飞机大战”商标已经初审公告，同时发现，“飞机大战”并没有投入使用，因此“飞机大战”商标初审公告的原因不可能是经过使用取得显著性，只能是该标识天然具有商标显著性。而“全民飞机大战”商标比“飞机大战”商标的天然显著性更强，更应该通过审查。

（5）“全民飞机大战”商标没有“仅直接表示”第41类网络在线游戏的游戏内容特点。第41类服务的内容包括：“教育信息；组织教育或娱乐竞赛；提供在线电子出版物（非下载）；除广告片外的影片制作；电影胶片的分配（发行）；娱乐；在计算机网络上提供在线游戏；体育野营服务；玩具出租；游戏器具出租”的内容特点。本案“全民飞机大战”是一款在线网络游戏，该游戏的内容特点是“射击飞行游戏”，有时也被简称为“打飞机”，但无论是“射击飞行游戏”还是“打飞机”，均与“全民飞机大战”有较大的区别，同时“仅直接"三字也对"表示"二字进行了严格的限制。因此"全民飞机大战"商标没有"仅直接表示"第41类网络在线游戏的游戏内容特点。

(6)"全民飞机大战"商标不是叙述性标识,可以为腾讯公司独家占有。《商标法》第十一条第二款的立法本意是防止叙述性标志为一家独占,形成不公平垄断。但如上文所述,"射击飞行游戏""打飞机"才是"在线网络游戏"上的叙述性标识,而"全民飞机大战"不是"在线网络游戏"上的叙述性标志,不为相关领域的生产或服务的提供者所共用,可以为腾讯公司所独家占有。

(7)版权作品名称作为商标注册时的审查标准应放宽。商品是看牌购物,作品是看名购书,但作品也是商品,实践中商品的商标与作品的名称相一致的情况十分常见。但由于作品内容本身就包罗万象,且作品名称多少都会反映作品的内容,因此为适应作品商品的特殊性,一般将传统作品所在的第16类"书籍、报纸、杂志、期刊"等商品的审查标准放宽,如著名的《财经》杂志的内容肯定是财经方面的,但"财经"商标同样核准注册。而第41类"在计算机网络上提供在线游戏;提供在线电子出版物(非下载);除广告片外的影片制作"等作为新型网络作品与第16类传统纸质作品并没有本质上的区别,内容上都包罗万象,因此也应该适用较宽松的审查标准。

2. 相关事实(即使用证据)验证(证明)"全民飞机大战"商标本身具有显著性

(1)《全民飞机大战》游戏自发布之日起,未出现一例消费者不能区分识别的情况,充分验证消费者在游戏发布时就可以区分识别该游戏的原因只能是该商标"本身具有显著性",而不是该商标"经过使用才取得显著性"。

(2)《全民飞机大战》游戏发布后持续火爆,仅两个多月时间,注册用户数量已"奇迹"般突破1亿,而如此之短的时间已有1亿消费者可以区分识别《全民飞机大战》游戏,也充分说明是因为"全民飞机大战"商标"本身具有显著性",而不是该商标"经过使用才取得显著性"。

(3)《全民飞机大战》游戏位列2014年当年"年度最佳益智休闲手机游戏"第一名,这样一款不到一年就具备高美誉度的"奇迹"产品,很难想象发布时会出现消费者无法区分识别的混乱情况。

(4)未投入使用的"飞机大战""潜艇大战"等商标已初审公告,而已大量使用、广泛宣传的"全民飞机大战"商标却被驳回,商标使用反而降低了显著性?这显然是不合逻辑、不合法理的。"全民飞机大战"商标如果既没有使用也没有知名度,只是单独申请注册,从常理看很难被商标局联想到与"在计算机网络上提供在线游戏”等服务的内容特点有关联，这也是为什么“飞机大战”“坦克大战”“潜艇大战”等既没有使用也没有知名度的商标能顺利通过商标局审查的主要原因，这从反面充分证明“全民飞机大战”商标本身具有商标显著性。

3. 使用证据证明“全民飞机大战”商标经过使用显著性更强

腾讯公司提交的2014年、2015年中国游戏风云榜，《全民飞机大战》游戏注册用户数量超过1亿的报道和分析，2014年第二季度中国手游市场报告，《中国移动游戏产业报告》的报道，各大娱乐游戏网站中的有关《全民飞机大战》游戏广告及新闻网页截屏，《全民飞机大战》游戏游戏使用截屏，《全民飞机大战》游戏在手机App中的使用截屏，国家图书馆检索报告等证据均可以证明，“全民飞机大战”商标“经过使用显著性更强”。

4. 该商标不侵犯他人和社会公众利益

“全民飞机大战”商标不是“在线网络游戏”或“射击飞行游戏”的叙述性标志，不为该领域的其他经营者共有，可由腾讯公司独占使用，不侵犯他人和社会公众利益。《全民飞机大战》游戏由腾讯公司独家开发，投入巨大，无形资产价值巨大，对腾讯公司十分重要。

《商标法》第十一条的立法本意除了保护消费者，避免不能区分识别外，还保护其他经营者，避免不当垄断。因此“全民飞机大战”商标不会侵犯他人和社会公众利益，北京市高级人民法院不仅支持了腾讯公司的诉讼请求，而且几乎支持了代理律师的全部代理意见。

本案涉及的法律要点/理论知识点

1.《商标法》第十一条第一款第（二）项和第（三）项一般不能同时适用。

2.《商标法》第十一条第二款的适用是以构成《商标法》第十一条第一款为前提。

3. 使用证据可用于证明（验证）商标本身具有显著性。

典型意义

本案通过转变代理思路，通过重点强调使用证据可用于证明（验证）商标

“本身具有显著性”，最大限度地发挥了使用证据的作用，最大限度地论证了复审商标符合《商标法》第十一条第一款的规定，并避免陷入《商标法》第十一条第二款的规定难以自拔，为案件取得了突破口，很有新颖性、启发性和参考性。

本案获奖/社会影响

“全民飞机大战”商标案荣获中华商标协会2015—2016优秀商标代理案例。

（编写人：张晓旭）

北京市高级人民法院
行政判决书

（2016）京行终613号

上诉人（原审原告）腾讯科技（深圳）有限公司，住所地广东省深圳市福田区赛格科技园2栋东403号。

法定代表人马化腾，董事长。

委托代理人杨梅，北京天驰君泰律师事务所律师。

委托代理人张晓旭，北京天驰君泰律师事务所律师。

被上诉人（原审被告）国家工商行政管理总局商标评审委员会，住所地北京市西城区茶马南街1号。

法定代表人何训班，主任。

委托代理人李泽然。

上诉人腾讯科技（深圳）有限公司（简称腾讯公司）因商标申请驳回复审行政纠纷一案，不服北京知识产权法院（2015）京知行初字第3097号行政判决，向本院提出上诉。本院于2016年1月19日受理本案后，依法组成合议庭进行了审理。2016年3月18日，上诉人腾讯公司的委托代理人杨梅、张晓旭，被上诉人国家工商行政管理总局商标评审委员会（简称商标评审委员会）的委托代理人李泽然到本院接受了询问。本案现已审理终结。

北京知识产权法院认定：第13456825号“全民飞机大战”商标（简称申请商标）由腾讯公司于2013年10月30日向国家工商行政管理总局商标局（简称商标局）提出注册申请，指定使用在教育信息、组织教育或娱乐竞赛、在计算机网络上提供在线游戏等服务上。2014年1月13日，商标局作出第TMZC13456825BHTZ01号《商标驳回通知书》，决定：驳回申请商标注册申请。腾讯公司不服，向商标评审委员会提出复审申请。2015年4月8日，商标评审委员会作出商评字［2015］第28386号《关于第13456825号“全民飞机大战”商标驳回复审决定书》（简称被诉决定），决定：申请商标的注册申请予以驳回。腾讯公司不服被诉决定，依法提起行政诉讼。

北京知识产权法院认为：申请商标指定使用在“在计算机网络上提供在线

游戏"等服务上，直接表示了服务的内容或服务的特点，容易使相关公众认为其是对服务内容的描述，无法起到商标应具有的区分商品或服务来源的识别作用，故申请商标不具有应有的显著特征，且腾讯公司提交的相关证据尚不足以证明申请商标经使用已取得了显著特征。因此，申请商标的注册申请属于《中华人民共和国商标法》（简称《商标法》）第十一条第一款第（二）项规定的情形，不应予以核准注册。商标评审委员会同时适用《商标法》第十一条第一款第（二）项和第十一条第一款第（三）项驳回了申请商标的申请注册不当，应予纠正。

北京知识产权法院依照《最高人民法院关于执行〈中华人民共和国行政诉讼法〉若干问题的解释》第五十六条第（四）项之规定，判决：驳回腾讯公司的诉讼请求。

腾讯公司不服原审判决，向本院提出上诉，请求撤销原审判决及被诉决定，判令商标评审委员会重新作出决定并承担本案诉讼费用。其上诉理由是：申请商标指定使用在第41类"教育信息、在计算机网络上提供在线游戏"等服务上，没有直接表示指定服务的内容特点，不会使相关公众认为是对服务内容的描述，可以起到区分服务来源的识别作用，具有商标显著性，应予核准注册。

商标评审委员会服从原审判决。

经审理查明：

申请商标系第13456825号"全民飞机大战"商标，由腾讯公司于2013年10月30日向商标局提出注册申请，指定使用在第41类"教育信息、组织教育或娱乐竞赛、提供在线电子出版物（非下载）、除广告片外的影片制作、电影胶片的分配（发行）、娱乐、在计算机网络上提供在线游戏、体育野营服务、玩具出租、游戏器具出租"服务上。

2014年1月13日，商标局作出第TMZC13456825BHTZ01号《商标驳回通知书》，决定：申请商标直接表示了指定服务的内容特点，缺乏显著性，不宜作为商标注册。根据《商标法》第十一条第一款第（二）项、第十一条第一款第（三）项、第三十条的规定，决定驳回申请商标注册申请。

腾讯公司不服，向商标评审委员会提出复审申请，其申请复审的主要理由为：申请商标具有独创性，并未仅仅直接表示指定服务的内容特点；申请商标经过长期使用具有较高的知名度和影响力，且已有类似的商标获得注册。综上，申请商标应当予以初步审定。腾讯公司向商标评审委员会提交了媒体报道资料等证据。

2015 年 4 月 8 日，商标评审委员会作出被诉决定。该决定认为：申请商标直接表示了指定服务的内容特点，缺乏显著性，不宜作为商标注册。腾讯公司所述其他商标注册情况与本案不同，不能作为申请商标获准注册的必然依据。腾讯公司提交的证据不足以证明申请商标具有可注册性。因此，商标评审委员会依据《商标法》第十一条第一款第（二）项、第（三）项、第三十条和第三十四条的规定，决定：对申请商标予以驳回。

腾讯公司不服被诉决定，向北京知识产权法院提起行政诉讼，并提交了以下新证据：

1. 2014 年中国游戏风云榜；
2. 关于全民飞机大战注册用户数量超过一亿的报道和分析；
3. 2014 年第二季度中国手游市场报告；
4. 关于《中国移动游戏产业报告》的报道；
5. 在各大娱乐游戏网站中的有关“全民飞机大战”广告及新闻网页截屏；
6. 全民飞机大战游戏使用截屏；
7. 有关全民飞机大战在手机 App 中的使用截屏；
8. 国家图书馆检索报告；
9. 最高人民法院作出的（2014）知行字第 125 号行政裁定书。

其中证据 1—5、证据 8 用以证明“全民飞机大战”作为商标经过宣传推广和使用，形成了稳定的市场秩序，具有很高的市场知名度和美誉度，相关公众已经将申请商标与腾讯公司建立了稳定的对应关系，申请商标具有较强的显著性；证据 6、7 表明腾讯公司对“全民飞机大战”的使用情况，用以证明腾讯公司在手机 App 游戏中持续使用“全民飞机大战”；证据 9 用以证明《商标法》第十一条第一款第（二）项、第（三）项不宜同时适用。

本院审理期间，腾讯公司提交了“2015 年中国游戏风云榜”网页打印件。

以上事实有申请商标的商标档案、《商标部分驳回通知书》、驳回复审申请书、被诉决定、腾讯公司提交的证据以及当事人陈述等证据在案佐证。

本院认为：

根据《商标法》第十一条的规定，下列标志不得作为商标注册：（一）仅有本商品的通用名称、图形、型号的；（二）仅直接表示商品的质量、主要原料、功能、用途、重量、数量及其他特点的；（三）其他缺乏显著特征的。前款所列标志经过使用取得显著特征，并便于识别的，可以作为商标注册。

根据腾讯公司提交的证据可知，“全民飞机大战”是腾讯公司开发的一款网络在线游戏名称，并非仅直接表示服务的内容及其他特点，且经过宣传使用，取得了较高的知名度，相关公众能够将其与腾讯公司联系起来，应当认定为具有显著性。即便"飞机大战"有可能被相关公众认为是一类游戏的通称，但是"全民飞机大战"整体上具有商标的识别作用。该款游戏由腾讯公司开发，其作为商标使用亦不会侵害他人及公众利益，予以核准注册更为妥当。

综上所述，腾讯公司的上诉理由有事实和法律依据，其上诉请求本院予以支持。原审判决及被诉决定认定事实不清，适用法律有误，应予纠正。依照《中华人民共和国行政诉讼法》第八十九条第一款第（二）、（三）项、第三款、第七十条第（一）项、第（二）项之规定，判决如下：

撤销北京知识产权法院（2015）京知行初字第3097号行政判决；

撤销商评字［2015］第28386号《关于第13456825号"全民飞机大战"商标驳回复审决定书》；

国家工商行政管理总局商标评审委员会重新就腾讯科技（深圳）有限公司针对第13456825号"全民飞机大战"商标提出的复审请求作出决定。

一、二审案件受理费各一百元，均由国家工商行政管理总局商标评审委员会负担（于本判决生效后七日内交纳）。

本判决为终审判决。

审判长　岑宏宇

审判员　刘庆辉

审判员　马　军

二〇一六年三月二十九日

书记员　王婉晨

“微信” 商标撤销复审行政诉讼案

基本案情

案例一诉讼当事人

上诉人（原审被告）：国家工商行政管理总局商标评审委员会，住所地：北京市西城区茶马南街1号。

上诉人（原审第三人）：北京游联网络科技有限公司，住所地：北京市海淀区中关村东路18号1号楼C-1807-20。

被上诉人（原审原告）：腾讯科技（深圳）有限公司，住所地：广东省深圳市南山区。

案例二诉讼当事人

上诉人（原审原告）：北京中欣安泰投资有限公司，住所地：北京市东城区珠市口东大街14号。

被上诉人（原审被告）：国家工商行政管理总局商标评审委员会，住所地：北京市西城区茶马南街1号。

原审第三人：李月美，女，汉族，1973年3月28日出生，住所地：河北省秦皇岛市海港区。

案由

◎ **商标权撤销复审行政纠纷**〔1〕

案情简介

2011年1月，腾讯科技（深圳）有限公司（以下简称腾讯公司）推出“微

---

〔1〕 北京市高级人民法院（2018）京行终804号；北京市高级人民法院（2018）京行终254号。

信","微信"系腾讯公司推出的即时通信社交产品，并在短期内成为数亿网民的重要生活、工作工具，作为腾讯公司商标之一，为公众所广为知晓。

2011年1月24日，腾讯公司在第9类申请注册"微信及图"商标，2013年3月28日被商标局核准注册，注册号为9085979，核定使用商品包括"计算机程序（可下载软件）"等。

随着"微信"发展，腾讯公司又先后推出"微信支付""微信小程序""微信游戏"等，其中"微信支付"在较短时间内发展成为公众普遍使用的金融支付工具。

2011年5月11日，蛙扑（北京）信息技术有限公司（以下简称蛙扑公司）向国家工商行政管理总局商标局（以下简称商标局）申请第9452607号"微信"商标（以下简称诉争商标1），核定使用在第41类"图书出版、在线电子书籍和杂志的出版、提供在线电子出版物（非下载的）、广播和电视节目制作、电视文娱节目、娱乐信息、数字成像服务、（在计算机网络上）提供在线游戏、文娱活动、节目制作"服务上，商标专用期限为2012年5月28日至2022年5月27日。2016年1月20日，诉争商标1经商标局核准转让给北京游联网络科技有限公司（以下简称游联公司）。

2011年7月20日，案外人中欣安泰投资发展集团有限公司向商标局申请第9744522号"微信"商标（以下简称诉争商标2），核定使用在第36类"分期付款的贷款；债务托收代理；银行；资本投资；组织收款；金融贷款；金融评估（保险、银行、不动产）；金融服务；金融分析；金融管理；金融咨询；融资租赁；租金托收；借款卡服务；募集慈善基金；受托管理；电子转账"服务上，商标权专用期限为2012年9月14日至2022年9月13日。2013年5月6日，该商标转让给北京中欣安泰投资有限公司（以下简称中欣安泰公司）。

2015年6月26日，腾讯公司就诉争商标1向商标局提出商标撤销申请。

2015年10月23日，李月美就诉争商标2向商标局提出商标撤销申请。

2016年3月4日，商标局作出商标撤三字［2016］第Y001399号《关于第9452607号第41类"微信"注册商标连续三年不使用撤销申请的决定》（以下简称第Y1399号决定书），决定诉争商标1不予撤销。

2016年7月29日，商标局就诉争商标2作出商标撤三字［2016］第Y006474号《关于第9744522号第36类"微信"注册商标连续三年不使用撤销申请的决定》（以下简称第Y6474号决定书），决定撤销诉争商标2。

2016年3月22日，腾讯公司不服第Y1399号决定书，向商标局提起复审。

2016年8月17日，中欣安泰公司不服第Y6474号决定书，向商标局提起复审。

2016年12月26日，商标局作出商评字［2016］第119702号《关于第9452607号“微信”商标撤销复审决定书》（以下简称第119702号决定），决定诉争商标1予以维持。

2017年4月17日，商标局作出商评字［2017］第41608号《关于第9744522号“微信”商标撤销复审决定》（以下简称“第41608号决定”），决定诉争商标2予以撤销。

腾讯公司不服第119702号决定，依法提起商标行政诉讼。

中欣安泰公司不服第41608号决定，依法提起商标行政诉讼。

案件处理结果

案例一

2017年11月21日，北京知识产权法院经审理认为：本案的焦点问题在于诉争商标是否在指定期间进行了商标法意义上的使用。针对腾讯公司对诉争商标提出以三年未使用为由的撤销申请，游联公司应当提交证据证明诉争商标在指定期间在复审服务上进行了公开、合法、真实的使用。但是在案证据或不在指定期间内，或未显示诉争商标，或未在复审服务上使用，部分公证未对申请人提供的设备进行必要的系统清理等操作，部分证据内容为诉争商标原权利人或第三人自制且缺乏客观证据予以佐证，难以形成客观、完整的证据链证明诉争商标在指定期间、在复审服务上进行了使用。判决撤销商标局第119702号决定，重新就第9452607号“微信”商标作出撤销复审决定。

游联公司不服提起上诉，2018年4月8日，北京市高级人民法院审理后认为：商标的使用，是指将商标用于商品、商品包装或者容器以及商品交易文书上，或者将商标用于广告宣传、展览以及其他商业活动中，用于识别商品来源的行为。商标权人自行使用、许可他人使用以及其他不违背商标权人意志的使用，均可认定属于实际使用的行为。纵观全案证据，尚不能形成完整的证据链以证明诉争商标于指定期间内在核准注册的一种服务上进行了真实合法有效的商业使用，亦不能证明诉争商标于指定期间内在相类似其他核定服务上进行了实际使用。原审法院对此认定正确，商标局和游联公司的相关上诉理由不能成立，法院未予支持，判决驳回上诉，维持原判。

游联公司向最高人民法院申请再审。2018 年 11 月 28 日，最高人民法院经审理后认为：二审法院认定诉争商标在指定期间在第41类“(在计算机网络上)提供在线游戏、文娱活动”服务未进行实际使用，并无不当，游联公司的再审申请理由缺乏事实依据，不能成立，法院不予支持。

案例二

2017 年 11 月 20 日，北京知识产权法院经审理认为：本案的焦点问题可归纳为中欣安泰公司 2012 年 10 月 23 日至 2015 年 10 月 22 日是否在“金融贷款”等全部核定使用服务上对诉争商标进行了商标法意义上的使用，即本案诉争商标是否构成《中华人民共和国商标法》（以下简称 2001 年《商标法》）第四十四条第（四）项规定的情形。2001 年《商标法》第四十四条第（四）项规定的目的在于促使商标注册人将其商标进行使用，发挥其商标功能，避免商标资源的闲置及浪费。因此，若无直接证据显示诉争商标于指定期间内已经实际进入商品流通领域，从而发挥了区分商品或服务来源的作用，则不宜认定该商标实际进行了使用。此外，没有实际使用注册商标，仅有转让或者许可行为，或者仅是公布商标注册信息、声明享有注册商标专用权的，不认定为商标使用。法院认为中欣安泰公司提交的证据不能形成完整的证据链，以证明其在指定期间内对诉争商标在“金融服务”上进行了真实、有效、合法的商业使用。商标局的认定并无不当，法院予以确认，故判决驳回中欣安泰公司的诉讼请求。

中欣安泰公司不服，上诉到北京市高级人民法院。2018 年 3 月 28 日，北京市高级人民法院审理后认为：连续三年停止使用注册商标的撤销制度，是为了鼓励和督促商标注册人使用其商标，发挥商标在市场上区分商品来源的作用。通常情况下，诉争商标注册人提交的商标使用证据应满足以下要求：第一，相关证据具有形式上的真实性；第二，商标使用行为发生在指定期间内；第三，使用证据上显示有诉争商标标志；第四，诉争商标标志系在其核定使用的商品或服务上的使用。本案中，中欣安泰公司提交的用以证明其与银宝通公司存在商标许可使用关系的证据之间存在矛盾，无法确认真实性；用以证明使用诉争商标的证据，或未直接显示诉争商标，或为自制证据，在无其他证据相佐证的情况下，其真实性及形成时间无法确认。原审法院在逐一审核中欣安泰公司提交证据的基础上，认定现有证据不能形成完整的证据链，不足以证明其在指定期间内对诉争商标在“金融服务”上进行了真实、有效、合法的商业使用，上述认定具有事实及法律依据，法院予以确认。因此，法院判决驳回上诉，维持原判。

中欣安泰公司向最高人民法院申请再审。2019年6月28日，最高人民法院经审理认为：一审、二审法院在逐一审核中欣安泰公司提交证据的基础上，认定现有证据不能形成完整的证据链，不足以证明其在指定期间内对诉争商标在“金融服务”上进行了真实、有效、合法的商业使用，上述认定具有事实及法律依据，法院予以确认，并驳回再审申请。

律师解析

“微信”案先后经历了撤销申请、撤销复审、一审、二审、再审，几乎穷尽了所有法律程序，不同于其他普通程序性“商标撤三案件”，本案中无论商标撤销申请人还是被申请人均积极举证。案例一原告腾讯公司和第三人游联公司均向法庭申请了专家证人；案例二中欣安泰公司还从行政法角度提出商标局行政程序存在程序错误和适用法律错误，各方庭审辩论非常激烈。

“撤三案件”焦点明确，客观性极强，即商标所有人或被许可使用人是否在“指定期限内”对注册商标“在核定使用商品上”进行了“真实商标性使用”。代理律师主观发挥空间有限，但作为案例一中腾讯公司、案例二中李月美的代理律师，在被申请人提交大量证据的情况下，并未放弃。一方面，依照证据规则，充分质证，抽丝剥茧，发现对方证据瑕疵，提出不能证明真实商标性使用的结论；另一方面，积极、充分举证，正面证明被申请人不可能使用及反证使用证据存在问题等。

针对案例一，代理律师结合《尼斯分类表》《商品和服务区分表》对相关商品和服务的定义，从“物理属性”上客观分析、论证了第41类“在线游戏”服务和第9类“游戏软件”商品的区别，提出游联公司即便有使用也是对后者的使用，而非商标核定使用的“在线游戏”服务。

针对“需要许可，强监管”的“出版”等服务，代理律师提出游联公司没有资质，不能从事出版服务，且客观上其仅提供了技术服务，更未提供电子出版服务，并未真实使用。

针对案例二，代理律师对中欣安泰公司进行了市场调查，针对其所提交的使用证据进行了深入、有针对性的调查，组织提交了相反证据，充分证明其“微信”服务并未进入公开商业流通领域，实际未对“微信”商标进行真实商标性使用；全面、深入质证中欣安泰全部证据；从整体上结合其提交的内部财务凭证、银行汇款单据、发票等证据材料指出证据之间存在矛盾，尤其人为将

"付安泰垫付保证金"等票据作为"商标许可费"支付凭证，指出证据真实性存疑，不应予以采信。

针对中欣安泰公司所提出的程序错误，代理律师分析认为：第一，《商标法》及相关法律法规中，没有关于在连续三年停止使用的复审程序中追加诉争商标被许可人为第三人及听证的规定，并且根据《中华人民共和国商标法实施条例》（简称《商标法实施条例》）第六十六条第一款、第二款之规定，银宝通公司使用注册商标的证据材料由中欣安泰公司负责举证，故银宝通公司并非行政程序中的适格当事人。第二，商标局在行政撤销复审程序中虽未提前告知中欣安泰公司合议组成员，但不存在有应当回避的事由而未回避的情形，故不构成"违反法定程序"。第三，中欣安泰公司关于商标局存在未追加银宝通公司为第三人、未组织听证、未提前告知合议组成员之程序违法情形的主张没有事实和法律依据。

本案涉及的法律要点/理论知识点

1. "商标法意义上的商标性使用"法律条款的司法适用；
2. 法不溯及既往原则的司法适用。

典型意义

第一，本案对于维护企业发展，强化商标管理，促进经济发展具有指导意义。目前，我国每年商标申请量巨大，2020年国内商标申请量达到了911.6万件[2]，再创历史新高，与2019年国内商标申请量758.2万件[3]相比，增长了约20.23%。截至2020年年底，全国有效注册商标量高达3017.3万件，继续保持世界领先，且增长迅速。大量注册商标并非为了真实使用，而是处于闲置状态，导致商标资源浪费。非以使用为目的恶意囤积商标的行为，不仅严重扰乱了商标管理秩序，还使得本就紧张的商标资源，更加难以被具有真实使用意图的公司利用，严重阻碍我国经济发展。"注册商标连续三年不使用撤销制度"是有效

[2]《2020年四季度全国省市县商标主要统计数据》，国家知识产权局商标局 中国商标网，http：//sbj.cnipa.gov.cn/sbtj/202101/t20210111_325103.html。

[3]《2019年四季度全国省市县商标主要统计数据》，国家知识产权局商标局 中国商标网，http：//sbj.cnipa.gov.cn/sbtj/202001/t20200117_310563.html。

规制“闲置商标”的重要方法，上述案件是适用“注册商标连续三年不使用撤销制度”的典型案件。最高人民法院审结的上述商标撤销案件，对于撤销复审行政纠纷中的证据认定、审理标准等问题予以明确，有利于企业通过商标撤销程序积极维护自身的合法权益，对于净化市场，清理闲置商标资源、打击恶意注册、囤积商标具有指导意义。同时，警示企业在经营时应当考虑到企业发展需要合理进行商标布局，防止自身商标被他人在相关类别抢注。

第二，商标行政纠纷处理结果对相关民事侵权诉讼具有实质性影响。2016年起，中欣安泰公司在明知争议商标因连续三年未使用被商标局撤销后，仍在北京、上海、江苏等多个省、市大量起诉使用腾讯微信支付的知名商家，对腾讯微信支付正常经营造成了较大影响。因此，该案件并非孤立的商标撤销行政纠纷案，其审理结果会对上述民事侵权案件的审理结果产生实质性影响，对移动支付行业的健康发展具有重要意义。

本案获奖/社会影响

案例二荣获2019年中华全国律师协会知识产权专业委员会“十佳案例”。

（编写人：刘艳锋　秦德雪）

北京市高级人民法院
行政判决书

（2018）京行终804号

上诉人（原审被告）国家工商行政管理总局商标评审委员会，住所地北京市西城区茶马南街1号。

法定代表人赵刚，主任。

委托代理人杨磊，国家工商行政管理总局商标评审委员会审查员。

委托代理人李濛萌，国家工商行政管理总局商标评审委员会审查员。

上诉人（原审第三人）北京游联网络科技有限公司，住所地北京市海淀区中关村东路18号1号楼C-1807-20。

法定代表人马莉菲，经理。

委托代理人乔万里，浙江泽大律师事务所律师。

委托代理人鲍婷婷，女，汉族，1991年10月10日出生，浙江泽大律师事务所实习律师，住所地浙江省杭州市西湖区。

被上诉人（原审原告）腾讯科技（深圳）有限公司，住所地广东省深圳市南山区。

法定代表人马化腾，董事长。

委托代理人张晓旭，北京天驰君泰律师事务所律师。

委托代理人刘艳锋，北京天驰君泰律师事务所律师。

上诉人国家工商行政管理总局商标评审委员会（简称商标评审委员会）、上诉人北京游联网络科技有限公司（简称游联公司）因商标权撤销复审行政纠纷一案，不服北京知识产权法院（2017）京73行初1249号行政判决，向本院提起上诉。本院于2018年2月1日受理本案后，依法组成合议庭进行了审理。2018年3月19日，上诉人商标评审委员会的委托代理人李濛萌，上诉人游联公司的委托代理人乔万里，被上诉人腾讯科技（深圳）有限公司（简称腾讯公司）的委托代理人张晓旭、刘艳锋到本院接受了询问。本案现已审理终结。

北京知识产权法院查明：复审商标系第9452607号“微信”商标，由蛙扑（北京）信息技术有限公司（简称蛙扑公司）于2011年5月11日向国家工商行政管理总局商标局（简称商标局）申请注册，核定使用在国际分类第 41 类的“图书出版、在线电子书籍和杂志的出版、提供在线电子出版物（非下载的）、广播和电视节目制作、电视文娱节目、娱乐信息、数字成像服务、（在计算机网络上）提供在线游戏、文娱活动、节目制作”服务上，专用期限至 2022 年 5 月 27 日。2016 年 1 月 20 日，复审商标经商标局核准转让给游联公司。

在法定期限内，腾讯公司向商标局提出商标撤销申请，商标局作出商标撤三字［2016］第 Y001399 号《关于第 9452607 号第 41 类“微信”注册商标连续三年不使用撤销申请的决定》（简称第 Y1399 号决定），认为游联公司提交的使用证据有效，决定复审商标不予撤销。

腾讯公司不服第 Y1399 号决定，向商标评审委员会提出复审申请。

2016 年 12 月 26 日，商标评审委员会作出商评字［2016］第 119702 号《关于第 9452607 号“微信”商标撤销复审决定书》（简称第 119702 号决定），该决定认定：本案焦点为复审商标在 2012 年 6 月 26 日至 2015 年 6 月 25 日期间（简称指定期间）是否在第 41 类“图书出版”等服务上进行了商标法意义上的使用。

游联公司提交的（2015）京中信内经证字 20266 号公证书（简称第 20266 号公证书）、（2015）京中信内经证字 20267 号公证书（简称第 20267 号公证书）、（2015）京中信内经证字 60687 号公证书（简称第 60687 号公证书）及《桌游志》杂志页面截图、经公证的广告合同制作协议及对应发票显示日期在指定期间内，可以证明“北京停车场”“大圣归来”等手机上线的“微信游戏”的商业使用及在杂志媒体上的广告宣传。游联公司提交的以上证据可以证明复审商标在指定期间在核定使用的“（在计算机网络上）提供在线游戏”服务上进行了真实有效的商业使用。鉴于“（在计算机网络上）提供在线游戏”与“文娱活动、娱乐信息”服务在服务目的、服务对象、服务方式等方面有一定的共同性，属于类似服务，故复审商标在“（在计算机网络上）提供在线游戏”上的有效使用可视为在与其类似的“文娱活动、娱乐信息”服务上亦进行了有效使用。

游联公司提交的“微信”阅读软件安装、启动、版权页截图显示“《桌游志》电子版由蛙扑公司旗下的微信阅读提供技术支持。微信阅读主要为传统出版企业提供免费的在线电子书籍和杂志的出版、提供在线电子出版物（非下载的）等服务”，亦显示了《桌游志》电子版截图。游联公司提交的以上证据可以证明复审商标在指定期间在核定使用的“在线电子书籍和杂志的出版、提供在线电子出版物（非下载的）”服务上进行了真实有效的商业使用。鉴于“在线电子书籍和杂志的出版、提供在线电子出版物（非下载的）”服务与“图书出版”服务在服务目的、服务对象、服务方式等方面有一定的共同性，属于类似服务，故复审商标在“在线电子书籍和杂志的出版、提供在线电子出版物（非下载的）”服务上的有效使用可视为在与其类似的“图书出版”服务上亦进行了有效使用。

游联公司提交的（2016）京中信内经证字 71798 号公证书（简称第 71798 号公证书）、（2016）京中信内经证字 71799 号公证书（简称第 71799 号公证书），“微信直播平台”著作权登记证书、运行页面截图显示在关注“GBANK”公众号之后，点击“微信”娱乐，自动连接到优酷游联文化页面，该页面提供游联公司参与制作的微电影作品在线观看服务，其中《愚人的金花》微电影显示播放 17.9 万次，页面还显示其他微电影及播放次数。微电影开屏字幕为“游联公司微信娱乐荣誉出品”。虽然微电影上传时间为 2016 年 4 月，但考虑到微电影制作需要一定周期，游联公司提交的微信全娱乐平台即将上线的公告中亦显示“由游联公司历时 11 个月推出的微信娱乐将全面上线”可以推断自 2015 年起，游联公司有在“广播和电视节目制作、电视文娱节目、节目制作”服务上使用复审商标的意图。且游联公司提交的“微信直播软件”著作权登记证书亦可证明其开发该软件即为提供视频直播服务。游联公司提交的以上证据可以证明复审商标在指定期间在核定使用的“广播和电视节目制作、电视文娱节目、节目制作”服务上进行了真实有效的商业使用。鉴于上述服务与“数字成像服务”在服务目的、服务对象、服务方式等方面有一定的共同性，属于类似服务，故复审商标在上述服务上的有效使用可视为在与其类似的“数字成像服务”上亦进行了有效使用。

综上，游联公司提交的证据可以证明复审商标在指定期间在核定使用的服务上进行了真实有效的商业使用。依照 2013 年 8 月 30 日修改的《中华人民共和国商标法》（简称 2013 年商标法）第五十四条、第五十五条的规定，商标评审委员会决定：复审商标予以维持。

腾讯公司不服第 119702 号决定，于法定期限内向北京知识产权法院提起行政诉讼。

原审诉讼中，腾讯公司向法院提交以下证据材料，用于证明复审商标是在第 9 类“计算机游戏软件、可下载的手机应用软件”等商品上的使用，不是在第 41 类“（在计算机网络上）提供在线游戏”等服务上的使用：

1. （2017）京东方内民证字第 3729 号公证书；

2. （2017）京东方内民证字第 3653 号公证书；

3. （2017）京东方内民证字第 3652 号公证书。

其中，（2017）京东方内民证字第 3653 号公证书（简称第 3653 号公证书）显示，下载安装“北京停车场（微信游戏）”“大圣归来（微信游戏）”等游戏后，关闭互联网连接，可以继续游戏至“恭喜您成功过关”。前述三份公证书均未记载相应手机、电脑被要求检查网络连接、清除系统缓存等情况。

商标评审委员会收到应诉通知后，在法定答辩期内向法院提交了答辩状，并提交复审商标档案、答辩通知书、证据交换通知书、复审申请书及质证意见等证据。其中，第 20266 号公证书显示，蛙扑公司的委托代理人阴永克于 2015 年 4 月 27 日申请对其使用由其提供的“HUAWEI”手机搜索“微信游戏”网站及手机应用的过程进行保全证据公证。在该手机上打开浏览器，输入 m. wixun. com，打开页面下载“微信®游戏”软件，完成安装后，打开“微信®游戏”软件，页面显示微信®游戏标志，游戏包括“亡命射箭”（已被玩了 50123 次）、“监狱风云”（已被玩了 61285 次）等。另有页面显示“微信游戏是一款主要为游戏玩家提供各种好玩的 HTML5 手机游戏的应用，游戏玩家无须注册，下载即可快乐游戏”。另有页面显示“大圣归来”等游戏下载页面。第 60687 号公证书显示，蛙扑公司的委托代理人阴永克于 2015 年 11 月 10 日申请对其使用由其提供的“IPHONE”手机安装“大圣归来”（微信游戏）等 App 过程进行保全证据公证。软著登字第 1218017 号和第 1218018 号关于“北京停车场（微信游戏）游戏软件”和“微信游戏软件”的登记日期为 2016 年 2 月 26 日，记载相关软件开发完成时间是 2015 年 1 月 1 日，首次发表时间 2015 年 3 月 2 日。第 20267 号公证书显示，蛙扑公司委托代理人阴永克于 2015 年 4 月 28 日在公证处已连接公证处网络的办公用电脑对下载页面的内容和过程进行保全证据公证；在浏览器输入 www. wixun. com，显示页面有“微信®游戏”，点击“关于我们”，页面显示“蛙扑公司版权所有”和“小鸡工厂”等游戏。（2015）京中信内经证字 48174 号公证书（简称第 48174 号公证书）显示，2015 年 4 月 24 日，北京奇思美卡商贸有限公司（简称奇思美卡公司）开具给蛙扑公司“微信游戏设计费”10000 元。软著登字第 1225990 号著作权登记证书显示，“微信阅读之桌游志手机软件”登记日期为 2016 年 3 月 8 日，开发完成日期为 2014 年 12 月 1 日，首次发表日期为 2015 年 1 月 1 日。《桌游志》软件安装界面显示“《桌游志》是一家桌游类专业平面媒体，创刊于 2010 年 11 月，发行周期为月刊”“关于微信®

阅读《桌游志》电子版由蛙扑公司旗下的微信®阅读提供技术支持，该应用所有权归属于蛙扑公司所有”“微信®阅读主要为传统出版企业提供免费的在先电子书籍和杂志的出版、提供在线电子出版物（非下载的）等服务”。第71798号公证书显示，2016年9月19日，阴永克出示“苹果”手机一部，在该手机上搜索公众号中“GBANK”及手机应用的过程进行保全证据公证。

游联公司向法院提交四组共计47份证据，用以证明复审商标在指定期间在复审服务上的客观使用情况和真实的使用意图。其中，2010年5月，中国互联网络信息中心《中国网页游戏市场研究报告》显示，按照中国网络游戏市场特点，参考网络游戏产品的“使用方式”以及“产品形式”，采取复合分类方法，将网络游戏划分为三类：网页游戏、大型多人在线角色扮演游戏、在线休闲游戏。根据网页游戏的使用以及盈利特性将网页游戏分为三类：社交网页游戏、大型网页游戏和单机网页游戏。2012年9月1日，北京鹊拾梅文化发展有限公司（简称鹊拾梅公司）与四川雷诺传媒机构有限公司（《卷宗》杂志社）签订关于《桌游志》杂志的广告发行等经营事宜。2012年9月17日，《卷宗》编辑部授权鹊拾梅公司为《卷宗·桌游志》广告和发行总代理。2014年5月1日，鹊拾梅公司授权奇思美卡为《桌游志》杂志的广告代理、发行及运营方。2014年10月28日，鹊拾梅公司与蛙扑公司签订《桌游志电子杂志合作协议》，约定蛙扑公司负责《桌游志》杂志手机电子杂志的开发，包括页面设计、程序开发、调试、功能性测试、安全性测试。并约定，鹊拾梅公司《桌游志》杂志版权页面显示“本刊电子版由微信®阅读提供技术支持，微信®是蛙扑公司的注册商标”。2015年1月、2月、3月、5月《桌游志》杂志显示“本刊电子版由微信®阅读提供技术支持，输入 zyz. wixin. cn 即可下载。微信®是蛙扑公司的注册商标”。另有页面显示“微信®游戏”，“扫描即可下载微信游戏”“游戏玩家无须注册，下载即可快乐游戏”，游戏包括“美女拼图”“小鸡工厂”等。商标局商标撤三字［2016］第Y005836号《关于第9452607号第41类“微信”注册商标连续三年不使用撤销申请的决定》（简称第Y5836号决定）认定蛙扑公司提交的复审商标在2012年10月9日至2015年10月8日期间的使用证据有效，决定复审商标不予撤销。（2016）京中信内经证字73151号公证书（简称第73151号公证书）显示，2016年9月22日，阴永克出示手机一部，在该手机上操作完成软件下载和应用过程并进行公证。2012年8月16日，蛙扑公司和人民视讯文化有限公司（简称视讯公司）签订《微电影》手机电视增值业务合作协议，但未显示复审商标。

北京知识产权法院认为：本案的焦点问题在于复审商标是否在指定期间进行了商标法意义上的使用。

第41类“（在计算机网络上）提供在线游戏”服务与第9类“计算机游戏软件”商品属于不同的商品或服务，商标权人应当举证证明复审商标在指定期间在核定使用的第41类“（在计算机网络上）提供在线游戏”服务上的公开、真实使用，“在线”是该服务的重要特点，商标权人应当对此予以举证证明。第20266号公证书并未明确记载手机是否接入互联网的情况、手机浏览器缓存是否清理等情况，故该公证书记载的下载软件真实性存疑，且不能证明上述游戏是否是在线游戏，不能证明“（在计算机网络上）提供在线游戏”服务的真实性。显示“大圣归来”等游戏的下载页面无相应的时间显示，真实性无法认定。第60687号公证书、第71798号公证书、软著登字第1218017号和第1218018号著作权登记证书的作出日期均超出了指定期间，且无法直接证明指定期间内的商标在“（在计算机网络上）提供在线游戏”服务上的使用情况。第20267号公证书可以证明在指定期间，蛙扑公司在互联网公开将“微信”使用在游戏上，但无法直接证明是使用在“（在计算机网络上）提供在线游戏”服务上。关于页面显示微信游戏是HTML5游戏的情况是游联公司自制证据和陈述，应当举证予以证明上述游戏具有HTML5的相关特征或基于该语言开发，否则其真实性无法认定。游联公司提交的证据虽然可以证明其在指定期间将“微信”标志使用在游戏上，但无法证明该游戏是何种商品或游戏，无法直接证明“（在计算机网络上）提供在线游戏”服务上的使用情况。因此，商标评审委员会认定复审商标在第41类“（在计算机网络上）提供在线游戏”服务上的使用缺乏事实依据。在此基础上，商标评审委员会以类似服务为理由认定复审商标在“文娱活动、娱乐信息”服务上的使用亦缺乏事实依据。而且，提供“文娱活动”作为服务形式，其特点也在于提供服务而非商品，在案证据仅能证明蛙扑公司作为原权利人提供了游戏软件下载，不能证明其提供了“文娱活动”服务。此外，现有证据亦不足以证明复审商标使用在提供“娱乐信息”服务上。由于腾讯公司提交的三份公证书证据均未记载相应手机、电脑被要求检查网络连接、清除系统缓存等情况，游联公司对此提出异议，法院对上述三份证据不予采信。

在案证据中，第73151号公证书的作出超出了指定期间，未记载对所涉手机是否联网、是否清理缓存等情况，不能直接证明指定期间电子出版物公开发行和复审商标使用的客观情况；且《桌游志》阅读软件本身由蛙扑公司开发，其显示内容，包括“微信®阅读主要为传统出版企业提供免费的在线电子书籍和杂志的出版、提供在线电子出版物（非下载的）等服务"等内容亦为其自制，缺乏其他客观的证据予以佐证。《桌游志》纸质杂志记载"本刊电子版由微信®阅读提供技术支持，输入 zyz. wixin. cn 即可下载。微信®是蛙扑公司的注册商标"，但缺乏电子版在指定期间公开发行的客观证据予以佐证，且与"在线电子书籍和杂志的出版"和"提供在线电子出版物（非下载的）"服务类别不符。此外，该表述是根据 2014 年 10 月 28 日鹊拾梅公司与蛙扑公司签订《桌游志电子杂志合作协议》作出，亦缺乏其他客观证据予以佐证。因此，在案证据未形成完整的证据链，不足以证明复审商标于指定期间在"在线电子书籍和杂志的出版"和"提供在线电子出版物（非下载的）"服务上进行了真实、公开的使用。在此基础上，商标评审委员会以类似服务为理由，认定复审商标在"图书出版"服务上的使用亦缺乏事实依据。而且，现有证据不足以证明复审商标使用在提供"图书出版"服务上。

在案证据中，第 71798 号公证书的作出日期不在指定期间，也缺乏其他证据证明其中《一线生机》《愚人的金花》等视频在指定期间公开发表，并且将"微信"标志使用在上述视频上。蛙扑公司和视讯公司签订的《微电影》手机电视增值业务合作协议以及"微·电影"系列合同均未显示复审商标，与本案缺乏关联性。其他证据亦不能形成完整的证据链，证明蛙扑公司或游联公司将微信使用在"广播和电视节目制作""电视文娱节目""节目制作"服务上。商标评审委员会根据微电影的制作时间推定复审商标在指定期间已实际使用缺乏事实依据。在此基础上，商标评审委员会以类似服务为理由，认定复审商标在"数字成像"服务上的使用亦缺乏事实依据。而且，现有证据不足以证明复审商标使用在提供"数字成像"服务上。

综上，在案证据或不在指定期间内，或未显示复审商标，或未在复审服务上使用，部分公证未对公证申请人提供的设备进行必要的系统清理等操作，部分证据内容为复审商标原权利人蛙扑公司或游联公司自制且缺乏客观证据予以佐证，难以形成客观完整的证据链证明复审商标于指定期间在复审服务上进行了使用。

商标三年不使用撤销案件应当基于使用证据进行认定，尽管第 Y5836 号决定的指定期间与本案相差不多，但其结论不能作为本案中复审商标在指定期间使用的直接证据。腾讯公司有关本案部分证据为侵犯其第 9085979 号商标专用权的理由，不属于本案审理范围，法院不再就此事实予以认定，腾讯公司可以另行起诉。

北京知识产权法院依照《中华人民共和国行政诉讼法》第七十条第（一）项之规定，判决：一、撤销商标评审委员会作出的第119702号决定；二、商标评审委员会重新作出撤销复审决定。

商标评审委员会和游联公司均不服原审判决，向本院提起上诉。

商标评审委员会请求撤销原审判决，维持第119702号决定，其主要上诉理由是：游联公司提交的证据可以证明复审商标在指定期间在核定使用的服务上进行了真实有效的商业使用。对具体证据的认定意见与第119702号决定中的意见一致。

游联公司请求撤销原审判决，维持第119702号决定，其主要上诉理由是：在案证据形成了客观、完整的证据链，可以证明复审商标在指定期间内在"（在计算机网络上）提供在线服务"上、在"提供在线电子出版物（非下载的）、在线电子书籍和杂志的出版、图书出版"服务上、在"广播和电视节目制作、电视文娱节目、节目制作、数字成像服务"上进行了公开合法真实的使用。复审商标在特定服务项目上的使用应及于类似服务项目上的使用。

腾讯公司服从原审判决。

经审理查明：原审法院查明事实属实，且有复审商标的商标档案、第Y1399号决定、第119702号决定、各方当事人在商标撤销复审阶段及原审诉讼阶段提交的证据及当事人陈述等在案佐证，本院对此予以确认。

本院诉讼中，游联公司提交了下列证据材料：

1. "微信游戏软件"计算机软件著作权登记档案；证书号为"软著登字第1218018号"，受理日期为2016年2月23日，发证日期为2016年2月26日；

2. "亡命射箭"HTML5游戏源代码；

3. "监狱风云"HTML5游戏源代码；

4. "美女拼图"HTML5游戏源代码；

5. "微信阅读之桌游志手机软件"计算机软件著作权登记档案，证书号为"软著登字第1225990号"，受理日期为2016年3月4日，发证日期为2016年3月8日；

6. （2018）京中信内经证字9827号公证书（简称第9827号公证书）；

7. （2018）京中信内经证字9828号公证书（简称第9828号公证书）、（2018）京中信内经证字9829号公证书（简称第9829号公证书）；

8. 证人王某出庭作证，证明点击微信游戏软件需要加载链接，在玩游戏过程中视游戏内容决定是否需要联网；单机网络游戏、缓存可能联网，也可能不联网。

商标评审委员会对上述证据的真实性、关联性、合法性均予以认可。腾讯公司对上述证据1、5—7的真实性予以认可，关联性不予认可；对证据2—4的真实性、关联性不予认可。

上述事实，有游联公司在本院诉讼中提交的证据材料、证人证言和当事人陈述等在案佐证。

本院认为：《中华人民共和国立法法》（简称立法法）第九十三条规定："法律、行政法规、地方性法规、自治条例和单行条例、规章不溯及既往，但为了更好地保护公民、法人和其他组织的权利和利益而作的特别规定除外。"本案复审商标的核准注册日期早于2014年5月1日，根据法不溯及既往原则，本案实体问题应适用2001年10月27日修改的《中华人民共和国商标法》（简称2001年商标法），程序问题应适用2013年商标法进行审理。

2001年商标法第四十四条第（四）项规定，连续三年停止使用注册商标的，由商标局责令限期改正或者撤销其注册商标。2002年9月15日施行的《中华人民共和国商标法实施条例》（简称2002年商标法实施条例）第三十九条第二款、第三款规定："有商标法第四十四条第（四）项行为的，任何人可以向商标局申请撤销该注册商标，并说明有关情况。商标局应当通知商标注册人，限其自收到通知之日起2个月内提交该商标在撤销申请提出前使用的证据材料或者说明不使用的正当理由；期满不提供使用的证据材料或者证据材料无效并没有正当理由的，由商标局撤销其注册商标。前款所称使用的证据材料，包括商标注册人使用注册商标的证据材料和商标注册人许可他人使用注册商标的证据材料。"

商标的使用，是指将商标用于商品、商品包装或者容器以及商品交易文书上，或者将商标用于广告宣传、展览以及其他商业活动中，用于识别商品来源的行为。商标权人自行使用、许可他人使用以及其他不违背商标权人意志的使用，均可认定属于实际使用的行为。商标注册人在核定使用的一种商品上使用注册商标的，在与该商品相类似的其他核定商品上的注册可予以维持。

关于复审商标在"（在计算机网络上）提供在线游戏、文娱活动、娱乐信息"服务上的使用，游联公司在本案中提交的第60687号、第71798号、第71799号、第9827号、第9828号、第9829号公证书，软著登字第1218017号、第1218018号、第1225990号著作权登记证书等证据的作出日期均已超出指定期间。第20267号公证书中所载"关于我们""商务合作""法律声明"页面仅是蛙扑公司的公司介绍、人员招聘和招商启示，不能证明复审商标已实际投入使用。第 20266 号公证书未记载蛙扑公司代理人阴永克提供的公证用手机终端是否清洁、是否已清理缓存、是否持续连接互联网等情况，未记载“监狱风云”“亡命射箭”“美女拼图”游戏的在线游戏画面，仅凭“微信游戏”的下载页面截屏不能证明复审商标在“（在计算机网络上）提供在线游戏”服务上进行了实际使用。2015 年 5 月版《桌游志》杂志上的“微信游戏”广告页面仅为单次宣传证据，不能证明复审商标的实际使用。其余《桌游志》杂志页面广告的形成日期均在指定期间之后。《桌游志》广告发行协议、授权委托书的内容是杂志期刊的广告代理和发行运营，与“（在计算机网络上）提供在线游戏”等服务内容无关。HTML5 游戏源代码不能证明源代码所设计游戏的上线时间，不能证明基于 HTML5 语言生成的游戏在指定期间已实际投入使用。“（在计算机网络上）提供在线游戏”服务应指在网络环境下运行的在线游戏服务，而非计算机软件商品或脱离网络环境仍可运行的游戏软件。综观全案证据，尚不能形成完整的证据链以证明复审商标于指定期间内在“（在计算机网络上）提供在线游戏”服务上进行了真实合法有效的商业使用，亦不能证明复审商标于指定期间内在“文娱活动、娱乐信息”服务上进行了实际使用。原审法院对此认定正确，商标评审委员会和游联公司的相关上诉理由不能成立，本院不予支持。

关于复审商标在“图书出版、在线电子书籍和杂志的出版、提供在线电子出版物（非下载的）”服务上的使用，游联公司在本案中提交的（2015）京中信内经证字 48173 号公证书、第 48174 号公证书，（2015）京中信内经证字 48175 号公证书、第 73151 号公证书、第 71798 号公证书、第 71799 号公证书、第 73151 号公证书等证据的作出日期均已超出指定期间，第 48174 号公证书所载《桌游志》杂志日期在指定期间之后，软著登字第 1225990 号、第 1262252 号著作权登记证书的形成日期亦在指定期间后。《桌游志》电子杂志合作协议缺乏该杂志电子版在指定期间已公开发行的其他证据予以佐证。《桌游志》纸质杂志内页右下标小字所载“本刊电子版由微信阅读提供技术支持，输入 zyz. wixin. cn 即可下载”的表述与复审商标核定使用的“提供在线电子出版物（非下载的）”服务类别不符。综观全案证据，尚不能形成完整的证据链以证明复审商标于指定期间在“图书出版、在线电子书籍和杂志的出版、提供在线电子出版物（非下载的）”服务上进行了真实合法有效的商业使用。原审法院对此认定正确，商标评审委员会和游联公司的相关上诉理由不能成立，本院不予支持。

关于复审商标在“广播和电视节目制作、电视文娱节目、数字成像服务、节目制作”服务上的使用，第 71798 号公证书、第 71799 号公证书、软著登字第 1262252 号著作权登记证书等证据的作出日期均已超出指定期间，《微电影 Iphone 客户端开发合同》《微电影 Android 客户端开发合同》《微电影手机电视增值业务合作协议》中均未显示复审商标。《愚人的金花》等微电影的时长在 20 分钟之内，其制作和准备周期应当较短，上述微电影的上传时间为 2016 年 4 月，晚于指定期间近一年，远超出其制作和准备周期的合理期限，不能证明游联公司于指定期间内在“广播和电视节目制作、电视文娱节目、节目制作”服务上使用了复审商标。综观全案证据，尚不能形成完整的证据链以证明复审商标于指定期间在“广播和电视节目制作、电视文娱节目、数字成像服务、节目制作”服务上进行了真实合法有效的商业使用。原审法院对此认定正确，商标评审委员会和游联公司的相关上诉理由不能成立，本院不予支持。

综上，原审判决认定事实清楚，适用法律正确，应予维持。商标评审委员会和游联公司所提上诉请求及其理由均缺乏依据，本院对此不予支持。依照《中华人民共和国行政诉讼法》第八十九条第一款第（一）项之规定，判决如下：

驳回上诉，维持原判。

一审案件受理费一百元，由国家工商行政管理总局商标评审委员会负担（于本判决生效之日起七日内交纳）；二审判决受理费一百元，由国家工商行政管理总局商标评审委员会和北京游联网络科技有限公司各负担五十元（均已交纳）。

本判决为终审判决。

审判长　周　波

审判员　俞惠斌

审判员　苏志甫

二〇一八年四月八日

书记员　刘　茜

北京市高级人民法院
行政判决书

（2018）京行终254号

上诉人（原审原告）北京中欣安泰投资有限公司，住所地北京市东城区珠市口东大街14号。

法定代表人徐建胜，董事长。

被上诉人（原审被告）国家工商行政管理总局商标评审委员会，住所地北京市西城区茶马南街1号。

法定代表人赵刚，主任。

委托代理人王靖，国家工商行政管理总局商标评审委员会审查员。

原审第三人李月美，女，汉族，1973年3月28日出生，住河北省秦皇岛市海港区。

委托代理人马翔，北京天驰君泰律师事务所律师。

委托代理人刘艳锋，北京天驰君泰律师事务所律师。

上诉人北京中欣安泰投资有限公司（简称中欣安泰公司）因商标权撤销复审行政纠纷一案，不服北京知识产权法院（2017）京73行初4361号行政判决，向本院提起上诉。本院于2018年1月12日受理本案后，依法组成合议庭进行了审理。本案现已审理终结。

北京知识产权法院查明：复审商标系第9744522号“微信”商标，于2011年7月20日向国家工商行政管理总局商标局（简称商标局）提出注册申请，核定使用在第36类“分期付款的贷款；债务托收代理；银行；资本投资；组织收款；金融贷款；金融评估（保险、银行、不动产）；金融服务；金融分析；金融管理；金融咨询；融资租赁；租金托收；借款卡服务；募集慈善基金；受托管理；电子转账”服务上，商标权专用期限至2022年9月13日，现商标权人为中欣安泰公司。

2016年7月22日，商标局作出商标撤三字［2016］第Y006474号决定书（简称第Y6474号决定书），决定撤销复审商标。

中欣安泰公司不服第Y6474号决定书，于2016年8月17日向国家工商行政管理总局商标评审委员会（简称商标评审委员会）提出复审申请。

中欣安泰公司在行政程序中提交的用以证明复审商标实际使用的证据有：中欣安泰公司营业执照复印件、复审商标许可使用合同复印件、复审商标使用费的转账记账凭据复印件、复审商标注册证及授权证书复印件、中欣安泰公司在业务科室悬挂复审商标注册许可证及授权证书的照片复印件、北京中欣银宝通支付服务有限公司（简称银宝通公司）名称变更通知书复印件、银宝通公司支付业务许可证复印件、银宝通公司在会议室悬挂复审商标的图片复印件、银宝通公司自行制作的职员名片复印件、中欣安泰公司在门口接待区域悬挂复审商标的图片复印件、中欣安泰公司对外公开发行的注有复审商标的会员卡复印件、新闻报道打印件等证据。

上述证据中，双方当事人对中欣安泰公司复审商标使用费的转账记账凭据复印件存在争议，其中有一份记账凭证与银行电子回单关于款项事项的摘要不相符，记账凭证摘要显示为“微信商标许可使用费”，银行电子回单摘要为“付安泰垫付保证金”，李月美对其真实性提出异议，认为中欣安泰公司伪造内部会计支付单，将“付安泰垫付保证金”捏造为“微信商标许可使用费”，对此，中欣安泰公司表示，记账凭证摘要与银行回单摘要内容不一致系财务人员操作失误，后期双方财务复核不会对摘要等非重要信息进行复核，双方财务明确知道此款项为微信商标许可使用费，因此未因摘要内容写错而否定此款项的实际用途。此外，经法院组织原件核对，有三份记账凭证出示的原件与证据中复印件的格式不符，记账人、过账人员等在原件中仅有名字，未显示人员属性，李月美对其真实性提出异议，对此，中欣安泰公司表示，记账凭证原件采用的是购买固定格式的记账凭证纸直接从财务软件系统中套打出来的，证据中的打印件是由财务软件系统自动生成的记账凭证导出后用普通 A4 纸打印出来的，因此二者格式不同，按照本公司财务操作流程，电子版记账凭证由会计制单，会计主管或主管领导过账，会计主管审核即完成电子记账流程，不需要出纳参与电子记账的任何操作，因此在电子版记账凭证上无出纳等其他人员的署名。李月美在本案行政程序中提交的证据有：中欣卡产品使用说明书复印件、购买中欣预付卡公证书复印件、中欣卡官网网页公证书复印件、百度搜索网页公证书复印件、中欣卡员工名片公证书复印件等证据。

2017 年 4 月 17 日，商标评审委员会作出商评字［2017］第 41608 号《关于第 9744522 号“微信”商标撤销复审决定书》（简称被诉决定）。该决定认定：复审商标获准注册日期早于 2014 年 5 月 1 日，根据法不溯及既往的原则，实体问题应适用2001年10月27日修改的《中华人民共和国商标法》（简称2001年商标法），本案的相关程序问题仍适用2013年8月30日修改的《中华人民共和国商标法》（简称2013年商标法）。本案的焦点问题可归纳为：中欣安泰公司在2012年10月23日至2015年10月22日期间（简称指定期间）是否在“金融贷款”等全部核定使用服务上对复审商标进行了商标法意义上的使用。本案中，中欣安泰公司提交的证据1、2、6、11、13、15中，营业执照、商标许可使用合同、商标授权证书、商标许可使用费转账记账凭据仅能证明中欣安泰公司与被许可人银宝通公司在指定期间内有针对复审商标的许可关系存在，但单纯的许可行为尚不足以证明复审商标的使用，银宝通公司是否对复审商标进行了使用，商标评审委员会将结合其他证据予以认定。证据7中，《支付业务许可证》仅能证明银宝通公司具备从事预付卡发行与受理业务的资质。证据8、9、10、12中，公司会议室、门口接待区域挂有复审商标的照片及自行制作的职员名片、会员卡均未显示形成时间，亦不能证明复审商标已经与具体服务项目相结合并进入了商业流通领域。证据16中，新闻报道未涉及复审商标实际使用情况。综上，中欣安泰公司提交的证据未形成证据链，尚不足以证明中欣安泰公司及银宝通公司在指定期间在“金融贷款”等全部核定使用服务上对复审商标进行了商标法意义上的使用。

中欣安泰公司主张银宝通公司为本案利害关系人，依据《中华人民共和国行政许可法》（简称行政许可法）的规定应通知银宝通公司以第三人身份参加本案，中欣安泰公司及银宝通公司听证权利应得到保护，对此，商标评审委员会认为：第一，认定复审商标在指定期间内是否进行了商标法意义上的使用是确认使用事实，本质上仍属于商标确权程序而非行政许可，不属于行政许可法之调整范围，故本案不适用行政许可法。第二，商标法及相关法律法规并未对在连续三年不使用注册商标程序中对“追加第三人”及“听证”程序作出规定。第三，复审商标不存在连续三年不使用情形的举证责任由商标注册人承担，商标使用的证据材料，包括商标注册人使用注册商标的证据材料和商标被许可使用人使用注册商标的证据材料。本案中，中欣安泰公司为复审商标注册人，系本案适格主体，负有举证责任，银宝通公司对复审商标使用的证据材料已视为中欣安泰公司提交的商标使用证据材料。该项主张缺乏法律依据，不予支持。

综上，商标评审委员会依据2001年商标法第四十四条第（四）项、2013年商标法第五十四条、第五十五条的规定，决定：复审商标予以撤销。

中欣安泰公司不服被诉决定，向北京知识产权法院提起行政诉讼。

在原审庭审过程中，中欣安泰公司表示本案并不涉及全部服务项目，实际争议就是金融服务一项。

北京知识产权法院认为：2013 年商标法于 2014 年 5 月 1 日施行，本案复审商标的核准注册时间处于 2001 年商标法施行期间，而本案被诉决定的作出时间以及本案的审理时间处于 2013 年商标法施行期间，故本案涉及 2001 年商标法与 2013 年商标法的法律适用问题。鉴于复审商标为 2013 年商标法修改决定施行前已经核准注册的商标，故本案程序问题的审理应适用 2013 年商标法，而本案实体问题的审理应适用 2001 年商标法。

2013 年商标法及相关法律法规中，没有关于在连续三年停止使用的复审程序中追加复审商标被许可人为第三人及听证的规定，并且根据 2014 年 5 月 1 日起施行的《中华人民共和国商标法实施条例》（简称商标法实施条例）第六十六条第一款、第二款之规定，银宝通公司使用注册商标的证据材料由中欣安泰公司负责举证，故银宝通公司并非行政程序中的适格当事人。此外，商标评审委员会在行政程序中虽未提前告知中欣安泰公司合议组成员，但不存在有应当回避的事由而未回避的情形，故不构成“违反法定程序”。中欣安泰公司关于商标评审委员会存在未追加银宝通公司为第三人、未组织听证、未提前告知合议组成员之程序违法情形的主张没有事实和法律依据，不予支持。

中欣安泰公司对于商标评审委员会作出的复审商标在“金融服务”上予以撤销的决定不服，故本案的争议焦点为：复审商标是否在指定期间内在“金融服务”上进行了商标法意义上的使用，即本案复审商标是否构成 2001 年商标法第四十四条第四项规定的情形。

中欣安泰公司主张其与银宝通公司存在商标授权许可合同，并提交了相关票据证明其合同已经实际履行，但其所提交的部分记账凭证与银行电子回单关于款项事项的摘要不符，亦存在三份记账凭证出示的原件与证据中复印件的格式不符等问题，故其商标授权关系的真实性存疑。中欣安泰公司在复审阶段提交的证据 1 中欣安泰公司营业执照、证据 2 复审商标许可使用合同、证据 6 复审商标使用费转账记账凭据、证据 11 中欣安泰公司在业务科室悬挂复审商标注册许可证及授权证书、证据 13 复审商标注册证及授权证书、证据 15 银宝通公司名称变更通知书等证据至多证明中欣安泰公司与银宝通公司在指定期间内有针对复审商标的许可关系存在，复审阶段证据 7 银宝通公司支付业务许可证仅能证明其具备从事预付卡发行与受理业务的资质，复审阶段证据 8 银宝通公司在会议室悬挂复审商标的图片、证据 10 银宝通公司自行制作的职员名片均为自制证据，真实性和产生时间无法确认，因此，无论上述存疑证据是否真实，以上证据均无法证明被许可人在指定期间内已在相关业务上直接使用了复审商标。复审阶段证据9中欣安泰公司在门口接待区域悬挂复审商标的图片、证据12中欣安泰公司注有复审商标的会员卡均为自制证据，真实性和制作时间亦无法确认，不能证明复审商标已经与具体服务项目相结合并进入了商业流通领域。复审阶段证据16新闻报道未涉及复审商标的实际使用情况。综上，中欣安泰公司提交的证据不能形成完整的证据链，证明其在指定期间内对复审商标在“金融服务”上进行了真实、有效、合法的商业使用。商标评审委员会的认定并无不当，予以确认。

据此，北京知识产权法院依照《中华人民共和国行政诉讼法》（简称行政诉讼法）第六十九条之规定，判决：驳回中欣安泰公司的诉讼请求。

中欣安泰公司不服原审判决，向本院提起上诉，请求撤销原审判决和被诉决定，判令商标评审委员会重新作出复审决定。其主要上诉理由为：一、银宝通公司是复审商标被许可使用人，被诉裁定及原审判决与其存在重大利害关系，原审法院未追加其为利害关系人，系程序违法；二、中欣安泰公司提交的证据形成了完整的证据链，足以证明于指定期间内在“金融服务”上对复审商标进行了商标性使用。

经本院审理查明，原审法院查明的事实属实，且有复审商标档案、第Y6474号决定书、被诉决定、当事人在商标评审阶段及诉讼阶段提交的证据以及当事人陈述等在案佐证，本院经审查予以确认。

本院认为：2001年商标法第四十四条第（四）项规定，连续三年停止使用的注册商标，由商标局责令限期改正或者撤销其注册商标。由于注册商标专用权由商标注册人享有，该款所指“使用注册商标”的主体系指商标注册人，商标注册人对商标的使用包括自行使用以及许可他人使用。在商标权撤销复审行政诉讼中，复审商标的被许可人是否应当作为利害关系人参加诉讼，应当根据行政诉讼法的相关规定予以确定。

行政诉讼法第二十五条规定：“行政行为的相对人以及其他与行政行为有利害关系的公民、法人或者其他组织，有权提起诉讼。”第二十九条第一款规定：“公民、法人或者其他组织同被诉行政行为有利害关系但没有提起诉讼，或者同案件处理结果有利害关系的，可以作为第三人申请参加诉讼，或者由人民法院通知参加诉讼。”上述规定中所指的“与行政行为有利害关系”系指行政机关的行政行为对公民、法人或其他组织的权利义务已经或将会产生直接实际影响的行为。本案中，银宝通公司系复审商标的被许可使用人，其是基于中欣安泰公司的许可使用复审商标，并非前述规定所指的利害关系人。商标评审委员会及原审法院未将银宝通公司列为第三人并无不当。中欣安泰公司关于原审法院未追加银宝通公司为利害关系人构成程序违法的主张，于法无据，本院不予支持。

连续三年停止使用注册商标的撤销制度，是为了鼓励和督促商标注册人使用其商标、发挥商标在市场上区分商品来源的作用。2001 年商标法第四十四条规定的“使用注册商标”，应当是对商标在核定商品或服务上公开、真实、合法的使用行为，使商标发挥区分商品或服务来源的作用。

通常情况下，复审商标注册人提交的商标使用证据应满足以下要求：其一，相关证据具有形式上的真实性；其二，商标使用行为发生在指定期间内；其三，使用证据上显示有复审商标标志；其四，复审商标标志系在其核定使用的商品或服务上的使用。本案中，中欣安泰公司为证明于指定期间内在“金融服务”上使用了复审商标提交了一系列证据。但，中欣安泰公司提交的用以证明其与银宝通公司存在商标许可使用关系的证据之间存在矛盾、无法确认真实性；用以证明使用复审商标的证据，或未直接显示复审商标，或为自制证据，在无其他证据相佐证的情况下，其真实性及形成时间无法确认。原审法院在逐一审核中欣安泰公司提交证据的基础上，认定现有证据不能形成完整的证据链，不足以证明其在指定期间内对复审商标在“金融服务”上进行了真实、有效、合法的商业使用，上述认定具有事实及法律依据，本院予以确认。

综上所述，原审判决认定事实清楚，适用法律正确，程序合法，应予维持。中欣安泰公司的上诉理由不能成立，对其上诉请求，本院不予支持。依照《中华人民共和国行政诉讼法》第八十九条第一款第（一）项之规定，判决如下：

驳回上诉，维持原判。

一、二审案件受理费各一百元，均由北京中欣安泰投资有限公司负担（均已交纳）。

本判决为终审判决。

审判长　周　波

审判员　苏志甫

审判员　俞惠斌

二〇一八年三月二十八日

书记员　李晓琳

“中华英才网” 商标驳回复审行政诉讼案

基本案情

诉讼当事人

上诉人（原审原告）：北京五八信息技术有限公司，住所地：北京市海淀区学清路甲18号中关村东升科技园学院园三层301室。

被上诉人（原审被告）：国家工商行政管理总局商标评审委员会，住所地：北京市西城区茶马南街1号。

案由

◎ **商标驳回复审行政纠纷**[1]

案情简介

上诉人北京五八信息技术有限公司（以下简称五八公司）于2015年9月23日向国家工商行政管理总局商标局提交了第17961940号“中华英才网”商标申请，后被商标局驳回，经商标评审委员会驳回复审程序依然失败，二者均认为申请商标“中华英才网”已构成《商标法》第十条第一款第（一）项所述情形，依法应不予注册并禁止使用。五八公司不服商标评审委员会驳回复审决定，向北京知识产权法院提起行政诉讼，北京知识产权法院经审理，认为申请商标“中华英才网”包含了“中华”二字，而“中华”是我国的国家名称，若申请商标整体上并未形成其他含义，则构成《商标法》第十条第一款第（一）项所规定情形。申请商标系中文“中华英才网”，虽然其中含有与我国国家名称相近似的“中华”，但其与“英才”组合在一起后，在整体上与我国国家名称已经

---

〔1〕 北京市高级人民法院（2018）京行终1119号。

不构成相同或者近似。因此，申请商标并不属于同中华人民共和国国家名称相同或者近似的标志。商标评审委员会有关申请商标构成《商标法》第十条第一款第（一）项所指情形的认定不当，依法予以纠正。虽然对五八公司的注册申请不宜根据《商标法》第十条第一款第（一）项进行审查，但并不意味着其必然属于可以注册使用的商标，而仍应当根据《商标法》其他规定予以审查。《商标法》第十条第一款第（八）项规定，"有害于社会主义道德风尚或者有其他不良影响"的标志不得作为商标使用。本案申请商标由汉字"中华英才网"组成，其中"中华"是我国国家名称的简称，是国家的象征，如果允许随意将其作为商标的构成要素予以注册并作商业使用，将会导致国家名称的滥用，有损国家尊严，对社会公共利益和公共秩序产生其他消极、负面影响。由于申请商标中突出使用了汉字"中华"，申请商标已构成前述法律规定的不得作为商标注册的情形，违反了《商标法》第十条第一款第（八）项所规定的内容，申请商标不应予以注册。由于商标注册审查奉行个案审查原则，其他含有汉字"中华"的商标是否予以注册与本案无关，五八公司所提相关上诉理由法院不予评述。此外，五八公司提交的其使用申请商标以及其他商标的证据，不能作为申请商标不具有不良影响的理由。据此，一审法院驳回了五八公司的诉讼请求。

五八公司不服北京知识产权法院所作一审判决，向北京市高级人民法院提出上诉，请求撤销一审判决和被诉决定。其主要上诉理由是：(1) 申请商标不会导致滥用国家名称、损害国家尊严；(2) 经过20多年大量、持久、广泛的使用，申请商标已具有极高知名度，产生了具有固定指向的第二含义，不会与国家名称相关联；(3) 经过20多年的实践，中华英才网的使用不仅没有对社会公共利益、公共秩序撤销不良影响，反而为企业招聘、国内人才流动和人才资源配置以及缓解大学生就业、社会就业等作出了巨大贡献；(4) 类似商标已经成功注册，本案应当坚持同样的法律适用标准。综上，申请商标不属于《商标法》第十条第一款第（八）项规定的情形，应当予以核准注册。二审诉讼中，五八公司提交了国家图书馆科技查询中心出具的检索报告，用以证明：(1)"中华英才"有固定含义，指代国内优秀人才，描述的是客观存在的事物；(2)"中华英才网"商标经过20多年的实际使用，已建立了稳定的对应关系，不会产生不良影响。

案件处理结果

北京市高级人民法院经审理认为，原审法院如果认为被诉决定结论正确但适用法律错误，则应当在作出适当指引的情况下，判决撤销被诉决定并由商标评审委员会重新作出决定，而不宜代替商标评审委员会直接就被诉决定中没有涉及的法律条款作出认定并据此驳回当事人的诉讼请求，这既有损于行政相对人的程序性权利，也不符合行政诉讼司法审查的法律定位。本案中，商标评审委员会在被诉决定中仅就申请商标的注册是否违反《商标法》第十条第一款第（一）项及第三十条的规定作出了认定，并未涉及《商标法》第十条第一款第（八）项。五八公司在原审诉讼中亦未提出有关《商标法》第十条第一款第（八）项的主张。在此情形下，原审法院主动援引《商标法》第十条第一款第（八）项直接对申请商标的可注册性问题作出认定，超越了行政诉讼司法审查的范围，审理程序确有不当。同时，鉴于商标评审委员会需要重新作出复审决定，且原审法院在原审判决中就《商标法》第十条第一款第（八）项的法律适用作出了认定，本院亦有必要对申请商标的注册是否违反《商标法》第十条第一款第（八）项的规定作出明确，以便提高商标评审委员会重新审查的效率、避免审查程序的循环往复。

申请商标由中文"中华英才网"构成，该标志整体上并不存在对我国政治、经济、文化、宗教、民族等社会公共利益和公共秩序产生消极、负面影响的可能；从该标志的构成要素看，虽然包含了"中华"字样，但申请商标亦未将"中华"二字突出使用，且"中华英才"本身具有相对固定而明确的含义，社会公众通常不会将其与我国的国家名称联系在一起。因此，无论是从申请商标标志整体看，还是从其构成要素看，申请商标的注册和使用均不属于对我国国家名称滥用的情形，不宜将其认定为具有"其他不良影响"的标志。五八公司的上诉理由成立，应予以支持，商标评审委员会应当据此重新作出审查决定。北京市高级人民法院支持五八公司的上诉理由，依法撤销北京知识产权法院一审判决以及商标评审委员会决定。

律师策略与解析

1. 我国现行法律体系对含有"国名"商标的规制

我国现行法律体系对含有国家名称商标的规制主要体现在《商标法》第十条第一款第（一）项和第（八）项。

《商标法》第十条第一款第（一）项规定，同中华人民共和国的国家名称、国旗、国徽、国歌、军旗、军徽、军歌、勋章等相同或者近似的，以及同中央国家机关的名称、标志、所在地特定地点的名称或者标志性建筑物的名称、图形相同的标志不得作为商标使用。该条主要是为了维护我国国家和军队的尊严，明确制止商标权进入这一禁区，因为“国家名称是国家的象征，为了维护其应有的尊严和在人民心中的神圣地位，不应允许将与之相同或近似的标志用于商业经营”[2]。

该条规定具有较强的法律本土化色彩，具有“中国特色”，因为世界上的通行做法并不禁止含国名商标的注册与使用。《保护工业产权巴黎公约》第六条之三（1）（a）规定：“对未经主管机关许可，而将本联盟国家的国徽、国旗和其他的国家徽记、各该国用以表明监督和保证的官方符号和检验印章以及从徽章学的观点看来的任何仿制用作商标或商标的组成部分，拒绝注册或使其注册无效，并采取适当措施禁止使用。”除此之外，美国、欧盟、日本、加拿大等国家和地区亦采取此种立法模式，即不禁止在商标中包含本国国家（地区）名称。有学者指出，我国之所以禁止含有国家名称的商标申请、注册，是因为“家国同构”这一中国传统思想。“皇帝的名字、国家的名称等国家的象征属于庙堂，如果民间僭越使用，会被认为是破坏社会秩序的行为，即避尊者讳。”[3] 而到了近代，社稷将倾，风雨飘摇，国家发生了前所未有的灾难，中国人民也由此开启了漫长的救亡图存之路。“正因为遭受了太多的苦难，中国人切身认识到一个强大的‘家—国’的重要性，并将维护国家尊严、国家利益视为最高目标之一。负责商标审查的公权力机关有责任在此方面严防死守。”[4] 到了现代，中央企业已成为国民经济的主导力量和社会主义经济的中流砥柱，尤其是大型央企，不但保证煤炭、石油、电力、钢铁等供应，承担着生产公共产品、建设重大工程项目、推动国家技术创新等职责，而且肩负着引领经济发展、带动其他所有制经济健康发展的重任，是推动经济发展当之无愧的主力军和突击队。在百姓心中，央企出品早已打上了安全可靠、质量上乘的烙印。这也就是为什么直到现在，仍然有很多人在利用所谓的“国字号”企业以及协会行骗。[5] 仍然有很多企业想在实际经营中使用并申请注册“国家”名称。[6]

---

〔2〕 王迁：《知识产权法教程》，中国人民大学出版社 2016 年版，第 424 页。

〔3〕 谢晴川：《论含国名商标的法学分类及法律规制》，载《法学评论》2018 年第 4 期。

〔4〕 同上。

〔5〕《别再被这些“国字号”组织坑了》，搜狐网，https：//www. sohu. com/a/221713030_ 644358，最后访问时间：2020 年 9 月 22 日。

〔6〕 田龙：《商标诉讼热点问题实务评析》，中国法制出版社 2019 年版，第 14 页。

2. 商标行政审查机关与司法机关的不同认识

对含有“国名”商标的可注册性，无论是商标行政审查还是司法审理，从维护国家尊严、形象、公共利益，保护消费者利益的角度出发，均会采取较为严格的判断标准。但有一点需要注意，即含有“国名”的商标，到底是适用《商标法》第十条第一款第（一）项将其驳回，还是适用第十条第一款第（八）项将其驳回。就此问题，商标行政审查机关和司法机关存在一定分歧，商标行政审查机关认为只要商标标识中含有“中国”“CHINA”等文字，即构成《商标法》第十条第一款第（一）项规定的情形。而司法机关则认为如果商标标识中含有“中国”“CHINA”文字，但整体上与国家名称并不相同或者不相近似，可以区分的，不构成《商标法》第十条第一款第（一）项情形，但如果该商标注册可能导致损害国家尊严的，可以认定属于《商标法》第十条第一款第（八）项规定的情形。“中华英才网”案即是如此，商标局、商标评审委员会认为申请商标“中华英才网”构成《商标法》第十条第一款第（一）项情形，而北京知识产权法院、北京市高级人民法院却持不同观点。

其实，在2017年1月10日公布实施的《最高人民法院关于审理商标授权确权行政案件若干问题的规定》中对此已有明确解释，该规定第三条指出：“商标法第十条第一款第一项规定的同中华人民共和国的国家名称‘相同或者近似’，是指商标标志整体上与国家名称等相同或者近似。对于含有中华人民共和国的国家名称等，但整体上并不相同或者不相近似的标志，如果该标志作为商标注册可能导致损害国家尊严的，人民法院可以认定属于商标法第十条第一款第八项规定的情形。”此后，北京市高级人民法院在《北京市高级人民法院商标授权确权行政案件审理指南》第8.2条中也指出：“诉争商标标志含有中华人民共和国国家名称，但整体上并不相同或者不相近似，如果该标志作为商标注册可能损害国家尊严的，可以认定属于商标法第十条第一款第（八）项规定的情形。”可以看出，无论是最高人民法院的司法解释还是北京市高级人民法院的审理指南，均是承袭了最高人民法院在2010年审理的“中国劲酒”案〔7〕的裁判思路，并将其裁判要旨以司法解释、审理指南的形式予以确定。

有趣的是，在《最高人民法院关于审理商标授权确权行政案件若干问题的规定》《北京市高级人民法院商标授权确权行政案件审理指南》之前，2016年

---

〔7〕 参见最高人民法院（2010）行提字第4号行政判决书。该案曾入选“2010年中国法院知识产权司法保护50件典型案例”。

12月修订的《商标审查及审理标准》就已经发布，其明确指出：商标含有我国国家名称，导致国家名称的滥用，可能对社会公共利益和公共秩序产生其他消极、负面影响的，属于有害于社会主义道德风险或者有其他不良影响。这意味着商标行政审查机关在审查标准中已经与司法机关就该问题达成了一致，但在审查实践中，商标局还是会惯性地引用《商标法》第十条第一款第（一）项，而不愿意引用《商标法》第十条第一款第（八）项。

代理律师认为，商标行政审查机关与司法机关就此问题始终未能达成一致的原因主要有两个：一是我国商标申请量大，行政审查工作较为繁重。2020年全年，我国商标申请量已经达到911.6万件，再创历史新高，而商标行政审查资源终究是有限的，虽然我国已经陆续成立了五家商标审查协作中心，在很大程度上缓解了案件审查压力，提高了审查效率，但仍然难以匹配日益激增的商标申请数量，审查员工作依然繁重，审查压力依然较大，这就导致审查员难以对申请商标进行详细的分析判断进而作出审查决定。二是审查标准确实难以把握。无论是最高人民法院的司法解释还是《商标审查及审理标准》均未提及到底在什么情况下，可以认定申请商标的注册属于"可能导致国家名称的滥用，损害国家尊严，对社会公共利益和公共秩序产生其他消极、负面影响"，以及如何造成"不良影响"。且"不良影响"条款的适用界限不甚清晰，解释空间较大，其本身就具有很强的不确定性。近年来，关于异化适用"不良影响"条款的案件逐年增加，引起了理论和实务界的极大关注[8]，反对声音亦不绝于耳。涉"不良影响"条款的案件，不同司法裁判机关、不同法官的认识不尽相同甚至截然相反，让商标行政审查人员在纷繁复杂的案件中准确把握裁量标准，的确有点勉为其难。因此，实践中商标行政审查人员难以准确把握申请商标是否会造成国家名称的滥用进而产生不良影响。而一个商标中是否含有"中国""CHINA"等文字，这是显而易见的，审查员直接依据《商标法》第十条第一款第（一）项作出驳回决定即可，这样的标准简单易操作，且不会影响案件的最终结论，如此审查，也无可厚非。

3. 本案裁判的启示

针对行政审查与司法审查的分歧，作为律师，应该有较为客观、全面的预判，结合目前的审查实践，如果申请商标仅由国家名称构成，或者主要识别部

---

〔8〕 如最高人民法院审理的"大姨妈"商标无效宣告案、北京知识产权法院审理的"微信"商标无效宣告案，国家知识产权局审理的"阿京腾百"商标异议案。

分仅为国家名称，整体上与国名相同或者近似，则应适用《商标法》第十条第一款第（一）项驳回。但如果申请商标含有国家名称，但整体上与国名并不相同或者近似，则应考虑申请商标是否构成对国家名称的滥用进而具有“不良影响”。如上文所述，一个商标如果含有国家名称，但是整体上与国名并不相同或者近似，其能否注册应看该商标是否属于对国家名称的滥用，是否损害了国家尊严并具有“不良影响”。具体来说，可以根据申请主体进行判定：

如果申请主体为经国务院或其授权的机关批准设立的中央企业，且申请商标完全满足《含“中国”及首字为“国”字商标的审查审理标准》第二部分规定[9]，此时申请商标并不属于对国家名称的滥用，不会产生“不良影响”，依法应予核准注册。因为此类企业“受客观条件限制导致不可避免的使用，其将自身名称进行商标注册时将根本无法回避商标含有国家名称的情形”[10]。该种行为不构成对国家名称的滥用，这只是对我国商号登记制度所造成现实状态的追认。

如果申请主体并非经国务院或其授权的机关批准设立的中央企业，这些主体是否不能注册含有国名的商标？根据目前的审查实践看，并不绝对。“中华英才网”案即是例证。北京市高级人民法院在该案中就如何认定非“国”字号主体申请注册与国名近似的商标进行了详细的阐述，为此类案件后续的审查、审判提供了有益经验。北京市高级人民法院认为：由于具有“其他不良影响”属于标志不得作为商标使用的禁止性规定，直接限定了市场经营者选择商业标志区分商品或者服务来源的范围，因此，除非违反法律法规和司法解释的明确规定或其基本宗旨，否则在一般情况下，应当秉持较为宽松温和的审查标准，尊重市场经营者在商业标志选择方面的自主权，既引导市场经营者选择积极向上、符合社会主义核心价值观的标志区分其商品或服务来源，又坚持实践是检验真理的唯一标准，适当包容存有一定争议但并不违反法律法规和司法解释基本宗旨的标志。在特定标志是否具有“其他不良影响”的认定过程中，要充分考虑该标志在使用过程中所取得的实际效果，尊重客观实际，避免主观臆断。同时，

---

〔9〕 根据《含“中国”及首字为“国”字商标的审查审理标准》，“对含有与我国国家名称相同或者近似文字的商标申请，申请人及申请商标同时具备以下四个条件的，可予以初步审定：一、申请人主体资格应当是经国务院或其授权的机关批准设立的，申请人名称应经名称登记管理机关依法登记。二、申请商标与申请人企业名称或者该名称简称一致，简称是经国务院或其授权的机关批准。三、申请商标与申请人主体之间具有紧密对应关系。四、申请商标指定使用的商品或服务范围应与核定的经营范围相一致”。

〔10〕 谢晴川：《论含国名商标的法学分类及法律规制》，载《法学评论》，2018 年第 4 期。

《商标法》第十条第一款第（八）项是对商业标志是否有碍社会公序良俗的价值判断。相对于损害特定民事主体利益而禁止商标注册的相对理由条款而言，绝对理由条款的个案衡量空间应当受到更为严格的限制，对是否有害于社会公共利益和公共秩序进行判断的裁量尺度不应变动不居。类似商标标志核准注册情况，应当作为判断其他标志是否违反《商标法》第十条第一款第（八）项相关规定的重要考量因素。

申请商标由中文"中华英才网"构成，该标志整体上并不存在对我国政治、经济、文化、宗教、民族等社会公共利益和公共秩序产生消极、负面影响的可能；从该标志的构成要素看，虽然包含了"中华"字样，但申请商标亦未将"中华"二字突出使用，且"中华英才"本身具有相对固定而明确的含义，社会公众通常不会将其与我国的国家名称联系在一起。因此，无论是从申请商标标志整体看，还是从其构成要素看，该申请商标的注册和使用均不属于对我国国家名称滥用的情形，不宜将其认定为具有"其他不良影响"的标志。同时，从申请商标的实际使用情况看，申请商标自 1997 年起即已投入实际的商业使用，在 20 多年的实际使用过程中，申请商标并未对我国政治、经济、文化、宗教、民族等社会公共利益和公共秩序产生消极、负面影响的情形，认定申请商标具有"其他不良影响"有悖于客观的市场情况。而且，其他含有"中华"字样的商标已被核准注册，从商标审查标准一致性的角度出发，也不宜仅仅认定本案中的申请商标具有"其他不良影响"。据此，北京市高级人民法院撤销了一审判决和商标评审委员会的决定。

二审法院的说理部分十分精彩，每每读来，都不得不佩服。二审法院未落窠臼，没有充当"仅仅是录制法律意见的自动机器或者是宣告规定的留声机"[11]，在最高人民法院"中国劲酒"案确立的裁判要旨以及《最高人民法院关于审理商标授权确权行政案件若干问题的规定》的双重"束缚"下，重新审视了含有国家名称的商标是否构成《商标法》第十条第一款第（八）项的逻辑内涵和理论基础，在裁判尺度的拿捏和对公共利益的理解上均恰到好处，让我们切实体会到了司法的勇气和温度，也让我们看到了司法机关的实践理性和实践智慧。

"在商标司法实践中我经常看到，那些看似清晰明了的法律界限其实并不清

---

〔11〕［美］本杰明·N. 卡多佐：《法律的成长 法律科学的悖论》，董炯等译，中国法制出版社 2002 年版，第 102 页。

晰，那些看似简单易决的法律答案其实并不简单，那些看似单一的线索背后却纵横交错，我们经常需要从一种倾向看到另一种倾向，从一个方面看到另一个方面，从对立中看到统一或者从统一中看到对立，从表面上的价值冲突中看到相互冲突价值之间的协调与妥协，从理想看到现实和从现实中追求理想。”[12]本案中，二审法院并未“保守残缺”，陷入矛盾和纠结的思维境地，而是“灵光一现”，既在裁判中守住了公共利益的底线，也导入了保护私权、服务经济发展的价值理念。之所以说二审法院守住了公共利益的底线，是因为其在判决中明确设置了此类案件的判断标准。总结起来，主要有以下四点：第一，申请商标必须本身具有相对固定而明确的含义，比如“中华鲟”“庞中华”“华中”等。第二，申请商标并未突出国家名称，社会公众一般不会将其与国家名称联系在一起。第三，在类似商标已经核准注册的情况下，根据审查一致性原则的基本要求，不能“一刀切”地认为申请商标具有“不良影响”。第四，如果申请商标已经使用较长时间，应考量其实际使用效果。

4. 代理策略

中华英才网是五八公司旗下著名的专业招聘网站，其成立于1997年，至商标申请日前已持续使用近20年，其海量简历库覆盖全国408个城市、60个行业，服务着近40个类别中的659个细分职业领域的上千万求职者。而“中华英才网”商标在商标局、商标评审委员会阶段接连被驳回，只能寄希望在司法审查阶段获得初审公告，假如该商标最终无法顺利被授权，不仅会影响五八公司正常的经营部署（如融资上市等），也难以对市场上攀附“中华英才网”的不法企业采取有效措施。针对一审判决的错误之处，代理律师制定了较为完备的诉讼策略。

（1）法律程序的应对。从程序方面来说，一审法院在被告商标评审委员会没有适用《商标法》第十条第一款第（八）项作为裁判依据的情况下，直接援引该条例作为裁判依据，违反了《中华人民共和国行政诉讼法》第六条关于“应当根据被诉决定涉及的内容和行政相对人的请求确定案件的审理范围”的规定，直接影响了五八公司的程序利益。当然，客观地说，即使该上诉理由被支持，二审法院以程序违法为由撤销一审判决以及商标评审委员会决定，并让商标评审委员会重新作出复审决定，而商标评审委员会在重裁的时候，很有可能会以申请商标构成《商标法》第十条第一款第（八）项所述情形而再次将其驳

〔12〕 孔祥俊：《商标法适用的基本问题》，中国法制出版社2014版，第2页。

回，所以主攻程序违法并不能完全达到五八公司的诉讼目的。

（2）实体辩护策略。在实体方面，代理律师在二审中首先着重论述了“中华英才网”商标在近20年的使用中，从未产生过有害于社会主义道德风尚的不良影响，反而在国内人才资源配置以及解决大学生就业等方面作出了较大贡献。其次，法律永远是一门平衡的艺术，《商标法》中的“不良影响”条款本质上就是为了平衡公权和私权，虽然该条款形式上较为模糊，但仍有固定的法律界限，对该条款的适用不宜泛道德化，在已有诸多类似商标已经获准注册的情况下，应当秉持宽松一致的审查标准。二审判决指出：“绝对理由条款的个案衡量空间应当受到更为严格的限制，对是否有害于社会公共利益和公共秩序进行判断的裁量尺度不应变动不居。”最后，根据在案证据，五八公司从未在实际使用中突出使用“中华”，且“中华英才”已经具有明确的含义，根据社会公众的普遍认知，不会将其与我国的国家名称联系在一起。

本案涉及的法律要点

1. 《商标法》第十条一款第（一）项、第（八）项对含有“国名”商标的法律规制；

2. 含有“国名”商标是否具有“不良影响”的判定。

典型意义

商标法律制度除了具有基本的“私权利益属性”外，还兼具浓厚的“公共利益属性”。从某种意义上说，商标法律制度不仅是一项法律制度，它还是一项社会制度、经济制度以及管理制度。如国家大力遏制商标抢注并非为了保护某一市场主体的利益，而是为了倡导社会主义核心价值观、塑造良好的营商环境、维护健康的社会秩序。国家名称是国家的象征，维护国家名称不被滥用是商标法公共利益属性的具体体现，根据现行商标法律制度，只有符合《含“中国”及首字为“国”字商标的审查审理标准》的商标才会获准注册，但截至2020年6月5日，我国总计才有中央企业97家[13]，且这97家中央企业中，也并非全

---

〔13〕《央企名录》，国务院国有资产监督管理委员会网站，http：//www. sasac. gov. cn/n2588035/n2641579/n2641645/index. html，最后访问时间：2021年4月12日。

部是以“中国”或者“国”开头的，比如东风汽车集团有限公司、华润（集团）有限公司、华侨城集团有限公司、新兴际华集团有限公司等。可见，在我国上亿的市场主体中，符合《含“中国”及首字为“国”字商标的审查审理标准》的企业绝对可以称得上凤毛麟角。而“中华英才网”二审案恰恰是为广大不符合《含“中国”及首字为“国”字商标的审查审理标准》的企业申请注册含有国名的商标提供了指引，丰富了含有国名商标注册申请的司法实践。

（编写人：陈玉韩　吕东宇）

北京市高级人民法院
行政判决书

（2018）京行终1119号

上诉人（原审原告）北京五八信息技术有限公司，住所地北京市海淀区学清路甲18号中关村东升科技园学院园三层301室。

法定代表人姚劲波，首席执行官。

委托代理人陈玉韩，北京天驰君泰律师事务所律师。

被上诉人（原审被告）国家工商行政管理总局商标评审委员会，住所地北京市西城区茶马南街1号。

法定代表人赵刚，主任。

委托代理人王珊，国家工商行政管理总局商标评审委员会审查员。

上诉人北京五八信息技术有限公司（简称五八公司）因商标申请驳回复审行政纠纷一案，不服北京知识产权法院（2017）京73行初7989号行政判决，向本院提起上诉。本院于2018年3月7日受理本案后，依法组成合议庭进行了审理。2018年4月23日，上诉人五八公司的委托代理人陈玉韩、被上诉人国家工商行政管理总局商标评审委员会（简称商标评审委员会）的委托代理人王珊到本院接受了询问。本案现已审理终结。

北京知识产权法院查明：

一、申请商标

1. 申请人：五八公司。

2. 申请号：第17961941号。

3. 申请日期：2015年9月23日。

4. 标志：中华英才网

5. 指定服务（第35类）：广告、计算机网络上的在线广告、通过网站提供商业信息、为商品和服务的买卖双方提供在线市场、职业介绍所、人事管理咨询、为挑选人才而进行的心理测试、在计算机档案中进行数据检索（替他人）、商业审计、寻找赞助（截止）。

二、引证商标

1. 注册人：北京华人英才科技有限公司。

2. 注册号：第6224426号。

3. 申请日期：2007年8月16日。

4. 标志：华人英才网 CHEAGLE. COM。

5. 核定使用服务（第35类）：以计算机信息网络方式提供广告传播；广告代理；民意测验；市场研究；电铃；商业信息代理；商业管理和组织咨询。

6. 使用权期限至：2021年1月13日。

三、被诉决定：商评字［2017］第91735号《关于第17961941号“中华英才网”商标驳回复审决定书》。

被诉决定作出时间：2017年7月27日。

该决定认定：申请商标属于《中华人民共和国商标法》（简称商标法）第十条第一款第一项所指情形。同时认定申请商标指定使用的“为商品和服务的买卖双方提供在线市场、职业介绍所、人事管理咨询、为挑选人才而进行的心理测试、在计算机档案中进行数据检索（替他人）、商业审计、寻找赞助”服务与引证商标核定使用的“市场研究”等服务不属于同一种或类似服务，故申请商标在上述服务上与引证商标未构成使用在类似服务上的近似商标。申请商标指定使用的“广告、计算机网络上的在线广告、通过网站提供商业信息”服务与引证商标核定使用的“市场研究”等服务属于类似服务。申请商标“中华英才网”与引证商标中文部分“华人英才网”的文字构成要素、呼叫效果等方面相近，使用在类似服务上，消费者在隔离状态下施以一般注意力，易对服务来源产生混淆误认，故申请商标在上述服务上与引证商标构成使用在类似服务上的近似商标。五八公司提交的证据不足以证明申请商标具有可注册性。

四、其他事实

国家工商行政管理总局商标局（简称商标局）于2016年6月24日作出《商标驳回通知书》，驳回申请商标的申请。

五八公司不服商标局上述驳回通知，于2016年8月3日向商标评审委员会提出复审申请，其理由是申请商标与引证商标未构成使用在同一种或类似商品上的近似商标，申请商标经过五八公司的使用与宣传，已具有一定知名度，申请商标未构成商标法第十条第一款第一项规定的情形，请求对申请商标予以初步审定。

在本案诉讼过程中，五八公司提交了申请商标使用、宣传材料以及五八公司获得的相关荣誉资料，用以证明申请商标经过长期广泛使用宣传，已经在相关公众中形成了较高的知名度和影响力，且并未造成不良影响，未损害国家尊严。

另，经北京知识产权法院核实，商标局就引证商标已于2017年9月20日发布《注册商标撤销公告》，现该引证商标已被撤销。

北京知识产权法院认为：商标法第十条第一款第一项中的“国家名称”包括全称、简称和缩写，我国国家名称的全称是“中华人民共和国”，简称“中国”“中华”。本案中，申请商标“中华英才网”包含了“中华”二字，而“中华”是我国的国家名称，若申请商标整体上并未形成其他含义，则构成商标法第十条第一款第一项所规定情形。申请商标系中文“中华英才网”，虽然其中含有与我国国家名称相近似的“中华”，但其与“英才”组合在一起后，在整体上与我国国家名称已经不构成相同或者近似。因此，申请商标并不属于同中华人民共和国国家名称相同或者近似的标志。商标评审委员会有关申请商标构成商标法第十条第一款第一项所指情形的认定不当，依法予以纠正。

虽然对五八公司的注册申请不宜根据商标法第十条第一款第一项进行审查，但并不意味着其必然属于可以注册使用的商标，而仍应当根据商标法其他规定予以审查。商标法第十条第一款第八项规定“有害于社会主义道德风尚或者有其他不良影响”的标志不得作为商标使用。本案申请商标由汉字“中华英才网”组成，其中“中华”是我国国家名称的简称，是国家的象征，如果允许随意将其作为商标的构成要素予以注册用作商业使用，将会导致国家名称的滥用，有损国家尊严，对社会公共利益和公共秩序产生其他消极、负面影响。因此，由于申请商标中突出使用了汉字“中华”，申请商标已构成前述法律规定的不得作为商标注册的情形，违反了商标法第十条第一款第八项所规定的内容，申请商标不应予以注册。

由于商标注册审查为个案审查原则，其他含有汉字“中华”的商标是否予以注册与本案无关，五八公司所提相关上诉理由法院不予评述。此外，五八公司提交的其使用申请商标以及其他商标的证据，不能作为申请商标不具有不良影响的理由。

本案中，引证商标已经被撤销，故对商标法第三十条的法律适用不再予以评述。

综上，虽因引证商标已被撤销导致其作为申请商标注册之权利障碍消失，但申请商标仍构成商标法十条第一款第八项规定之情形。虽然被诉决定适用法律有误，但审查程序合法，认定事实清楚，结论正确。据此，北京知识产权法院依照《最高人民法院关于执行〈中华人民共和国行政诉讼法〉若干问题的解释》第五十六条第四项之规定，判决：驳回五八公司的诉讼请求。

五八公司不服原审判决，向本院提出上诉，请求撤销原审判决和被诉决定，判令商标评审委员会重新作出决定。其主要上诉理由是：一、申请商标不会导致滥用国家名称、损害国家尊严；二、经过20多年大量、持久、广泛的使用，申请商标已具有极高知名度，产生了具有固定指向的第二含义，不会与国家名称相关联；三、20多年的实践证明，中华英才网的使用不仅没有对社会公共利益、公共秩序产生不良影响，反而为企业招聘、国内人才流动和人才资源配置以及缓解大学生就业、社会就业等作出了巨大贡献；四、类似商标已经成功注册，本案应当坚持同样的法律适用标准。综上，申请商标不属于商标法第十条第一款第八项规定的情形，应当予以核准注册。

商标评审委员会服从原审判决。

二审诉讼中，五八公司补充提交了国家图书馆科技查询中心出具的检索报告，用以证明：1. "中华英才"有固定含义，指代国内优秀人才，描述的是客观存在的事物；2. "中华英才网"经过20多年的实际使用，已建立了稳定的对应关系，不会产生不良影响。

上述事实，有申请商标及引证商标的商标档案、《商标驳回通知书》、《驳回商标注册申请复审申请书》、被诉决定、当事人提交的证据材料及当事人陈述等证据在案佐证。

本院认为：经审查，申请商标的注册并不违反商标法第十条第一款第一项及第三十条的规定，被诉决定的相关认定错误，依法应当予以纠正，原审判决的相关认定准确，本院予以确认，商标评审委员会应当据此重新作出复审决定。

《中华人民共和国行政诉讼法》第六条规定："人民法院审理行政案件，对行政行为是否合法进行审查。"本案是对商标评审委员会作出的被诉决定是否合法进行审查的行政诉讼案件，应当根据被诉决定涉及的内容和行政相对人的请求确定案件的审理范围。原审法院如果认为被诉决定虽然结论正确但适用法律错误，则应当在作出适当指引的情况下，判决撤销被诉决定并由商标评审委员会重新作出决定，而不宜代替商标评审委员会直接就被诉决定中没有涉及的法律条款作出认定并据此驳回当事人的诉讼请求，否则既有损于行政相对人的程序性权利，同时也不符合行政诉讼司法审查的法律定位。

本案中，商标评审委员会在被诉决定中仅就申请商标的注册是否违反商标法第十条第一款第一项及第三十条的规定作出了认定，并未涉及商标法第十条第一款第八项。五八公司在原审诉讼中亦未提出有关商标法第十条第一款第八项的主张。在此情形下，原审法院主动援引商标法第十条第一款第八项而直接对申请商标的可注册性问题作出认定，超越了行政诉讼司法审查的范围，审理程序确有不当，本院对此予以指出。

同时，鉴于商标评审委员会需要重新作出复审决定，且原审法院在原审判决中就商标法第十条第一款第八项的法律适用作出了认定，因此，本院亦有必要对申请商标的注册是否违反商标法第十条第一款第八项的规定作出明确，以便提高商标评审委员会重新审查的效率、避免审查程序的循环往复。

根据商标法第十条第一款第八项的规定，"有害于社会主义道德风尚或者有其他不良影响"的标志不得作为商标使用。审查判断有关标志是否构成具有其他不良影响的情形时，应当考虑该标志或者其构成要素是否可能对我国政治、经济、文化、宗教、民族等社会公共利益和公共秩序产生消极、负面影响。

由于具有"其他不良影响"属于标志不得作为商标使用的禁止性规定，直接限定了市场经营者选择商业标志区分商品或者服务来源的范围，因此，除非违反法律法规和司法解释的明确规定或其基本宗旨，否则在一般情况下，应当秉持较为宽松温和的审查标准，尊重市场经营者在商业标志选择方面的自主权，既引导市场经营者选择积极向上、符合社会主义核心价值观的标志区分其商品或服务来源，又坚持实践是检验真理的唯一标准，适当包容存有一定争议但并不违反法律法规和司法解释基本宗旨的标志。在特定标志是否具有"其他不良影响"的认定过程中，要充分考虑该标志在使用过程中所取得的实际效果，尊重客观实际，避免主观臆断。

同时，商标法第十条第一款第八项是对商业标志是否有碍社会公序良俗的价值判断。相对于损害特定民事主体利益而禁止商标注册的相对理由条款而言，绝对理由条款的个案衡量空间应当受到更为严格的限制，对是否有害于社会公共利益和公共秩序进行判断的裁量尺度不应变动不居。类似商标标志核准注册情况，应当作为判断其他标志是否违反商标法第十条第一款第八项相关规定的重要考量因素。

本案中，申请商标由中文"中华英才网"构成，该标志整体上并不存在对我国政治、经济、文化、宗教、民族等社会公共利益和公共秩序产生消极、负面影响的可能；从该标志的构成要素看，虽然包含了"中华"字样，但申请商标亦未将"中华"二字突出使用，且"中华英才"本身具有相对固定而明确的含义，社会公众通常不会将其与我国的国家名称联系在一起。因此，无论是从申请商标标志整体看，还是从其构成要素看，申请商标的注册和使用均不属于对我国国家名称滥用的情形，不宜将其认定为具有“其他不良影响”的标志。同时，从申请商标的实际使用情况看，申请商标自1997年起即已投入实际的商业使用，在20多年的实际使用过程中，申请商标并未出现对我国政治、经济、文化、宗教、民族等社会公共利益和公共秩序产生消极、负面影响的情形，认定申请商标具有“其他不良影响”有悖于客观的市场实际。而且，其他含有“中华”字样的商标也已被核准注册，从商标审查标准一致性的角度出发，也不宜仅仅认定本案中的申请商标具有“其他不良影响”。综上所述，申请商标不属于商标法第十条第一款第八项所规定的不得作为商标使用的情形。五八公司的上诉理由成立，本院予以支持，商标评审委员会应当据此重新作出审查决定。

综上，原审判决在事实认定和法律适用方面存在错误，本院予以纠正。五八公司的上诉理由成立，对其上诉请求本院予以支持。依照《中华人民共和国行政诉讼法》第八十九条第一款第二项、第三款之规定，判决如下：

一、撤销北京知识产权法院（2017）京73行初7989号行政判决；

二、撤销国家工商行政管理总局商标评审委员会商评字［2017］第91735号《关于第17961941号“中华英才网”商标驳回复审决定书》；

三、国家工商行政管理总局商标评审委员会就北京五八信息技术有限公司针对第17961941号“中华英才网”商标提出的复审申请重新作出决定。

一、二审案件受理费各一百元，均由国家工商行政管理总局商标评审委员会负担（均于本判决生效之日起七日内交纳）。

本判决为终审判决。

审判长　周　波
审判员　俞惠斌
审判员　苏志甫
二〇一八年五月二十九日
书记员　金萌萌

“稻香村集团” 商标无效宣告行政诉讼案

基本案情

诉讼当事人

上诉人（原审原告）：苏州稻香村食品有限公司，住所地：江苏省苏州工业园区。

被上诉人（原审被告）：国家工商行政管理总局商标评审委员会，住所地：北京市西城区。

原审第三人：北京稻香村食品有限责任公司，住所地：北京市东城区。

案由

◎ **商标权无效宣告请求行政纠纷**[1]

案情简介

“稻香村”是举世皆知的南味糕点食品老字号，创始于1773年（乾隆三十八年）的苏州，最初由苏州人沈树百在苏州观前街设定经营，已有240多年的历史，先后经历了清、民国、新中国成立、公私合营、改革开放等重大历史时期，是我国为数不多的产品、技艺、服务得以世代传承，历史经营地点得以留存的老字号，是我国糕点行业持续经营历史最为悠久的品牌之一。“稻香村”其所代表的“苏式糕点”技艺，于2008年便已经入选江苏非物质文化遗产名录，蕴含着丰富的中华民族传统文化，是整个中华民族的宝贵财富。苏州稻香村食品有限公司是“稻香村”老字号的传承人以及“稻香村”糕点类别商标注册权利人。

---

〔1〕 北京市高级人民法院（2018）京行终1569号。

本案诉争商标“稻香村集团”，亦是苏州稻香村食品有限公司在糕点领域注册并使用多年的知名商标，但由于苏州稻香村与北京稻香村在“稻香村”标识上具有复杂且持续的纠纷，北京稻香村公司对“稻香村集团”商标提出了无效宣告申请，致使“稻香村集团”商标在商标评审委员会评审程序中被予以无效宣告，且予以无效宣告的理由是诉争商标“稻香村集团”违反了《商标法》第十条第一款第（八）项的“不良影响”条款。

苏州稻香村不服，依法提起商标行政诉讼。

案件处理结果

北京知识产权法院经审理认为：“稻香村集团”商标将“易使相关公众无法区分商品的来源，分不清商品是产自苏州稻香村还是北京稻香村，甚至可能误认为是苏州稻香村与北京稻香村共同生产的商品”，“在消费者施以一般注意力的前提下，存在发生混淆误认的可能性，对消费者造成购买困惑”，并以“稻香村集团”商标违反《商标法》第十条第一款第（八）项具有不良影响，维持商标评审委员会无效宣告裁定，后苏州稻香村公司上诉至北京市高级人民法院。

北京市高级人民法院经审理认为：《商标法》第十条第一款第（八）项是对商业标志是否有碍社会公序良俗的价值判断。相对于损害特定民事主体利益而禁止商标注册的相对理由条款而言，绝对理由条款的个案衡量空间应当受到更为严格的限制，对是否有害于社会公共利益和公共秩序进行判断的裁量尺度不应变动不居。类似商标标志核准注册情况，应当作为判断其他标志是否违反《商标法》第十条第一款第（八）项相关规定的重要考量因素。本案中，争议商标由“稻香村集团”文字构成，无论该标志整体，还是其构成要素，均不属于可能对我国政治、经济、文化、宗教、民族等社会公共利益和公共秩序产生消极、负面影响的情形。苏州稻香村公司提交的相关证据亦证明，包括“稻香村集团”在内的多个含有“集团”文字的商标已核准注册，如果对本案争议商标予以无效宣告，则明显有违商标授权确权裁判标准的一致性。因此，原审判决和被诉裁定有关争议商标的注册违反2001年《商标法》第十条第一款第（八）项规定的认定，属于适用法律错误，法院予以纠正。

律师策略与解析

代理律师在代理该案期间，坚定地认为商标评审委员会及一审法院裁判错误，“稻香村集团”商标并不违反《商标法》第十条第一款第（八）项“不良影响”条款的法律规定，理应有效注册。从法律适用、案件历史因素、在先判例等诸多方面，多角度、多层次地准备证据，成功在该案二审程序中推翻商标评审委员会及一审法院错误认定，使得苏州稻香村公司“稻香村集团”商标继续有效注册。

1. “不良影响”等绝对理由条款的个案衡量空间应当受到严格限制

“不良影响”条款，即《商标法》第十条第一款第（八）项属于禁止商标注册及使用的绝对理由条款。《最高人民法院关于审理商标授权确权行政案件若干问题的意见》第三条规定：“人民法院在审查判断有关标志是否构成具有其他不良影响的情形时，应当考虑该标志或者其构成要素是否可能对我国政治、经济、文化、宗教、民族等社会公共利益和公共秩序产生消极、负面影响。如果有关标志的注册仅损害特定民事权益，由于商标法已经另行规定了救济方式和相应程序，不宜认定其属于具有其他不良影响的情形。”之后，《最高人民法院关于审理商标授权确权行政案件若干问题的规定》（2020 年修正）第五条规定：“商标标志或者其构成要素可能对我国社会公共利益和公共秩序产生消极、负面影响的，人民法院可以认定其属于商标法第十条第一款第（八）项规定的‘其他不良影响’。将政治、经济、文化、宗教、民族等领域公众人物姓名等申请注册为商标，属于前款所指的‘其他不良影响’。”

虽然最高人民法院的上述意见及规定一定程度上明确了《商标法》第十条第一款第（八）项的“不良影响”条款应该如何适用，但在具体的案件适用中，面对纷繁复杂的个案案情，关于“不良影响”条款的理解与把握依然具有一定争议。其原因一方面在于容易误导公众的（带有一定欺骗性）标志的大量存在且在法律适用上较为困难；另一方面在于政治、经济、文化等词汇所指向的内容相对抽象和含糊，导致是否存在“不良影响”的主观判断过程仁者见仁智者见智，容易产生不同理解并引发争议。

在“稻香村集团”商标案中，一审法院以“稻香村集团”商标将“易使相关公众无法区分商品的来源，分不清商品是产自苏州稻香村还是北京稻香村，甚至可能误认为是苏州稻香村与北京稻香村共同生产的商品”，“在消费者施以一般注意力的前提下，存在发生混淆误认的可能性，对消费者造成购买困惑”为由适用《商标法》第十条第一款第（八）项不良影响条款。

而事实上，一方面，“稻香村集团”真实存在且系苏州稻香村公司方面获得国家工商行政管理部门合法登记的集团名称，根本不存在“不良影响”之嫌；另一方面，一审法院不适当地扩大了“不良影响”条款的适用范围，消费者是否混淆与不良影响条款的规范对象和立法本义不符，在关于“不良影响”法律条款适用的司法判例中，最高人民法院审理的“盖璞内衣”案[2]具有比较强的指导意义，在“盖璞内衣”商标案中，最高人民法院曾特别指出，“将使用申请商标的结果易导致消费者误认误购作为具有不良社会影响的理解，既与不良影响条款的规范对象和立法本义不符，亦不适当地扩大了该条款的适用范围”。可见，在“稻香村集团”商标案中，一审法院同样不适当地扩大了“不良影响”条款的适用范围，错误地将“易使相关公众无法区分商品的来源”上升为“公共利益”。

2. 私权利亦不属于“不良影响”条款的规制范围

《商标法》第十条第一款第（八）项仅适用于规制对公共利益和公共秩序的损害，并不适用于对民事主体之间“私权利”的规制，而一审法院判决将“在消费者施以一般注意力的前提下，存在发生混淆误认的可能性，对消费者造成购买困惑”解释为对“公共利益”的损害，将本属于北京稻香村与苏州稻香村两家企业之间的民事权益争议，扩张解释至对“市场秩序”的破坏，显属适用法律错误。

本案中，上诉人苏州稻香村公司与第三人北京稻香村公司之间关于“稻香村”商标、商号的纠纷及历史渊源属于双方民事主体之间的争议，双方争议本身仅仅涉及“稻香村”“稻香村集团”系列商标、商号，上述争议所涉商业标识并不涉及违反公共秩序或者善良风俗的情形，至于双方争议是否损害他人民事权益或损害第三人民事权益，是否对各自的消费群体和市场划分产生影响，应属于民事权益争议范畴，该争议范畴并不涉及公共秩序或者善良风俗。

3. 对苏州稻香村公司扩张适用《商标法》第十条第一款第（八）项，显然不妥

上诉人苏州稻香村公司系真正的“稻香村”老字号、真正的非物质文化遗产传承人，上诉人享有权益的老字号“稻香村”历史悠久。“稻香村”创始于

[2] 最高人民法院（2016）最高法行再7号。

1773 年的苏州，至今已有 240 多年的历史，先后经历了清、民国、新中国成立、公私合营、改革开放等重大历史时期，是我国为数不多的产品、技艺、服务得到世代传承，历史经营地点得以留存的中华老字号，是我国糕点行业持续经营历史最为悠久的品牌之一。"稻香村"所代表的"苏式糕点"技艺系我国真正的非物质文化遗产，其所蕴含的中华民族传统文化和与其关联的众多名人流传的作品并非限于"北京"或"苏州"，其所代表的文化是整个中华民族的宝贵财富。

由此，苏州稻香村公司系真正的"稻香村"老字号，其保有真正的"稻香村苏式月饼制作技艺"，是真正的非物质文化遗产传承人、糕点类"稻香村"驰名商标拥有者，苏州稻香村公司注册"稻香村集团"商标才是对"稻香村"老字号、对国家非物质文化遗产的真正传承与发展。一审判决以"稻香村集团"商标不利于维护业已形成的"稻香村"老字号的公平发展局面，对国家非物质文化遗产的发展秩序产生消极影响为由，扩张适用《商标法》第十条第一款第（八）项，显然不妥。

4. 不能轻率地以个案审查为由忽视审查一致性原则

"商标审查标准一致性"原则一直是商标授权、确权行政诉讼领域的热点话题，与之相关联的是"个案审查"原则，在司法实践中，如何考量和把握"商标审查标准一致性"与"个案审查"的适用极具研究价值和空间。"商标审查标准一致性"实质上系要求商标法的适用要具有统一性、可预期性，避免出现同案不同判的现象。具体而言，审查机关、审查程序、审查所涉及的商标标识状态以及待审案件事实是否具有差异性都是适用"商标审查标准一致性"原则所需考量的内容，基于法律适用的调适性，时空因素亦可能影响"商标审查标准一致性"原则的适用。甚至在商标绝对理由条款与相对理由条款的适用中，"商标审查标准一致性"亦可能会具有适用尺度上的差异，例如在最高人民法院所审理的"盖璞内衣"案中便着重强调了在绝对理由审查中更应秉持"商标审查标准一致性"，确保社会公众对司法预期结论的稳定性。

在"稻香村集团"案中，便涉及"绝对理由"条款的审查，事实上，商标申请主体不含"集团"文字但申请注册的商标含"集团"文字的现象是商标注册中的常见现象，在大量此类型商标获准注册的情形下，对"稻香村集团"商标的审查应当适用同样的标准来考量。例如捷荣国际有限公司曾注册"捷荣集团"商标、江中药业股份有限公司曾注册"江中集团"商标、浙江金华美邦置业有限公司曾注册"美邦集团"商标、武汉中南长城机电有限公司曾注册"长城集团”商标，等等，根据“审查标准一致性”原则，本案“稻香村集团”商标的注册亦应予维持，确保社会公众对司法结论稳定性的预期。

5. 商业诚信的秉持

北京稻香村曾两次接受苏州稻香村第352997号“稻香村”商标许可。

在糕点类商品上，苏州稻香村拥有糕点商品上在先注册的“稻香村”系列商标，取得了商标专用权，根据我国《商标法》的相关规定，包括北京稻香村在内的任何其他人未经苏州稻香村许可都不得在糕点类商品上使用与“稻香村”商标相同或者近似的商标标识。北京稻香村完全知悉其自身无糕点商品上“稻香村”的商标权利，分别于2004年以及2008年签订接受第352997号“稻香村”商标许可的《商标许可合同》，由苏州稻香村公司及前商标权人许可北京稻香村使用第352997号“稻香村”商标，许可使用期限截至2008年12月30日。

苏州稻香村许可北京稻香村使用“稻香村”商标并非私密协议，事实上，北京稻香村曾在2007年9月《北京青年报》刊登的《月饼长毛 北京稻香村为何沉默》一文的报道中公开宣称其使用“稻香村”商标系来源于苏州稻香村的授权。而本案中，“稻香村集团”商标申请日为2008年12月17日，在该时间点，北京稻香村尚在苏州稻香村商标许可期间之内，此情形下，“商标被许可人”对“商标许可人”正常的商标注册提出无效宣告，在意图及合理性上值得探讨。

本案涉及的法律要点/理论知识点

1. “不良影响”法律条款的司法适用；
2. 私权利是否属于“不良影响”条款的规制范围；
3. 个案审查与审查一致性原则；
4. “老字号”的商标保护与发展；
5. 商业诚信的秉持。

典型意义

一方面，本案对于商标行政授权确权案件中“不良影响”条款的正确理解具有较典型的意义，尤其是在北京稻香村与苏州稻香村之间商标纠纷由来已久的大背景下，二审法院在本案审理中明晰了“不良影响”条款的适用范围，排除了本不属于“不良影响”判断内容的“混淆”因素，回归了“不良影响”司法审查的本质。

另一方面，该案对“稻香村集团”维持注册，可谓“正本清源”，使得真正的240多年“稻香村”老字号获得了保护。

本案获奖/社会影响

“稻香村集团”商标案荣获2018全国律协商标业务研讨会“十佳案例”。

（编写人：田　龙）

北京市高级人民法院
行政判决书

（2018）京行终 1569 号

上诉人（原审原告）苏州稻香村食品有限公司，住所地江苏省苏州工业园区。

法定代表人沈根富，董事长。

委托代理人田龙，北京天驰君泰律师事务所律师。

委托代理人刘艳锋，北京天驰君泰律师事务所律师。

被上诉人（原审被告）国家工商行政管理总局商标评审委员会，住所地北京市西城区。

法定代表人赵刚，主任。

委托代理人马君丽，国家工商行政管理总局商标评审委员会审查员。

原审第三人北京稻香村食品有限责任公司，住所地北京市东城区。

法定代表人毕国才，董事长。

委托代理人江雨航，北京市金杜律师事务所律师。

委托代理人韩鑫海，北京市金杜律师事务所律师。

上诉人苏州稻香村食品有限公司（简称苏州稻香村公司）因商标权无效宣告请求行政纠纷一案，不服北京知识产权法院（2016）京 73 行初 4647 号行政判决，向本院提起上诉。本院 2018 年 3 月 30 日受理后，依法组成合议庭进行审理。2018 年 4 月 23 日，上诉人苏州稻香村公司的委托代理人田龙、刘艳锋，被上诉人国家工商行政管理总局商标评审委员会（简称商标评审委员会）的委托代理人马君丽，原审第三人北京稻香村食品有限责任公司（简称北京稻香村公司）的委托代理人江雨航、韩海鑫到庭接受了询问。本案现已审理终结。

北京知识产权法院查明：2008 年 12 月 17 日，苏州稻香村食品工业有限公司向国家工商行政管理总局商标局（简称商标局）提出第 7116769 号“稻香村集团”商标（简称争议商标）的注册申请，经商标局核准注册，争议商标核定使用在第 30 类“糖果；糕点；面包；月饼；年糕；粽子；元宵；谷类制品；饼干；面粉制品”商品上，专用权期限自 2010 年 7 月 14 日至 2020 年 7 月 13 日。

2015年12月4日，苏州稻香村食品工业有限公司向商标局提交关于争议商标的转让申请，受让人为苏州稻香村公司。2016年11月3日，商标局作出商标转让/移转申请不予核准通知书，以该商标已宣告无效为由不予核准转让争议商标。2015年9月22日，苏州稻香村食品厂有限公司与苏州稻香村食品工业有限公司签订吸收合并协议，吸收合并为苏州稻香村食品厂有限公司。2015年11月10日，苏州稻香村食品厂有限公司向江苏省苏州工业园区工商行政管理局进行公司名称变更登记，更名为苏州稻香村公司。

1996年1月5日，北京稻香村公司向商标局提出第1011610号商标（简称引证商标一）的注册申请，经商标局核准注册，核定使用在第30类"馅饼；烘馅饼（意大利式）；饺子；小包子；春卷；炒饭；粥"等商品上。经续展，专用权期限自2017年5月21日至2027年5月20日。

2003年2月27日，北京稻香村公司向商标局提出第3469256号商标（简称引证商标二）的注册申请，经商标局核准注册，核定使用在第30类"酵母；食用芳香剂"商品上。经续展，专用权期限自2015年3月28日至2025年3月27日。

2010年3月9日，北京稻香村公司向商标局提出第8104706号商标（简称引证商标三）的注册申请，经商标局核准注册，核定使用在第30类"可可制品；咖啡；茶；茶饮料；糖；巧克力；果冻（糖果）；南糖；蜂蜜"等商品上，专用权期限自2011年3月14日至2021年3月13日。

2014年7月18日，北京稻香村公司针对争议商标向商标评审委员会提出无效宣告申请。

2016年7月15日，商标评审委员会作出商评字［2016］第62272号《关于第7116769号"稻香村集团"商标无效宣告请求裁定书》（简称被诉裁定）。该裁定认为：本案实体问题应当适用2001年修改的《中华人民共和国商标法》（简称2001年商标法）的规定，程序问题应当适用2013年修改的《中华人民共和国商标法》（简称2013年商标法）的规定。本案的焦点问题在于：一、争议商标的注册是否"有害于社会主义道德风尚或者有其他不良影响"，构成2001年商标法第十条第一款第（八）项规定的不得作为商标使用的情形。二、争议商标的注册是否损害北京稻香村驰名商标权益，违反2001年商标法第十三条的规定。三、争议商标与引证商标一、二是否构成使用在同一种或类似商品上的近似商标，违反2001年商标法第二十八条的规定。四、争议商标的注册是否侵犯北京稻香村商号权，违反2001年商标法第三十一条"申请商标注册不得损害他人现有的在先权利”之规定。五、争议商标是否属于2001年商标法第四十一条第一款规定的“以欺骗手段或者其他不正当手段取得注册”的情形。

2001年商标法第十条第一款第（八）项“有害于社会主义道德风尚或者有其他不良影响的”规定是指商标本身文字、图形或其他构成要素违反公序良俗等而产生消极的、负面的影响，会损害我国的政治制度、政治生活、宗教、风俗习惯、公共利益、公共秩序等。本案中，争议商标为文字商标，由汉字“稻香村集团”构成。企业集团，是指以资本为主要联结纽带的母子公司为主体，以集团章程为共同行为规范的母公司、子公司、参股公司及其他成员企业或机构共同组成的具有一定规模的企业法人联合体。苏州稻香村公司虽称其已成为拥有苏州、北京和山东三大现代化生产基地，五个全资子公司、两个控股公司的集团企业，但并未提交证据证明上述事实。且至本案审理之时，其名义未予变更，并非经过相关机构登记认可的企业集团。争议商标文字与苏州稻香村公司名义存在实质性差异，易使相关公众对商品来源产生误认。其次，综览双方当事人陈述及在案证据可知，北京稻香村公司与苏州稻香村公司均与“稻香村”有着较为悠久的历史渊源，在长期并存及发展的过程中，在商标、商号及产品上均具有较高的知名度，形成了各自的消费群体和市场划分。这一局面的形成并非一朝一夕，来之不易。在市场经济条件下，双方更应以诚信为本，在尊重历史与现实、尊重市场、尊重消费者的基础上，诚实经营、公平竞争、包容发展，使“稻香村”老字号继续发扬光大。任何一方破坏、扰乱这一局面，以及可能影响消费者认知或增加市场混淆的商标注册行为都应被制止。本案苏州稻香村公司在明知不存在“稻香村”集团企业的情形下，申请注册与其名义、组织形式不符的争议商标，既易导致消费者对其商品来源产生误认，也易使消费者对目前的市场格局产生错误或混乱的认知，不利于维护业已形成的稳定的市场局面，也不利于经营者之间的公平发展。综上所述，争议商标的注册易造成不良社会影响，已构成2001年商标法第十条第一款第（八）项规定的禁止使用情形。鉴于争议商标为2001年商标法第十条第一款第（八）项规定的禁止使用的标志，苏州稻香村公司提交的关于争议商标的使用证据不能成为其具有可注册性的依据。

由前述查明事实可知，北京稻香村公司及苏州稻香村公司的“稻香村”商标、商号经过长期的宣传使用均具有一定知名度，客观上双方不同表现形式的“稻香村”标志经长期使用已形成了各自的消费群体及市场认知。此种情形下，应在尊重历史与现实的基础上，注重维护客观形成的市场格局，既不应因任何一方的商标注册使用破坏这一市场格局，也不宜将“稻香村”标识归于任何一方而排斥对方的正当使用。本案中，双方当事人的“稻香村”商标均具有一定的历史沿革及知名度，争议商标在核定使用的商品范围、商标文字表现形式上也难谓对北京稻香村公司“稻香村”商标的复制、摹仿，故本案不宜认定争议商标违反 2001 年商标法第十三条的规定。

是否构成 2001 年商标法第二十八条情形的判定虽以类似商品、近似商标为适用要件，但其立法本意在于避免相关公众对商品来源产生混淆误认。因此判断是否构成 2001 年商标法第二十八条所指情形，要根据案件的具体情况，既要考虑商标标志构成要素及其整体的近似程度，也要考虑相关商标的显著性和知名度，所使用商品的关联程度等因素，以是否容易导致混淆作为判断标准。个案中，相关商标均具有较高知名度，或者相关商标的共存是在特殊条件下形成时，还应根据两者的实际使用状况、使用历史、相关公众的认知状态、使用者的主观状态、是否存在在先商标商誉延续等因素综合判定，注意尊重已经客观形成的市场格局，实现经营者之间的包容性发展。本案中，苏州稻香村公司在申请注册争议商标之前，已在先拥有“稻香村”系列商标，指定使用的商品也涵盖了本案争议商标核定使用的商品。而北京稻香村公司注册的“稻香村”系列商标主要系特定书法体。虽然双方商标在使用商品、商标构成要素及表现形式上仅有细微差别，但由于双方均与“稻香村”老字号有着较为悠久的历史渊源，加之双方地域一南一北，在长期并存使用过程中形成了各自的产品特色及商誉，这种差别已为相关公众广泛认知，足以成为相关公众区分双方商品来源的依据。本案争议商标并未超出其在先拥有且已长期使用的商品范围，与北京稻香村公司两引证商标指定商品有所区分，在表现形式上也与北京稻香村公司引证商标有所区别，综合考虑争议商标的注册使用尚不致增加相关公众对双方商标的混淆与误认。综上，本案不宜认定争议商标违反 2001 年商标法第二十八条的规定。商标评审遵循个案原则，且北京稻香村公司所述第 5485873 号商标异议复审案的涉案商标与本案争议商标文字构成及表现形式均不同，不能作为本案判定的当然依据。

2001 年商标法第三十一条对在先商号权的适用要件不仅要求该商号的登记、使用日早于争议商标的注册申请日，在中国相关公众中具有一定知名度，还要求争议商标的注册和使用容易导致相关公众产生混淆，致使在先商号权人利益可能受到损害。北京稻香村公司在案提交的证据材料虽可表明在争议商标申请注册日之前，在争议商标指定使用的糕点等商品上北京稻香村公司已将“稻香村”作为商号使用并使之具有一定知名度，但是考虑到商号本身所具有的地域性，以及苏州稻香村公司自2004年起亦将“稻香村”作为商号使用和苏州稻香村公司受让“稻香村”商标等情况，综合本案双方历史、现实及在市场上已共存多年等情况，不能认定争议商标的申请注册构成对北京稻香村公司在先商号权的侵犯。争议商标未违反2001年商标法第三十一条“申请商标注册不得损害他人现有的在先权利”之规定。

2001年商标法第四十一条第一款所指的“以欺骗手段或者其他不正当手段”取得注册的情形适用于撤销商标注册的绝对事由，即在申请注册商标时向商标局采取了欺骗行为，或存在其他扰乱注册程序，损害公共利益、不正当占用公共资源或其他方式谋取不正当利益的手段。北京稻香村公司在案提交的证据并不足以证明争议商标是以欺骗手段或者其他不正当手段取得注册，争议商标的注册未违反2001年商标法第四十一条第一款之规定。

综上，商标评审委员会依照2001年商标法第十条第一款第（八）项，2013年商标法第四十四条第一款、第三款，第四十五条第二款，第四十六条的规定，裁定：争议商标予以无效宣告。

苏州稻香村公司不服被诉裁定，提起行政诉讼，并向原审法院提交了如下证据：1.《企业集团登记证》。2.《集团设立核准通知书》。证据1—2证明“稻香村集团”合法、真实存在。3. 含《集团章程》的股东会决议。4. 集团子公司登记信息。5.《企业名称变更核准通知书》及名称变更前后的营业执照信息。证据3—5证明“稻香村集团”登记有合法的集团章程、集团子公司。6.（2016）苏吴证民内字第563号《公证书》。7.《公司设立登记申请书》。8.《公司准予变更登记通知书》。9.“稻香村集团”《说明》。证据6—9证明苏州稻香村公司及前身既是“稻香村集团”发起人，也是“稻香村集团”子公司，苏州稻香村公司注册及使用“稻香村集团”商标具有法律依据，被诉裁定关于“稻香村集团”商标具有不良影响的认定错误。10.“稻香村集团”商标使用状况的图片。11.“稻香村集团”的报道。证据10—11证明“稻香村集团”商标的商业使用状况及所具有的高知名度的影响。12. 中国驰名商标认定批复及通知，证明2013年苏州稻香村公司的“稻香村”商标在面包、糕点上被授予“中国驰名商标”保护。13. 毕国才、刘振英的报道，证明北京稻香村公司方面，毕国才、刘振英均与稻香村不存在任何关联，均非稻香村传承人。14. 第352997号“稻香村”商标许可备案公告。15. 商标许可合同。证据14—15证明北京稻香村公司2008年1月22日经苏州稻香村公司许可使用第352997号“稻香村”商标，北京稻香村公司使用“稻香村”文字经营所产生的商誉应当归属于第352997号商标。16. 各地经销商出具的证明，证明北京稻香村的销售情况。17. “稻花香集团”“德勤税务研究学会”在先判例，证明争议商标应予维持。18. “捷荣集团”“江中集团”“美邦集团”“春新集团”“义同集团”“长城集团”等含有“集团”文字的商标档案，证明被诉裁定所称的“争议商标文字与被申请人名义存在实质性差异”的现象大量客观存在，争议商标应予维持。

商标评审委员会向原审法院提交了如下证据：1. 争议商标与引证商标的商标档案，证明各商标的基本情况。2. 苏州稻香村公司与北京稻香村公司在评审程序中提交的申请书、答辩书、证据交换意见书及证据材料复印件，证明被诉裁定是针对其申请的事实、理由和请求进行评审的，被诉裁定的作出程序合法。

北京稻香村公司向原审法院提交了如下证据：1.（2016）京国立内证字第3091号公证书。2.（2016）京长安内经证字第5673号公证书。3. 消费者的《起诉状》及证据。4. 北京卫视对“稻香村”商标乱象的专题报道。5. 报刊、网络媒体对“稻香村”商标乱象的报道。证据1—5证明苏州稻香村公司使用“稻香村集团”已造成实际的混淆误认结果发生。6. 苏州稻香村公司2008年《利润表》。7. 北京稻香村公司2006年至2011年度《损益表》和《资产负债表》。8. 北京稻香村公司2008年至2015年广告宣传支出和公益捐赠支出的专项审计报告。证据6—8证明苏州稻香村公司与北京稻香村公司的经营状况差距甚大，苏州稻香村公司以不正当手段注册“稻香村集团”商标，意图抢夺属于北京稻香村公司经营的“稻香村”品牌的市场份额。9. 北京稻香村公司的非物质文化遗产证书，证明北京稻香村公司的“京式月饼手工制作技艺”被评为“东城区级非物质文化遗产代表性项目”。10.《关于苏州糕点厂等单位更改厂名的批复》，证明苏州稻香村公司与历史文献上记载的“苏州稻香村”老店并无承继关系，也与新中国成立后设立的“稻香村食品商店”并无承继关系。11. 稻香村食品有限公司的《情况说明》，证明苏州稻香村公司的关联公司“稻香村食品有限公司”于2009年成立，至2013年尚未开展经营活动。12. 经销商关于其主体身份的证明，证明北京稻香村公司的众多经销商发生变更经营主体、重组改制等变化，这部分经销商目前主体工商登记时间晚于其作为北京稻香村公司的经销商实际开展经营的时间。13. 关于第184905号和第352997号商标转让合同纠纷的判决，证明（2011）冀民三终字第74号判决认定保定新亚公司无偿取得第184905号和第352997号商标的行为无效，但由于诉讼时效已过，没有支持涉案苏州稻香村公司要求苏州稻香村食品工业有限公司返还涉案商标的诉求。

北京知识产权法院认为：本案相关程序问题适用2013年商标法的规定，实体问题适用2001年商标法的规定。本案的焦点问题为争议商标的申请注册是否违反2001年商标法第十条第一款第（八）项“有害于社会主义道德风尚或者有其他不良影响”的规定。

首先，判断商标是否构成“其他不良影响”时，应当以商标标志或者其整体构成要素为审查对象，以商标标志本身的含义为判断依据。其次，判断商标是否构成“其他不良影响”不以商标注册申请人是否具有主观恶意为要件。“其他不良影响”作为商标法的禁用条件，是对民事法律行为与社会公共利益及公共秩序的平衡，是从社会宏观角度对社会公众个体行为的适当规制，从而实现维护社会整体利益的需要。再次，判断商标是否构成“其他不良影响”不以发生实际损害为判断标准。“其他不良影响”作为公序良俗原则在商标法中的具体体现，是为了维护公共利益和公共秩序，由于当危害社会公共利益及公共秩序的实际结果发生时，修复此种被损害社会关系的经济成本、机会成本极大，因此采取预防与指引是社会经济效应的必然选择。具体案件中，只要在案证据能够证明商标具有发生危害社会公共利益及公共秩序的可能性，就可以认定构成“其他不良影响”。

本案中，争议商标为纯文字商标“稻香村集团”。参照《企业集团登记管理暂行规定》第三条的规定，企业集团是指以资本为主要联结纽带的母子公司为主体，以集团章程为共同行为规范的母公司、子公司、参股公司及其他成员企业或机构共同组成的具有一定规模的企业法人联合体。根据在案证据可知，苏州稻香村公司、北京稻香村公司均与“稻香村”存在较为悠久的历史渊源，在长期并存及发展的过程中，双方在其各自的商标、商号及产品上均获得过荣誉、具有较高的知名度，形成了各自的消费群体和市场划分。在苏州稻香村公司、北京稻香村公司长期并存于同类商品市场的情况下，争议商标“稻香村集团”从商标标志的含义来看，易使相关公众无法区分商品的来源，分不清商品是产自苏州稻香村公司抑或北京稻香村公司，甚至可能误认为是苏州稻香村公司与北京稻香村公司共同生产的商品。争议商标的申请注册，在消费者施以一般注意力的前提下，存在发生混淆误认的可能性，对消费者造成购买困惑，损害了“糕点、面包、月饼”等此类商品消费者的公共利益，破坏了苏州稻香村公司与北京稻香村公司并存发展的现有市场秩序，不利于维护业已形成的“稻香村”老字号的公平发展局面，对国家非物质文化遗产的发展秩序产生消极、负面影响。因此，争议商标的申请注册构成了2001年商标法第十条第一款第（八）项

“有害于社会主义道德风尚或者有其他不良影响”的情形。

综上，北京知识产权法院依照《中华人民共和国行政诉讼法》第六十九条之规定，判决：驳回苏州稻香村公司的诉讼请求。

苏州稻香村公司不服原审判决，向本院提出上诉，请求撤销原审判决及被诉裁定、判令商标评审委员会重新作出裁定。主要上诉理由是：一、原审法院漏审苏州稻香村公司“稻香村集团”是否经国家合法登记。苏州稻香村公司在诉讼中提交了完整、清晰的证明文件，证明“稻香村集团”已经获得合法登记，被诉裁定所依据的事实已经发生重大变化，商标法第十条第一款第（八）项适用的基础已经不复存在。二、原审法院认定事实错误。1. 原审法院有关争议商标容易引发混淆误认的事实认定错误。2. 北京稻香村公司所谓的“中华老字号”系以欺骗方式取得，系非法证据，原审法院采纳该非法证据所作出的裁判结果不公平、不公正，应予撤销。三、原审法院适用法律错误。1. 消费者是否混淆，与不良影响条款的规范对象和立法本义不符，原审法院不适当地扩大了不良影响条款的使用范围。2. 商标法第十条第一款第（八）项仅适用于规制对公共利益和公共秩序的损害，并不适用于对民事主体之间“私权利”的规制，被诉裁定及原审判决适用法律错误。四、争议商标注册已经六年多并持续使用，形成了极高的知名度及影响力，若对争议商标予以撤销，才会真正地引发糕点产业的市场动荡，才是对争议商标全国众多经销商的不负责任。

商标评审委员会、北京稻香村公司均服从原审判决。

经审理查明：原审判决查明的事实基本清楚，有争议商标及各引证商标的商标档案、被诉裁定、当事人在诉讼中提交的证据材料和当事人陈述等证据在案佐证，本院予以确认。

本院另查明：2009 年 8 月 3 日，国家工商行政管理总局发出（国）登记内名预核字［2009］第 1261 号《企业名称预先核准通知书》，同意苏州稻香村食品工业有限公司、苏州稻香村食品厂出资设立“稻香村食品有限公司”。

2015 年 9 月 26 日的《苏州日报》A07 版刊登了落款日期为 2015 年 9 月 25 日的苏州稻香村食品厂有限公司《公司合并吸收公告》，其内容为苏州稻香村食品厂有限公司吸收苏州稻香村食品工业有限公司，苏州稻香村食品工业有限公司解散注销，苏州稻香村食品厂有限公司存续，苏州稻香村食品工业有限公司的债权债务由苏州稻香村食品厂有限公司承继。

2015 年 11 月 10 日，江苏省苏州工业园区工商行政管理局发出（05940079）公司变更［2015］第 11100003 号《公司准予变更登记通知书》，准予“苏州稻香村食品厂有限公司”企业名称变更为“苏州稻香村食品有限公司”，即本案上诉人苏州稻香村公司。

2015年12月5日，国家工商行政管理总局发出（国）名称变核内字［2015］第3650号《企业名称变更核准通知书》，同意“稻香村食品有限公司”企业名称变更为“稻香村食品集团有限公司”，并准予以该企业为核心企业组建的企业集团名称为“稻香村食品集团”，集团简称为“稻香村集团”。

2015年12月13日，江苏省苏州工业园区工商行政管理局发出（05940328）集团设立［2015］第12080001号《集团设立核准通知书》，核准“稻香村食品集团有限公司”设立，企业集团简称“稻香村集团”，母公司名称为“稻香村食品有限公司”，该企业集团自2015年12月13日起依法成立。

2016年4月11日，江苏省苏州工业区公司行政管理局发出（05940330）公司变更［2016］第04070036号《公司准予变更登记通知书》，准予“稻香村食品集团有限公司”股东/发起人由苏州稻香村食品厂有限公司、北京新亚趣香食品有限公司变更为本案的上诉人苏州稻香村公司和案外人周立源。

2016年7月15日，商标评审委员会作出本案被诉裁定。

2016年12月28日，稻香村食品集团有限公司出具说明，同意本案上诉人苏州稻香村公司注册并使用本案争议商标。

本案二审期间，苏州稻香村公司补充提交了下列六份证据[1]：

1. 1998年12月奥林匹克出版社出版的孙永安、刘子安、沈淳光著《刘振英与稻香村》（ISBN7-80067-372-3/G·262）一书内容节选，相关内容记载北京稻香村公司的创始人刘振英是在张森隆开设的东安市场内“稻香春”南味食品店做学徒，而非“稻香村”，而“稻香春”是与同时期持续经营的苏州“稻香村”知名的南味食品店，且“稻香春”至今存在，也是中华老字号，苏州稻香村公司以此证明北京稻香村对外宣称的“刘振英系稻香村传承人”是虚假的，北京稻香村公司与“稻香村”不存在任何传承关系；

2. 《“中华老字号”认定规范（试行）》；

3. 国家商务部2016年6月13日作出商公开字［2016］448号《政府信息公开答复函》，用以证明北京稻香村公司使用“馅饼、饺子”商品上的“稻香村”商标冒充“糕点”技艺上的“中华老字号”进行申报；

4. 媒体报道及北京稻香村公司官网资料打印件，用以证明北京稻香村公司

---

〔1〕 原文如此。根据下文判断，应为五份证据。——笔者注

公开认可自身使用"稻香村"商标系经过苏州稻香村公司许可，其在本案中又申请宣告争议商标无效，不仅恶意而且背离诚信；

5. 原国家质量监督检验检疫总局《政府信息公开答复书》，用以证明在2006年中国名牌产品认定中，北京稻香村公司在焙烤食品（糕点、饼干等）上使用的商标不是"稻香村"，而是"三禾"商标。

商标评审委员会、北京稻香村公司对上述证据的关联性及证明目的均不予认可。

以上事实，有苏州稻香村公司提交的相关证据在案佐证。

本院认为：《中华人民共和国立法法》第九十三条规定："法律、行政法规、地方性法规、自治条例和单行条例、规章不溯及既往，但为了更好地保护公民、法人和其他组织的权利和利益而作的特别规定除外。"本案中，争议商标于2013年商标法施行前已经核准注册，因此，本案审查争议商标是否应当予以无效宣告，应当适用2001年商标法的相关规定。

2001年商标法第十条第一款第（八）项规定，"有害于社会主义道德风尚或者有其他不良影响"的标志不得作为商标使用。审查判断有关标志是否构成具有其他不良影响的情形，应当考虑该标志或者其构成要素是否可能对我国的政治、经济、文化、宗教、民族等社会公共利益和公共秩序产生消极、负面影响。如果有关标志的注册仅损害特定民事权益，由于商标法已经另行规定了救济方式和相应程序，不宜认定其属于具有其他不良影响的情形。

具有"其他不良影响"属于标志不得作为商标使用的禁止性规定，直接限定了市场经营者选择商业标志区分商品或者服务来源的范围，因此，除非违反法律法规和司法解释的明确规定或其基本宗旨，否则在一般情况下，应当秉持较为宽松温和的审查标准，尊重市场经营者在商业标志选择方面的自主权，既要引导市场经营者选择积极向上、符合社会主义核心价值观的标志区分其商品或服务来源，又要适当包容存有一定争议但并不违反法律法规和司法解释基本宗旨的标志。该条款调整的对象主要是标志本身及其构成要素，不宜将商标使用结果所可能导致的消费者误认误购，作为具有"其他不良影响"的情形予以规制，否则，既与该条款的规范对象和立法本义不符，也将不适当地扩大该条款的适用范围。

同时，商标法第十条第一款第（八）项是对商业标志是否有碍社会公序良俗的价值判断。相对于损害特定民事主体利益而禁止商标注册的相对理由条款而言，绝对理由条款的个案衡量空间应当受到更为严格的限制，对是否有害于社会公共利益和公共秩序进行判断的裁量尺度不应变动不居。类似商标标志核准注册情况，应当作为判断其他标志是否违反商标法第十条第一款第（八）项相关规定的重要考量因素。

本案中，争议商标由“稻香村集团”文字构成，无论该标志整体，还是其构成要素，均不属于可能对我国政治、经济、文化、宗教、民族等社会公共利益和公共秩序产生消极、负面影响的情形。苏州稻香村公司提交的相关证据亦证明，包括“稻花香集团”在内的多个含有“集团”文字的商标亦已核准注册，如果对本案争议商标予以无效宣告，则明显有违商标授权确权裁判标准的一致性。因此，原审判决和被诉裁定有关争议商标的注册违反2001年商标法第十条第一款第（八）项规定的认定，属于适用法律错误，本院予以纠正。商标评审委员会应当针对争议商标的注册是否违反2001年商标法第十条第一款第（八）项的规定，重新作出裁定。

综上，原审判决法律适用错误，本院予以纠正。苏州稻香村公司的上诉理由成立，对其上诉请求本院予以支持。依照《中华人民共和国行政诉讼法》第八十九条第一款第（二）项、第三款之规定，判决如下：

一、撤销北京知识产权法院（2016）京73行初4647号行政判决；

二、撤销国家工商行政管理总局商标评审委员会商评字［2016］第62272号《关于第7116769号“稻香村集团”商标无效宣告请求裁定书》；

三、国家工商行政管理总局商标评审委员会就北京稻香村食品有限责任公司针对第7116769号“稻香村集团”商标提出的无效宣告请求重新作出裁定。

一、二审案件受理费各一百元，均由国家工商行政管理总局商标评审委员会负担（均于本判决生效之日起七日内交纳）。

本判决为终审判决。

审判长　周　波

审判员　俞惠斌

审判员　苏志甫

二〇一八年六月二十八日

书记员　金萌萌

“UC 头条” 商标驳回复审行政诉讼案

基本案情

诉讼当事人

被上诉人（原审原告）：优视科技有限公司，住所地：北京市海淀区西小口路。

上诉人（原审被告）：国家工商行政管理总局商标评审委员会，住所地：北京市西城区茶马南街。

案由

◎ **商标申请驳回复审行政纠纷**[1]

案情简介

被上诉人优视科技有限公司（以下简称优视公司）成立于2007年，是全球领先的移动互联网开放服务平台提供商。2014年6月11日，优视公司并入阿里巴巴集团，成为阿里巴巴集团旗下全资子公司，截至2018年，优视公司全球用户超过5亿，为用户提供信息导航、移动娱乐、生活服务等多领域全方位的移动互联网服务。UC是优视公司旗下核心品牌，UC浏览器是其核心产品，拥有独创的U3内核和云端架构，是全球使用量最大的第三方移动浏览器。经过十年以上的广泛使用与宣传，优视公司UC品牌已经具有极高知名度，为相关公众所熟知，与优视公司已经建立了唯一对应关系。

UC头条是优视公司旗下新闻资讯推荐平台，拥有大量的新闻资讯内容，并通过阿里大数据推荐和机器学习算法为广大用户提供优质文章。至本诉讼发生

〔1〕（2018）京行终3750号。

时，UC浏览器坐拥全球庞大用户群，信息流日均曝光量高达40亿次。依托大数据技术，UC头条可精准分析用户所在城市、年龄、性别等基本社会属性，识别每个信息受众当前时刻的兴趣喜好，真正实现“千人千面”的个性化内容推荐。

2016年1月14日，优视公司在第9类“电子出版物（可下载）”等商品上申请注册第18891658号“UC头条”商标（以下简称诉争商标），申请注册在“已录制的计算机程序（程序）；数据处理设备；光盘；平板电脑；可下载的计算机应用软件；可下载的影像文件；可下载的音乐文件；计算机游戏软件；计算机程序（可下载软件）；已录制的计算机程序；电子出版物（可下载）；计算机软件（已录制）；计算机外围设备；0907网络通讯设备；智能手机；调制解调器；0908录像带；唱片；电子监控装置；0923动画片”商品上。经审理，商标局驳回该注册申请。优视公司不服，向商标评审委员会申请复审，商标评审委员会认为：诉争商标与第11752795号“头条”商标、第13563638号“头条BYTEDANCE”商标、第15190258号“头条BYTEDANCE”商标、第18051879号“头条”商标、第3719365号“UC”商标（以下简称引证商标一至五）分别在相同或类似商品上构成近似商标，违反《商标法》第三十条的规定，决定驳回诉争商标在复审商品上的注册申请。

优视公司不服商标评审委员会决定，起诉至北京知识产权法院，一审判决支持优视公司、撤销被诉决定，商标评审委员会遂上诉至北京市高级人民法院。

案件处理结果

北京知识产权法院经审理认为：（1）诉争商标与引证商标二、三、五在构成、整体视觉效果等方面存在较大差异，未构成近似商标。（2）“头条”作为商标使用在第9类“电子出版物（可下载）”等商品上的显著性相对较弱，诉争商标“UC头条”中的“UC”并非固定英文词汇，是原告独创的臆造词，显著性较强，且具有较高知名度。（3）“UC”商标是原告优视公司的核心品牌，UC浏览器是其核心产品，“UC”商标通过长达十多年的持续使用与宣传，已具有极高知名度。由于互联网具有较强的客户黏性，当相关公众在软件或互联网领域看到诉争商标“UC头条”时，自然会联想到原告企业而非其他，况且“UC头条”本身即具有较高的知名度，而引证商标一、四“头条”在指定使用商品上的显著性相对较弱，故相关公众对诉争商标与引证商标一、四亦不会造成混淆误认，诉争商标指定使用在复审商品上的注册申请应予核准。因此，一审判决撤销被诉决定，判令被告商标评审委员会重新作出复审决定。

商标评审委员会不服一审判决，上诉至北京市高级人民法院，二审法院认为，诉争商标与引证商标在显著识别部分和整体视觉效果等方面有较大区别，不构成近似标志。此外，诉争商标经过长期使用已经取得了一定的知名度，与优视公司在"已录制的计算机程序（程序）"等商品上建立起了一定的联系，且诉争商标与引证商标一至五在标志上也存在一定区别，为保障诉争商标使用人的正当利益，应当给予诉争商标以初审公告的机会。最终，二审法院判决维持一审判决，优视公司胜诉。

律师策略与解析

代理律师认真研究了诉争商标所对应的具体产品，对互联网公司的经营形态进行了深入研究，对互联网产品的商标使用方式进行了准确定位和证据固定，进而认为"UC 头条"商标并不违反《商标法》第三十条的规定，诉争商标理应获得注册。代理律师从国家图书馆、审计部门等收集了大量证据，包括：引证商标"头条"显著性弱的证据，行业内对"头条"字样大量实际使用的证据，UC 浏览器的高市场占有率使大量用户群对"UC"有固定认知的证据，以及"UC 头条"本身已具有极高知名度的证据，以证明我们的观点。

1. "UC 头条"是优视公司独创且显著性极强的商标，诉争商标主要识别部分为"UC"

（1）"头条"本身缺乏商标显著性。"头条"属于固有中文词汇，根据《新华大字典》《现代汉语学习词典》《新闻学大辞典》《宣传舆论学大词典》《中国现代编辑学辞典》中对"头条"的解释，"头条"指头版头条，或报纸每个版面上最重要的信息，"头条"通常理解为最新、最有影响力、最受关注的新闻资讯，作为报纸上一个版上最重要的新闻稿件，通常都放在最显著的版位，并运用各种编排手段加以突出。因此，我们认为"头条"本身是新闻稿件的通用称谓，指定使用在第 9 类"电子出版物（可下载）"等商品上，本身不具有识别商品来源的作用，缺乏商标显著性。

（2）引证商标"头条"在实际使用过程中，其商标显著性被进一步淡化。引证商标权利人在实际使用引证商标的过程中，以"你关心的才是头条"作为核心广告语，而这个广告语所描述的事实就是对"头条"通用含义的叙述和使用，根本没有与商品或服务的来源相关联，是对注册商标显著性的削弱和淡化。基于此，市场上已经有数十款带有“头条”字样的资讯类 App 或软件，包括“东方头条”“财经头条”“升学头条”“养生头条”“汽车头条”“微博头条”“军事头条”“北京头条”等。目前关于“头条”商标的实际使用情况证明“头条”在资讯类 App 或软件行业内通用的事实，虽然引证商标一、二、三、四是在先注册商标，但由于先天或后天使用的原因，“头条”并非诉争商标的主要识别部分。

（3）“UC”商标由优视公司独创，具有极高知名度，识别性极强。“UC”是原告臆造的旗下核心“优视”的对应英文，由优视公司原创，具有极强显著性。2009 年 9 月 3 日，优视公司在第 9 类申请注册了第 7669874 号“UC”商标，核定使用商品：已录制的计算机程序（程序），已录制的计算机操作程序，计算机外围设备，计算机软件（已录制），电子出版物（可下载），计算机程序（可下载软件），计算机游戏软件，与外接显示屏或监视器连用的娱乐器具，（计算机用）自动电唱机。

经过持续使用与宣传，UC 作为优视公司核心品牌，已具有较高知名度，北京德众会计师事务所提供的审计报告显示，优视公司使用“UC”商标从事互联网信息服务的营业额，2016 年达到 49112.73 元。UC 浏览器是优视公司的核心产品，优视公司享有软件作品著作权，七麦数据检索显示，UC 浏览器 App 的总下载量超过 46 亿次，近 50 亿人次下载安装 UC 浏览器。

除此之外，艾瑞咨询公司于 2017 年作出的《众媒渠道下移动资讯 APP 媒体价值研究报告》[2] 显示，截止到 2017 年 7 月，UC 整体日活跃用户近亿人，其中 UC 资讯版块经过加码审计的日活超过 4600 万人，属于移动新闻资讯 App 第一梯队。

综上，诉争商标“头条”缺乏显著性，而“UC”并非固定英文词汇，是优视公司独创的臆造词，天生显著性强，当“UC”与“头条”组合到一起，由于“UC”显著性极强，而“头条”显著性极弱、不具有识别性，相关公众会通过“UC”对商品的来源进行识别，因此，诉争商标“UC 头条”的主要识别部分为“UC”。

2. 诉争商标与引证商标明显区别，不构成近似商标

本案中，诉争商标“UC 头条”由左部“UC”和右部“头条”两部分构

〔2〕《2017 年众媒渠道下移动资讯 APP 媒体价值研究报告》，艾瑞咨询，2017 年 8 月 22 日。

成，根据中国消费者的从左至右的认读习惯，诉争商标的左部"UC"是相关公众认读的首要部分，更容易识别。与引证商标一、引证商标二、引证商标三和引证商标四的文字"头条"相比，基于首字母明显不同的差异，在整体外形、含义和读音上，诉争商标与引证商标一、引证商标二、引证商标三和引证商标四区别明显，不构成近似商标。引证商标五是由一个正立的和一个右倾的大写字母"U"构成，诉争商标为四个文字商标，与引证商标仅个别字母相同，整体差异明显，在读音和含义上也区别明显，不构成近似商标。

北京市高级人民法院于2014年4月24日作出的（2014）高行终字第864号北京华联集团投资控股有限公司诉国家工商行政管理总局商标评审委员会商标申请驳回复审行政纠纷上诉案判决〔3〕中，确定商标近似比对原则：如果引证商标在相关商品或服务上显著性较弱，只要诉争商标有其他显著部分可与引证商标相区分，即使诉争商标完整包含引证商标，亦不应认定两商标构成近似商标。该近似比对原则对诉争商标完整包含引证商标的近似判断提出了一个新的思路，尤其是在被包含部分的显著性较弱的情况下，应主要考虑显著部分产生的区分效果。本案中，诉争商标"UC 头条"中"头条"商标显著性弱，其他部分"UC"是优视公司独创、显著性极强且有较高知名度的注册商标，足以与引证商标相区分，因此不应认定诉争商标与引证商标构成近似商标。

《商标审查及审理标准》〔4〕规定，商标近似是指商标文字的字形、读音、含义近似，商标图形的构图、着色、外观近似，或者文字和图形组合的整体排列组合方式和外观近似，立体商标的三维标志的形状和外观近似，颜色商标的颜色或者颜色组合近似，声音商标的听觉感知或整体音乐形象近似，使用在同一种或者类似商品或者服务上易使相关公众对商品或者服务的来源产生混淆。商标相同和近似的判定，首先应认定指定使用的商品或者服务是否属于同一种或者类似商品或者服务；其次应从商标本身的形、音、义和整体表现形式等方面，以相关公众的一般注意力为标准，采取整体观察与比对主要部分的方法，判断商标标志本身是否相同或者近似，同时考虑商标本身显著性、在先商标知名度及使用在同一种或者类似商品（服务）上易使相关公众对商品（服务）来源产生混淆误认等因素。商标局在审查商标是否构成近似或相同时，会着重看文字商标、图形商标、组合商标等在文字构成、排列顺序、图形等方面是否与

---

〔3〕（2014）高行终字第864号。

〔4〕《商标审查及审理标准（2017修订）》，国家工商行政管理总局，2017年1月4日。

他人在相同或类似的商品或服务分类里在先申请的商标近似或相同，是否易使相关公众对商品或服务的来源产生误认，从而判定商标是否相同或近似。通常情况下，商标仅由他人在先商标及本商品的通用名称、型号组成，易使相关公众对商品或者服务来源产生混淆的，判定为近似商标。因此，本案诉争商标“UC 头条”完整包含了引证商标“头条”，按照《商标审查及审理标准》一般情况下会被认定为近似商标。但是由于“头条”的商标显著性弱，“UC”的显著性强且知名度高，诉争商标的主要识别部分是“UC”，基于“UC”在互联网领域的影响力和知名度，相关公众很容易联系到原告企业而非其他，诉争商标足以与引证商标相区分。

3. 诉争商标“UC 头条”具有较高知名度，与优视公司建立了唯一对应关系，不会造成误认

首先，UC 浏览器在互联网领域的长期大量使用，已经使“UC”积累了极高的知名度，相关公众已经将 UC 与优视公司建立了唯一对应关系。由于互联网具有较强的客户黏性，相关公众在软件或互联网领域看到诉争商标“UC 头条”时，自然会联想到优视公司而非其他，不会造成混淆和误认。

其次，UC 头条是优视公司于 2015 年推出的依托 UC 浏览器的资讯分发平台。2016 年，UC 浏览器正式升级为“UC”，向“大数据新型媒体平台”全面升级，以 12 年浏览入口积累，构建内容生态基础设施，更好地反哺内容创作者。UC 头条嫁接在 UC 浏览器上，坐拥 UC 浏览器全球超 5 亿的庞大用户群，UC 头条信息流日均曝光量高达 40 亿次；依托大数据技术精准，UC 头条可分析用户城市、年龄、性别等基本社会属性，识别每个信息受众当前时刻的兴趣喜好，真正实现“千人千面”的个性化内容推荐。基于 UC 浏览器本身巨大的流量导流，UC 头条起点高、发展迅速，很快为广大用户所熟知。

在国家图书馆以“UC 头条”为关键词检索期刊和报纸的宣传报道情况，可找到关于“UC 浏览器”的报纸文献 244 篇、期刊文献 81 篇。2016 年 9 月 6 日《中国青年报》报道[5]：“根据第三方机构艾瑞咨询 2016 年 7 月发布的《众媒时代下资讯渠道价值研究报告》：‘UC 头条’以 4158 万的日活用户表现，成功进入资讯平台第一阵营。”这表明相关公众已对诉争商标“UC 头条”有了固定认知，将该商标与优视公司建立了唯一指向关系，因此，相关公众不会造成混淆的误认。

---

[5] 《UC 手机浏览器向媒体平台转型》，《中国青年报》，2016 年 9 月 6 日第 4 版。

4. 引证商标"头条"缺乏显著性，只应给予商标弱保护，不应妨碍其他同行业者的合理使用

根据商标法的相关规定，经注册的商标享有商标专用权，其他任何单位和个人未经许可不得在相同或近似的商品上注册或使用相同或近似的商标。但是，商标专用权并非不加限制的权利，也并非所有商标的保护强度都一样，应给予商标与其显著性强弱相匹配的保护强度，即显著性强则给予商标强保护，反之，显著性弱则只应给予弱保护。

本案中，引证商标"头条"虽然是注册商标，但其天生显著性缺乏，专用权的保护是受限的，因此，在商标近似比对时，应充分考虑引证商标显著性，以平衡社会公共利益为原则，不能按照惯常的商标近似判断标准去比对。若在第 9 类"电子出版物（可下载）"等商品上给予"头条"商标强保护，显然会妨碍他人的正常使用。目前使用"头条"或"××头条"作为 App 名称或简介的媒体众多，且引证商标权利人针对诸多与"头条"商标相关的使用行为并未采取任何维权措施。诸多与"头条"相关的 App 共存的事实也表明，"××头条"是可以与头条共存的，不会造成混淆和误认。第 9 类第 20699989 号"趣头条"商标已初审公告。

在代理本案过程中，由于"UC 头条"与"今日头条"具有激烈竞争关系，且诉争商标属于驳回复审未注册商标，代理律师在提交每份证据时都充分考量了该证据对双方商业竞争的影响，尽量提交公开途径可以查询到的证据或材料，以避免诉讼证据对企业经营、行业发展可能带来的不利影响或风险。

本案涉及的法律要点/理论知识点

《商标法》第 30 条的适用，即诉争商标与引证商标是否构成相同或类似商品上的近似商标的认定。

典型意义

本案援引了北京市高级人民法院于 2014 年 4 月 24 日作出的（2014）高行终字第 864 号北京华联集团投资控股有限公司诉国家工商行政管理总局商标评审委员会商标申请驳回复审行政纠纷上诉案判决中确定的商标近似比对原则：如果引证商标在相关商品或服务上显著性较弱，只要诉争商标有其他显著部分

可与引证商标相区分，即使诉争商标完整包含引证商标，亦不应认定两商标构成近似商标。该近似比对原则对诉争商标完整包含引证商标的近似判断提出了一个新的解决思路，尤其是在被包含部分的显著性较弱的情况下，得出了与《商标审查及审理标准》完全相反的结论。该近似比对原则看似与《商标审查及审理标准》结论相反，但实际上与商标近似判断是否构成“混淆”的宗旨不谋而合。本案对于近似商标判断具有指导性意义。

获奖/社会影响

本案是阿里系企业的重要商标行政授权确权案件，在“UC 头条”与“今日头条”具有激烈竞争关系的大背景下，一审法院及二审法院在本案审理时突破了目前司法实践中涉及《商标法》第三十条的驳回复审案件不考虑申请商标使用证据的通常做法，充分考量诉争商标对双方商业竞争的影响，明晰了“商标近似”条款的适用，在行业内具有重要意义。

（编写人：陈玉韩）

北京市高级人民法院
行政判决书

（2018）京行终 3750 号

上诉人（原审被告）国家工商行政管理总局商标评审委员会，住所地北京市西城区茶马南街。

法定代表人赵刚，主任。

委托代理人王珊，国家工商行政管理总局商标评审委员会审查员。

被上诉人（原审原告）优视科技有限公司，住所地北京市海淀区西小口路。

法定代表人黎直前，总经理。

委托代理人陈玉韩，北京天驰君泰律师事务所律师。

上诉人国家工商行政管理总局商标评审委员会（简称商标评审委员会）因商标申请驳回复审行政纠纷一案，不服北京知识产权法院（2018）京 73 行初 550 号行政判决，向本院提起上诉。本院于 2018 年 7 月 2 日受理本案后，依法组成合议庭进行了审理。本案现已审理终结。

2017 年 11 月 23 日，商标评审委员会依据《中华人民共和国商标法》（简称商标法）第三十条、第三十一条之规定，作出商评字［2017］第 0000144856 号《关于第 18891658 号"UC 头条"商标驳回复审决定书》（简称被诉决定），决定：驳回第 18891658 号"UC 头条"商标（简称诉争商标）在复审商品上的注册申请。

优视科技有限公司（简称优视公司）不服，向北京知识产权法院提起行政诉讼。

北京知识产权法院查明：

一、诉争商标

1. 申请人：优视公司。

2. 申请号：18891658。

3. 申请日期：2016 年 1 月 14 日。

4. 标志 UC头条

5. 指定使用商品（第 9 类、类似群 0901；0907 - 0908；0923）：数据处理设备；已录制的计算机程序（程序）等。

二、引证商标

（一）引证商标一

1. 注册人：北京字节跳动科技有限公司。

2. 注册号：11752795。

3. 申请日期：2012 年 11 月 16 日。

4. 专用权期限至 2024 年 4 月 27 日。

5. 标志 头条

6. 核定使用商品（第 9 类、类似群 0901）：已录制的计算机程序（程序）等。

（二）引证商标二

1. 注册人：北京字节跳动科技有限公司。

2. 注册号：13563638。

3. 申请日期：2013 年 11 月 19 日。

4. 专用权期限至 2025 年 4 月 13 日。

5. 标志 头条

6. 核定使用商品（第 9 类、类似群 0901）：已录制的计算机程序（程序）等。

（三）引证商标三

1. 注册人：北京字节跳动科技有限公司。

2. 注册号：15190258。

3. 申请日期：2014 年 8 月 20 日。

4. 专用权期限至 2025 年 10 月 6 日。

5. 标志 头条

6. 核定使用商品（第 9 类、类似群 0901－0904；0906－0916；0918－0924）：可下载的计算机应用软件等。

（四）引证商标四

1. 注册人：北京字节跳动科技有限公司。

2. 注册号：18051879。

3. 申请日期：2015 年 10 月 14 日。

4. 标志 头条

5. 核定使用商品（第 9 类、类似群 0901－0904；0906－0909；0912－0913；0916；0919－0924）：计算机软件（已录制）等。

（五）引证商标五

1. 注册人：杭州浙大优创科技有限公司。

2. 注册号：3719365。

3. 申请日期：2003 年 9 月 16 日。

4. 专用权期限至 2025 年 5 月 13 日。

5. 标志 UC

6. 核定使用商品（第 9 类、类似群 0902－0904；0907；0910－0911；0913－0914）：用于计算器操作仪器的机械装置等。

三、其他事实

优视公司在原审诉讼程序中提交了如下主要证据：

1. 文献复制证明；

2. （2018）京东方内民证字第 00501 号公证书；

3. （2018）京东方内民证字第 00502 号公证书；

4. （2017）京 73 行初 2696 号行政判决书；

5. 第 7669874 号"UC"商标档案；

6. 版权登记证书；

7. 审计报告；

8. （2018）京东方内民证字第 00961 号公证书；

9. 文献复制证明；

10. 文献复制证明；

11. 荣誉；

12. 《众媒渠道下移动资讯 APP 媒体价值研究报告》；

13. （2016）京行终 3326 号行政判决书；

14. 商标公告。

原审法院认为，对于优视公司提交的上述证据，属于行政程序中证据的补强证据，原审法院予以采信。

优视公司在原审庭审中明确表示对诉争商标指定使用的商品与引证商标一至五核定使用的商品构成类似商品没有异议。同时，优视公司确认本案涉及的《商标法》法条为三十条、三十一条。

北京知识产权法院认为：诉争商标在复审商品上与引证商标二、三、五未构成近似商标。UC 头条是 UC 浏览器的新闻资讯推荐分发平台，拥有大量的新闻数据源，UC 头条坐拥 UC 浏览器全球超 5 亿庞大用户群，UC 头条信息流日均曝光量高达 60 亿，UC 浏览器在互联网领域的长期大量使用，使 UC 积累了极高的知名度，相关公众已经将 UC 与优视公司建立了唯一对应关系。由于互联网具有较强的客户黏性，当相关公众在软件或互联网领域看到诉争商标“UC 头条”自然会联想到优视公司而非其他，况且“UC 头条”本身即具有较高的知名度，而引证商标一、四“头条”在指定使用商品上的显著性相对较弱，相关公众对诉争商标与引证商标一、四亦不会造成混淆误认。诉争商标与引证商标一至五共存不会导致消费者混淆误认，故诉争商标指定使用在复审商品上的注册申请应予核准。北京知识产权法院依照《中华人民共和国行政诉讼法》第六十九条之规定，判决：撤销被诉决定，商标评审委员会重新作出复审决定。

商标评审委员会不服原审判决，向本院提起上诉，请求撤销原审判决并维持被诉决定，其主要上诉理由为：1. 诉争商标与各引证商标分别构成使用在相同或者类似商品上的近似商标。2. 优视公司评审阶段提交的证据不足以证明诉争商标具有可注册性，其所称其他商标的注册情况与本案不同，不能作为申请商标获准初步审定的当然理由。

优视公司服从原审判决。

本院经审理查明：原审法院已查明的事实属实，且有诉争商标和引证商标的商标档案、被诉决定、行政阶段相关材料、优视公司在上述程序中提交的证据及当事人陈述等证据在案佐证，本院予以确认。

本院认为：商标法第三十条规定：“申请注册的商标，凡不符合本法有关规定或者同他人在同一种商品或类似商品上已经注册的或者初步审定的商标相同或者近似的，由商标局驳回申请，不予公告。”商标法第三十一条规定：“两个或者两个以上的商标注册申请人，在同一种商品或者类似商品上，以相同或者近似的商标申请注册的，初步审定并公告申请在先的商标；同一天申请的，初步审定并公告使用在先的商标，驳回其他人的申请，不予公告。”

优视公司在原审庭审中明确表示对诉争商标指定使用的商品与引证商标一

至五核定使用的商品构成类似商品没有异议，本院经审查予以确认。

商标近似是指商标文字的字形、读音、含义或者图形的构图及颜色，或者其各要素组合后的整体结构相似，或者其立体形状、颜色组合近似，易使相关公众对商品或商品的来源产生误认或者认为其来源与注册商标的商品有特定的联系。本案中，诉争商标由英文字母“UC”和汉字“头条”构成，“UC”为优视公司独创的臆造词，相较于固有中文词汇“头条”具有更强的显著性。引证商标二、三由汉字“头条”、英文“BYTEDANCE”及图形构成，但汉字“头条”字号明显较大，故其显著识别部分为“头条”。引证商标一、四由汉字“头条”构成。诉争商标与引证商标一至四在显著识别部分和整体视觉效果等方面有较大区别，未构成近似标志。引证商标五由英文字母“U”、开口向右的英文字母“U”及长方形图案组合而成，与诉争商标在构成元素及整体视觉效果等方面存在较大差异，不构成近似标志。此外，诉争商标经过长期使用已经取得了一定的知名度，与优视公司之间在已录制的计算机程序（程序）等商品上建立起了一定的联系，且诉争商标与引证商标一至五在标志上也存在一定区别，为保障诉争商标使用人的正当利益，应当给予诉争商标以初审公告的机会。综上，现有证据不能证明诉争商标与引证商标一至五并存将导致相关公众产生混淆或者误认，诉争商标与引证商标一至五未构成使用在相同或者类似商品上的近似商标。原审判决结论正确，本院予以支持。

综上所述，原审判决认定事实清楚，适用法律正确，程序合法，应予维持。依照《中华人民共和国行政诉讼法》第八十九条第一款第一项之规定，判决如下：

驳回上诉，维持原判。

一审案件受理费一百元，由国家工商行政管理总局商标评审委员会负担（于本判决生效之日起七日内交纳）；二审案件受理费一百元，由国家工商行政管理总局商标评审委员会负担（已交纳）。

本判决为终审判决。

审判长　刘晓军
审判员　蒋　强
审判员　樊　雪
二〇一八年九月二十日
书记员　田　丹
书记员　徐　帆

“大头儿子” 商标无效宣告行政诉讼案

基本案情

诉讼当事人

上诉人（原审原告）：金华大头儿子服饰有限公司，住所地：浙江省金华市婺城区城北工业园区。

被上诉人（原审被告）：国家工商行政管理总局商标评审委员会，住所地：北京市西城区茶马南街1号。

原审第三人：央视动画有限公司，住所地：北京市东城区青龙胡同1号歌华大厦10层。

案由

◎ 商标权无效宣告请求行政纠纷[1]

案情简介

1990年，儿童文学作家郑春华动笔创作了《大头儿子和小头爸爸》图书，后郑春华将该图书著作权转让至中央电视台，并授权中央电视台拍摄动画片。1994年，中央电视台《大头儿子和小头爸爸》动画片的导演崔世昱等人到刘泽岱家中，委托其为即将拍摄的《大头儿子和小头爸爸》动画片创作人物形象，刘泽岱当场用铅笔勾画了“大头儿子”“小头爸爸”“围裙妈妈”三个人物形象概念图。之后中央电视台《大头儿子和小头爸爸》动画片美术创作团队在刘泽岱创作的人物形象概念图基础上，进行了进一步的设计和再创作，制作成符合动画片标准造型的“大头儿子”“小头爸爸”“围裙妈妈”设计图以及之后的转面图、比例图等，即

[1] 北京市高级人民法院（2018）京行终4480号。

最终呈现在观众面前的“大头儿子”“小头爸爸”“围裙妈妈”三个人物形象。

1995年，中央电视台的《大头儿子和小头爸爸》动画片一经播出，便获得空前成功，不仅收获了“金鹰奖”“金童奖”“五个一工程”“最佳动画电视片奖”“电视动画节目大奖”等多项大奖，而且在海外斩获了第54届“兹林国际青少年电影节特别奖”等荣誉，并被中央中宣部、教育部和共青团中央列为向全国青少年推荐的新中国成立以来15部优秀动画片之一，为一代又一代少年儿童留下了美好的回忆，播下了智慧、快乐与健康成长的种子。

2002年，《金华日报》报道：金华大头儿子服饰有限公司（以下简称金华大头服饰公司）的股东洪亮和法定代表人朱建兰在接受该报纸采访时称，电视里正在播放《大头儿子和小头爸爸》系列动画片，看着看着，凭借年轻人的闯劲和商业敏感，洪亮迅速向国家工商总局递交了申请书，对“大头儿子”等商标提出了注册申请。据统计，自2002年起，金华大头服饰公司及其关联公司向商标局递交了几百件“大头儿子”系列商标的注册申请。

2012年，“大头儿子”“小头爸爸”“围裙妈妈”三个人物形象概念图作者刘泽岱经《大头儿子和小头爸爸》动画片的导演崔世昱介绍认识了金华大头服饰公司的股东洪亮，得知洪亮已将三个人物形象注册商标并想利用三个人物形象拍摄动画片。2012年12月，刘泽岱与洪亮签订了《著作权（角色商品化权）转让合同》，约定刘泽岱将自己创作的“大头儿子”“小头爸爸”“围裙妈妈”三件美术作品的著作权转让给洪亮，但由于年代久远，该三个概念图的底稿已丢失，洪亮并未实际取得该三个概念图的具体内容。

2013年1月，金华大头服饰公司向商标局申请注册了第12类第12056384号“大头儿子 DATOU ERZI 及图”商标（以下简称争议商标）等多件商标，2014年7月7日，该争议商标核准注册，指定使用在“自行车；电动运载工具；手推车；婴儿车；运载工具用轮胎；儿童安全座（运载工具用）；船；空中运载工具；汽车；雪橇（运载工具）”商品上。2016年10月，央视动画有限公司经中央电视台授权，向商标评审委员会提出关于争议商标的无效宣告申请。2017年12月，商标评审委员会经审理认为，争议商标图形部分侵犯了中央电视台的“大头儿子”人物形象演绎作品著作权；争议商标文字部分侵犯了中央电视台的“大头儿子”高知名度角色名称权，裁定争议商标予以无效宣告。金华大头服饰公司不服商标评审委员会无效宣告裁定，向北京知识产权法院提起诉讼，请求撤销被诉裁定。2018年6月，北京知识产权法院判决驳回金华大头服饰公司的诉讼请求，维持商标评审委员会裁定。金华大头服饰公司不服一审判决，向北京市高级人民法院提出上诉，请求撤销一审判决及被诉裁定，判令商标评审委员会重新作出裁定。

案件处理结果

2018年9月27日，北京市高级人民法院经审理认为：争议商标的申请注册损害了中央电视台对1995年版《大头儿子和小头爸爸》动画片中“大头儿子”人物形象演绎作品的著作权，亦损害了《大头儿子和小头爸爸》文字作品及1995年版《大头儿子和小头爸爸》动画片中“大头儿子”的角色名称权益，依法应予无效宣告。原审法院关于争议商标的申请注册损害了央视动画有限公司2013年版《新大头儿子和小头爸爸》动画片中人物形象演绎作品著作权和“大头儿子”角色名称权益的认定，以及争议商标的申请注册损害在先作品名称权益的认定虽有不当，但其裁判结论正确，在纠正其相关错误的基础上，法院对原审判决的结论予以维持。因此依照《中华人民共和国行政诉讼法》第一百零一条，参照《中华人民共和国民事诉讼法》第一百七十条第一款第一项、《最高人民法院关于适用〈中华人民共和国民事诉讼法〉的解释》第三百三十四条之规定，判决驳回上诉，维持原判。

律师策略与解析

本案代理律师突破以往案例限制，打破固有思维，深入领会相关法律及司法解释的精神，穷尽各种事实与理由，综合运用商标法、著作权法等相关法律法规及司法解释，扩大了角色名称的保护范围和演绎作品的保护力度。

1. 关于角色名称的保护范围

鉴于本案争议商标指定的第12类“汽车；船；空中运载工具”等商品与中央电视台的《大头儿子和小头爸爸》动画片关联度不高，因此“大头儿子”角色名称很难在上述商品上得到跨类保护。

但本案代理律师突破以往案例，积极扩大角色名称的保护范围，如“大头儿子”角色名称不是汉字固有词汇，原创性强。“大头儿子”是家喻户晓的角色名称，知名度高。《大头儿子和小头爸爸》动画片由中央电视台制作并播放，与中央电视台对应关系明确。金华大头服饰公司不仅注册了“大头儿子”商标，还以“小蝌蚪找妈妈”等多个知名动画片名称注册商标，恶意明显。由以上事实和理由说明争议商标容易导致相关公众误认为其与中央电视台存在特定联系，从而使"大头儿子"角色名称在"汽车；船；空中运载工具"等关联性不高的商品上得到了跨类保护。

2. 关于演绎作品的保护力度

本案中央电视台的"大头儿子"人物形象是刘泽岱1994年原作品的演绎作品，根据著作权法的规定，对演绎作品行使著作权时，不得侵犯原作品的著作权。

但本案代理律师认为，金华大头服饰公司无法提供其从刘泽岱处受让的原作品底稿或具体内容，金华大头服饰公司其并未实际取得原作品的具体内容，无法证明争议商标图形部分与原作品有一致性或有直接来源关系，且结合金华大头服饰公司恶意注册"大头儿子"角色名称，能够接触到中央电视台《大头儿子和小头爸爸》动画片等情况，应认定争议商标侵犯了"大头儿子"人物形象演绎作品著作权。

第一，关于角色名称的保护范围。涉案商标文字部分是否侵犯了"大头儿子""小头爸爸""围裙妈妈"高知名度角色名称权？

本案中，刘泽岱虽然用铅笔为"大头儿子""小头爸爸""围裙妈妈"三个人物形象勾画了概念图，但该作品是在相关小说和剧本基础上对人物形象的创作，并非对"大头儿子""小头爸爸""围裙妈妈"三个人物名称或《大头儿子和小头爸爸》动画片名称的创作，且该作品并未发表，没有任何知名度的积累。中央电视台《大头儿子和小头爸爸》动画片美术创作团队最终完成了"大头儿子""小头爸爸""围裙妈妈"等动画角色造型工作和整部动画片的创作，随着《大头儿子和小头爸爸》动画片的播出，"大头儿子""小头爸爸""围裙妈妈"作为动画片中的角色名称才广为人知。

《大头儿子和小头爸爸》图书曾荣获"全国优秀少儿读物一等奖""陈伯吹儿童文学大奖""宋庆龄儿童文学佳作奖"等多个奖项；《大头儿子和小头爸爸》动画片曾荣获"金鹰奖""金童奖"等多个奖项，并被中央中宣部、教育部和共青团中央列为向全国青少年推荐的新中国成立以来的15部优秀动画片之一；2013年版《新大头儿子和小头爸爸》动画片入选中共中央宣传部"五个一工程"，荣获"最佳动画电视片奖""电视动画节目大奖"等多个奖项。可见，《大头儿子和小头爸爸》图书及动画片已在全国具有较高知名度，其中的"大头儿子""小头爸爸""围裙妈妈"人物亦已为相关公众所熟悉。

"大头儿子""小头爸爸""围裙妈妈"并非固定搭配词组，随着《大头儿子和小头爸爸》动画片的广泛持续播放，"大头儿子""小头爸爸""围裙妈妈"

获得了较高的知名度，具有了明确的指向性，与《大头儿子和小头爸爸》动画片建立了直接且明确的对应关系。涉案商标中的汉字“大头儿子”“小头爸爸”“围裙妈妈”及其拼音“DATOU ERZI”“XIAOTOU BABA”“WEIQUN MAMA”与《大头儿子和小头爸爸》图书及动画片中的“大头儿子”“小头爸爸”“围裙妈妈”角色名称相同，涉案商标中的图形与《大头儿子和小头爸爸》动画片中的“大头儿子”“小头爸爸”“围裙妈妈”人物形象实质性相似。涉案商标在核定商品上的使用，容易使相关公众误认为其与“大头儿子”“小头爸爸”“围裙妈妈”角色名称具有特定联系，进而产生混淆误认。因此，涉案商标的申请注册不正当地利用了《大头儿子和小头爸爸》图书与动画片的知名度和影响力，挤占了“大头儿子”“小头爸爸”“围裙妈妈”角色名称的权利人基于该角色名称所应当享有的商业价值和交易机会。此外，除“大头儿子”“小头爸爸”“围裙妈妈”外，金华大头服饰公司还申请注册了“大头儿子的秘密计划”“小蝌蚪找妈妈”等多个商标，说明金华大头服饰公司对于知名动画片具有相当程度的认知，其申请注册行为具有明显的攀附知名动画片知名度的意图。因此，涉案商标的申请注册损害了《大头儿子和小头爸爸》文字作品及动画片中“大头儿子”“小头爸爸”“围裙妈妈”的角色名称权益。

综上所述，关于高知名度角色名称的保护，首先宜从中央电视台角色名称的原创性、知名度及对应关系等方面来论述角色名称的保护范围，原创性越强，知名度越高，对应关系越明确，则角色名称的保护范围越大。同时，宜从与金华大头服饰公司涉案商标的近似度、商品的关联性及涉案商标是否存在恶意等方面来进一步论述角色名称的保护范围，标识的近似度越高，商品的关联性越强，涉案商标的恶意越明显，则角色名称的保护范围越大。本案即是通过以上多方面论述，使中央电视台的高知名度角色名称在共计 14 个类别的相关商品上得到了保护，远超过了未注册驰名商标的保护范围。

第二，关于演绎作品的保护力度。涉案商标图形部分是否侵犯了“大头儿子”“小头爸爸”“围裙妈妈”三个人物形象演绎作品著作权？

本案中，刘泽岱于 1994 年用铅笔勾画创作了“大头儿子”“小头爸爸”“围裙妈妈”三个人物概念图，上述人物形象融入了设计者的一定审美理念，具有一定的艺术美感，整体外观具有一定的独创性，符合著作权法关于作品独创性的要求，已构成著作权法所保护的美术作品。但金华大头服饰公司未能提交刘泽岱于 1994 年创作“大头儿子”“小头爸爸”“围裙妈妈”三个人物概念图的底稿或其他证据，致使该美术作品的具体表现内容不能确定。

而中央电视台《大头儿子和小头爸爸》动画片美术创作团队在刘泽岱创作的人物概念图基础上进行了进一步的设计和再创作，最终制作成符合动画片标准造型的三个主要人物设计图以及之后的转面图、比例图等，刘泽岱并未参与上述创作活动。因此《大头儿子和小头爸爸》动画片中的"大头儿子""小头爸爸""围裙妈妈"三个人物形象是1994年刘泽岱铅笔所绘人物概念图的演绎作品，著作权归中央电视台所有。

本案涉案商标于2012年5月申请注册，涉案商标所含图形与《大头儿子和小头爸爸》动画片中"大头儿子""小头爸爸""围裙妈妈"形象在整体人物造型、基本形态等形象设计上近似程度较高，已构成实质性相似。《大头儿子和小头爸爸》动画片在涉案商标申请日之前已经创作完成并在1995年公开播放，家喻户晓，金华大头服饰公司有接触该作品的可能。

在此情况下，金华大头服饰公司应当对涉案商标与刘泽岱于1994年创作完成的美术作品之间的一致性或直接来源关系承担举证责任，但金华大头服饰公司在本案中未能提供刘泽岱于1994年创作完成的"大头儿子""小头爸爸""围裙妈妈"人物概念图底稿，亦未能提交证据证明涉案商标所含图形直接来源于该概念图。

同时，应当认定金华大头服饰公司在涉案商标中使用的图形系《大头儿子和小头爸爸》动画片中的"大头儿子""小头爸爸""围裙妈妈"形象。金华大头服饰公司未经许可，将他人享有著作权的演绎作品用于涉案商标的申请注册，损害了中央电视台对《大头儿子和小头爸爸》动画片中"大头儿子""小头爸爸""围裙妈妈"人物形象演绎作品的著作权。

关于原作品与演绎作品的冲突问题，一般认为对演绎作品的保护应受限于原作品。本案中央电视台的"大头儿子""小头爸爸""围裙妈妈"人物形象虽然是刘泽岱1994年原始创作的人物概念图的演绎作品，但鉴于金华大头服饰公司无法提供刘泽岱原作品的底稿或具体内容，无法证明涉案商标与原作品有一致性或有直接来源关系，同时，鉴于涉案商标与中央电视台的演绎作品实质性相似，且金华大头服饰公司又能够接触到《大头儿子和小头爸爸》动画片等情况，法院最终认定金华大头服饰公司的涉案商标损害了中央电视台的演绎作品著作权，给予演绎作品较大范围和较大力度的保护。

本案涉及的法律要点/理论知识点

1. 角色名称的保护范围应根据个案具体确定。

2. 演绎作品的保护力度应根据个案具体确定。

3. 诚实信用原则是商标法的基本原则。

典型意义

本案扩大了角色名称的保护范围和演绎作品的保护力度，具有较强的开创意义和参考价值。

第一，对角色名称的保护范围具有开创意义和参考价值。一般认为，对角色名称的保护范围应不超过未注册驰名商标的保护范围，但本案中央电视台《大头儿子和小头爸爸》动画片中的“大头儿子”角色名称，在争议商标“大头儿子及图”指定使用的第12类的“汽车；船；空中运载工具”等关联性不高的商品上得到了跨类保护，不仅远超未注册驰名商标的保护范围，而且超过部分已注册驰名商标的保护范围。因此，本案对角色名称的保护范围具有开创意义，并对其他同类在先权利，如作品名称权等，具有较强的参考价值。

第二，对演绎作品的保护力度具有开创意义和参考价值。一般认为，对演绎作品的保护应受限于原作品。但本案基于金华大头服饰公司从刘泽岱处受让的原作品无法提供，原作品的具体内容无法确认，无法证明金华大头服饰公司争议商标的图形部分与原作品有一致性或有直接来源关系，并基于金华大头服饰公司能够接触到中央电视台“大头儿子”人物形象演绎作品等情况，法院判决金华大头服饰公司争议商标图形部分侵犯了中央电视台的“大头儿子”人物形象演绎作品著作权。因此，本案对演绎作品的保护力度具有开创意义，并对处理演绎作品与原作品之间的冲突问题，具有较强的参考价值。

本案获奖/社会影响

1. 荣获中华全国律师协会知识产权专业委员会2018年度十佳案例。

2. 荣获中华商标协会2018—2019优秀商标代理案例。

（编写人：张晓旭）

北京市高级人民法院
行政判决书

（2018）京行终4480号

上诉人（原审原告）金华大头儿子服饰有限公司，住所地浙江省金华市婺城区城北工业园区。

法定代表人朱建兰，总经理。

委托代理人李静传，泰和泰（北京）律师事务所律师。

委托代理人赵婷，泰和泰（北京）律师事务所律师。

被上诉人（原审被告）国家工商行政管理总局商标评审委员会，住所地北京市西城区茶马南街1号。

法定代表人赵刚，主任。

委托代理人胡钊铭，国家工商行政管理总局商标评审委员会审查员。

原审第三人央视动画有限公司，住所地北京市东城区青龙胡同1号歌华大厦10层。

法定代表人蔡志军，总经理。

委托代理人张晓旭，北京天驰君泰律师事务所律师。

委托代理人杨梅，北京天驰君泰律师事务所律师。

上诉人金华大头儿子服饰有限公司（简称大头儿子公司）因商标权无效宣告请求行政纠纷一案，不服北京知识产权法院（2018）京73行初1826号行政判决，向本院提起上诉。本院于2018年8月6日受理本案后，依法组成合议庭进行了审理。本案现已审理终结。

北京知识产权法院查明：第12056384号“大头儿子DATOU ERZI及图”商标（简称争议商标），于2013年1月16日提出注册申请，于2014年7月7日被核准注册，核定使用在第12类“自行车；电动运载工具；手推车；婴儿车；运载工具用轮胎；儿童安全座（运载工具用）；船；空中运载工具；汽车；雪橇（运载工具）”商品上，商标权专用期限至2024年7月6日，现商标权人为大头儿子公司。

2016年10月25日，央视动画有限公司（简称央视动画公司）向国家工商行政管理总局商标评审委员会（简称商标评审委员会）提出商标无效宣告申请。

央视动画公司向商标评审委员会提交了下列证据（复印件）：文字作品著作权转让合同书，授权声明，《新大头儿子和小头爸爸》动画片版权登记证书，中央电视台及央视动画公司商标注册证，1996 年起至今中央电视台及各地方电视台播出证明，1998 年《大头儿子和小头爸爸》动画丛书，《大头儿子和小头爸爸》动画片历年所获荣誉，浙江省杭州市中级人民法院（2015）浙杭知终字第 358 号民事判决书，中央电视台及央视动画公司《大头儿子和小头爸爸》卡通形象登记证书，大头儿子公司 11-2013-F1733 号美术作品登记证书，《金华日报》相关报道，大头儿子公司名下商标列表，北京知识产权法院（2016）京 73 民终 946 号民事判决书等。

大头儿子公司向商标评审委员会提交了下列证据（复印件）：（2014）京方正内经证字第 02677 号《公证书》第 1—6、88—105 页，大头儿子公司及其关联公司的工商登记基本情况，刘泽岱和洪亮签署的《著作权转让合同》，著作权人为洪亮的“大头儿子”“小头爸爸”“围裙妈妈”三美术作品的《作品登记证》，杭州大头儿子文化发展有限公司（简称杭州大头儿子文化公司）工商登记基本情况资料，洪亮与杭州大头儿子文化公司间的《著作权转让合同》、申请版权登记的《作品登记受理单》和登记费缴费发票，杭州大头儿子文化公司授权大头儿子公司使用上述三件美术作品著作权的《授权书》，（2014）杭滨知初字第 634 号民事判决书，（2015）浙杭知终字第 358 号民事判决书等。

2017 年 12 月 28 日，商标评审委员会作出［2017］第 0000168242 号《关于第 12056384 号“大头儿子 DATOU ERZI 及图”商标无效宣告请求裁定书》（简称被诉裁定）。该裁定认定：争议商标由汉字“大头儿子”、字母“DATOU ERZI”及图构成，指定使用在自行车等商品上，并非仅直接表示了指定商品内容，具有作为商标识别的显著特征，能起到区分商品来源的作用，不属于 2013 年 8 月 30 日修改的《中华人民共和国商标法》（简称 2013 年商标法）第十一条所指情形。商标评审委员会经审查认为，争议商标亦不属于 2013 年商标法第十条第一款第（七）项、第（八）项、第四十四条第一款规定所指内涵范畴，央视动画公司依据上述法律规定所提理由均不成立。且依据 2013 年商标法第十四条中规定的各项因素要求，仅凭央视动画公司提交的在案证据尚不足以证明央视动画公司经授权获得的第 3071434 号“围裙妈妈及图”商标、第 3071590 号“围裙妈妈及图”商标、第 3071556 号“围裙妈妈及图”商标、第 3071554 号“围裙妈妈及图”商标、第 3071936 号“围裙妈妈及图”商标、第 3071306 号“围裙妈妈及图”商标、第3071835号“大头儿子与小头爸爸及图”商标、第3071598号“大头儿子与小头爸爸及图”商标、第3071557号“大头儿子与小头爸爸及图”商标、第3071345“大头儿子与小头爸爸及图”商标、第3071937号“大头儿子与小头爸爸及图”商标、第3071307号“大头儿子与小头爸爸及图”商标（以下统称引证商标）在争议商标申请注册前已为相关公众所熟知，故争议商标的申请注册未构成2013年商标法第十三条规定之情形。争议商标指定使用的第12类自行车等商品与诸引证商标核定使用的第9类录像带等商品、第16类图画等商品、第35类广告等服务、第38类电视播放等服务、第41类教育等服务、第42类知识产权许可等商品或服务不属于同一种或类似商品或服务，争议商标与诸引证商标未构成2013年商标法第三十条所指的情形。鉴于在案证据不足，央视动画公司关于争议商标违反2013年商标法第十五条、第三十二条“不得以不正当手段抢先注册他人已经使用并有一定影响的商标”规定的理由商标评审委员会均不予支持。

根据双方当事人的理由、事实和请求，本案争议的焦点问题可归纳为：一、争议商标的注册申请是否构成对央视动画公司在先作品名称、作品中角色名称权益的损害，从而违反了2013年商标法第三十二条的规定。二、争议商标的注册申请是否构成对央视动画公司在先著作权的损害，从而违反了2013年商标法第三十二条的规定。

关于焦点问题一。央视动画公司称争议商标的注册损害其动画片知名作品名称权、知名角色名称权。商标评审委员会认为，动画片作品名称及角色名称知名度的取得系动画片出品单位创造性的结晶，其所带来的商业价值和商业机会也是出品单位投入大量劳动和资本所获得。因此，知名动画片名称及角色名称产生的动画片播放以外的潜在交易机会和商业价值应由动画片出品单位享有，可以构成应受法律保护的合法权益。根据央视动画公司提交的证据，可以证明中央电视台将《大头儿子和小头爸爸》文字作品改编成动画片即1995年版《大头儿子和小头爸爸》进行播放，为该片出品单位，并授权央视动画公司永久使用该片的相关著作权，央视动画公司在此基础上改编推出2013年版《新大头儿子和小头爸爸》，其为2013年版《新大头儿子和小头爸爸》的出品单位。1995年版及2013年版《大头儿子和小头爸爸》经过长时间、广范围的持续播放，其动画名称“大头儿子和小头爸爸”及其中人物形象名称“大头儿子”“小头爸爸”“围裙妈妈”已为相关公众所了解，在中国大陆地区具有较高的知名度和识别力。该动画名称和角色名称中的“大头儿子”“小头爸爸”“围裙妈妈”等词汇均非汉语中常用词组搭配，具有较强独创性和显著性，争议商标显著文字部分“大头儿子”及其对应拼音“DATOU ERZI”与央视动画公司享有较高知名度的动画名称中的显著识别部分之一及角色名称之一“大头儿子”文字构成、呼叫相同。争议商标核定使用的婴儿车、手推车等商品亦为动画作品出品单位开拓相关衍生品的通常选择之一。在此情况下，争议商标在其指定商品上注册使用，容易导致相关公众误认为其经过权利人的许可或与权利人存在特定联系。大头儿子公司申请注册争议商标的行为不当利用了央视动画公司知名动画片《大头儿子和小头爸爸》的知名度及影响力，挤占了央视动画公司基于该动画片名称及其人物形象名称而享有的市场优势地位和交易机会，故争议商标的注册侵犯了央视动画公司动画作品名称及作品中的角色名称所享有的在先权益，构成了2013年商标法第三十二条规定的“申请商标注册不得损害他人现有的在先权利”情形。

关于焦点问题二。我国著作权法保护权利人对其创作的作品享有的在先著作权，包括原始创作的作品和演绎作品。从商标评审委员会查明事实可知，杭州大头儿子文化公司经受让享有刘泽岱于1994年创作的“大头儿子”“小头爸爸”“围裙妈妈”三幅美术作品的著作权，后该公司将“大头儿子”“小头爸爸”“围裙妈妈”三人物形象美术作品的著作权授权予本案大头儿子公司永久使用。而中央电视台享有1995年版动画片、央视动画公司享有2013年版动画片演绎作品的著作权。该演绎作品中区别于原始作品的独创性部分，仍享有著作权权利。

大头儿子公司主张其申请注册争议商标系来自杭州大头儿子文化公司的合法授权，据此，需要将争议商标包含的显著图形部分与杭州大头儿子文化公司享有著作权的原始创作美术作品和央视动画公司享有演绎作品著作权的“大头儿子”动画形象进行比对，以判断其更接近于哪一份作品。首先，大头儿子公司对其提出的争议商标所含图形是依据刘泽岱于1994年创作的“大头儿子”美术作品形象而来的情况负有举证的义务。大头儿子公司在案未能提交刘泽岱于1994年创作的美术作品的载体，致使该作品的具体表现内容不能确定，无法证明争议商标所含图形来源于刘泽岱于1994年创作的“大头儿子”美术作品，故大头儿子公司应承担举证不能的法律后果。其次，从（2015）浙杭知终字第358号民事判决书中认定事实可知，刘泽岱于1994年创作的“大头儿子”美术作品系用铅笔勾画的人物形象正面图，为黑白铅笔画；而央视动画公司享有演绎作品著作权的动画形象是进行过进一步的设计和再创作，符合动画片标准造型的人物设计图、转面图、比例图等，二者存在明显差异。经比对，争议商标所含图形与央视动画公司享有演绎作品著作权的动画形象在整体人物造型、基本形态等方面极为相近，构成实质性相似。在案证据表明，央视动画公司"大头儿子"动画形象在先已经进行了长时间、大范围的播放宣传，大头儿子公司具有接触到央视动画公司"小头爸爸"动画形象的可能性。大头儿子公司申请注册争议商标虽获得了原作品著作权人的许可，但刘泽岱作为原始作品创作人未对该作品进行单独发表，亦没有任何知名度的积累，大头儿子公司在明知"大头儿子、小头爸爸、围裙妈妈"的知名度系由中央电视台及央视动画公司积累而来的情况下，将央视动画公司的知名作品名称和与其演绎作品极为相近似的图形组合申请注册争议商标，违背诚实信用原则精神，损害了央视动画公司享有的在先著作权，故大头儿子公司注册和使用争议商标的行为已构成 2013 年商标法第三十二条规定的"申请商标注册不得损害他人现有的在先权利"之情形。综上，央视动画公司无效宣告理由部分成立。依照 2013 年商标法第三十二条、第四十五条第一款、第二款和第四十六条的规定，商标评审委员会裁定：争议商标予以无效宣告。

大头儿子公司不服被诉裁定，于法定期限内向北京知识产权法院提起诉讼。

原审诉讼中，大头儿子公司向法院提交了下列证据（复印件）：争议商标注册证，（2014）杭滨知初字第 636 号民事判决书，（2015）浙杭知终字第 358 号民事判决书，（2016）浙民申 3074 号民事裁定书，（2017）浙杭之证字第 9493 号公证书，关于人物形象图是否为手绘原图复印件相关问题的专家意见，刘泽岱与洪亮签署的《著作权（角色商品化权）转让合同》及补充协议，（2014）浙杭钱证内字第 15429 号公证书，刘泽岱出具的《关于本人与洪亮签订〈著作权（角色商品化权）转让合同之补充协议〉的几点说明》，洪亮与杭州大头儿子文化公司签署的著作权转让合同及补充协议，杭州大头儿子文化公司授权大头儿子公司使用"大头儿子"美术作品的授权书，"大头儿子"系列产品手册、书包宣传册、系列展会及产品照片、童装系列打样设计底稿，央视 1995 年版动画、2013 年版动画与刘泽岱 1994 年手绘图形象比对表，关于央视 1995 年版动画是刘泽岱 1994 年手绘图演绎作品的专家论证意见及介绍等。

央视动画公司向法院提交了下列证据（复印件）：1995 年版动画片两季人物造型设计对比图，委托制作动画片协议，动画片出品方制作方署名，中国动画学会说明，关于《大头儿子小头爸爸》角色设计复印件意见函、制作技术意见函等。

北京知识产权法院认为：根据在案证据，1995 年版《大头儿子和小头爸爸》导演等人到刘泽岱家中，委托其为即将拍摄的 1995 年版《大头儿子和小头爸爸》动画片创作人物形象，刘泽岱当场用铅笔勾画了"大头儿子""小头爸爸""围裙妈妈"三个人物形象正面图。刘泽岱进行创作的内容是"大头儿子""小头爸爸""围裙妈妈"三个人物形象正面图，且系在相关剧本及文字作品基础上对三个人物形象创作了正面图，并非对三个人物的名称或动画片的名称进行创作，其并不享有三个人物名称或动画片名称的著作权，其后也无权将三个人物名称或动画片名称的著作权转让予大头儿子公司。

本案中，中央电视台将《大头儿子和小头爸爸》文字作品改编成动画片即 1995 年版《大头儿子和小头爸爸》进行播放，为该片出品单位，并授权央视动画公司永久使用该片的相关著作权，央视动画公司在此基础上改编推出 2013 年版《新大头儿子和小头爸爸》，其为 2013 年版《新大头儿子和小头爸爸》的出品单位。1995 年版及 2013 年版《大头儿子和小头爸爸》经过长时间、广范围的持续播放，使得其动画名称"大头儿子和小头爸爸"及其中人物形象名称"大头儿子""小头爸爸""围裙妈妈"已为相关公众所了解，在中国大陆地区具有较高的知名度和识别力。该动画名称和角色名称中的"大头儿子""小头爸爸""围裙妈妈"等词汇均非汉语中常用词组搭配，具有一定的独创性和显著性，争议商标显著文字部分"大头儿子"及对应拼音"DATOU ERZI"与央视动画公司享有较高知名度的动画名称及角色名称之一"大头儿子"的文字相同。在此情况下，争议商标在其指定商品上注册使用，容易导致相关公众的混淆误认，故争议商标的注册侵犯了央视动画公司动画作品名称及作品中的角色名称所享有的在先权益，构成了 2013 年商标法第三十二条规定的情形。商标评审委员会的认定正确，大头儿子公司的主张没有事实和法律依据，不予支持。

本案中，杭州大头儿子文化公司经受让享有刘泽岱于 1994 年创作的"大头儿子""小头爸爸""围裙妈妈"三幅美术作品的著作权，后该公司将"大头儿子""小头爸爸""围裙妈妈"三人物形象美术作品的著作权授权予大头儿子公司永久使用。而中央电视台享有 1995 年版动画片、央视动画公司享有 2013 年版动画片演绎作品的著作权。2013 年版动画片演绎作品中区别于原始作品的独创性部分，仍享有著作权权利，应归央视动画公司所有。根据在案的北京知识产权法院（2016）京 73 民终 946 号民事判决书，1995 年版动画片中"大头儿子"人物形象与 2013 年版动画片中"大头儿子"人物形象相比，在头部形状、头发、眼睛方面基本一致，眼角睫毛的位置和形状略有区别；1995 年版动画片中人物眉毛较细，2013 年版动画片中人物眉毛较粗；1995 年版动画片中人物嘴部没有牙齿，2013 年版动画片中人物嘴部有牙齿。1995 年版动画片中“小头爸爸”人物形象与2013 年版动画片中“小头爸爸”人物形象相比，在头部形状、眼镜、眼睛、鼻子方面基本一致，在头发、眉毛、耳朵方面存在区别；1995 年版动画片中人物头发较为平整，2013 年版动画片中人物头发为吹起；1995 年版动画片中人物眉毛较细、耳朵较小，2013 年版动画片中人物眉毛较粗、耳朵较大。1995 年版动画片中“围裙妈妈”人物形象与2013 年版动画片中“围裙妈妈”人物形象相比，在头发、睫毛、眼睛、鼻子、耳朵方面存在区别；1995 年版动画片中人物脸型较圆、眉毛较粗，2013 年版动画片中人物耳朵和嘴较大、脸颊有腮红。

大头儿子公司主张争议商标所含图形是依据刘泽岱于 1994 年创作的“大头儿子”美术作品授权使用的，但大头儿子公司在案未能提交刘泽岱于 1994 年创作的美术作品的载体，致使该作品的具体表现内容不能确定，无法证明争议商标所含图形来源于刘泽岱于 1994 年创作的“大头儿子”美术作品。大头儿子公司主张其与刘泽岱 2013 年 8 月 8 日签订的补充协议所列附件为刘泽岱于 1994 年创作的美术作品底稿，但该附件仅为复印件，且协议签订于 2013 年 8 月 8 日，在央视动画公司主张上述美术作品底稿的人物形象与 1995 版动画片第二季的人物形象相同、与 1995 版动画片第一季的人物形象不同的情况下，现有证据不能证明该协议所列附件为刘泽岱于 1994 年创作的美术作品底稿。

争议商标所含图形与央视动画公司享有演绎作品著作权的动画形象在整体人物造型、基本形态等方面较为相近，构成实质性相似。争议商标的注册申请侵犯了中央电视台享有 1995 年版动画片、央视动画公司享有 2013 年版动画片中人物形象演绎作品的著作权，构成了 2013 年商标法第三十二条规定的情形。大头儿子公司的主张没有事实和法律依据，法院不予支持。

北京知识产权法院依照《中华人民共和国行政诉讼法》第六十九条之规定，判决：驳回大头儿子公司的诉讼请求。

大头儿子公司不服原审判决，向本院提起上诉，请求撤销原审判决，改判支持大头儿子公司的全部诉讼请求。其主要上诉理由是：一、原审判决有关争议商标的申请注册侵害了央视动画公司动画作品名称及动画作品中角色名称所享有的在先权益的认定，属于事实认定错误和法律适用错误；二、原审判决有关争议商标的申请注册侵害央视动画公司在先作品中人物形象著作权的认定属于事实认定错误；原审判决有关央视动画公司在先权利的认定属于事实认定错误和法律适用错误。

商标评审委员会和央视动画公司服从原审判决。

经审理查明：原审法院查明事实属实，且有争议商标的商标档案、注册商标无效宣告申请书、被诉裁定、各方当事人在商标评审阶段和原审诉讼阶段提交的证据材料及当事人陈述等证据在案佐证，本院对此予以确认。

本院另查，1995年4月25日，中央电视台动画部（甲方）与上海科学教育电影制片厂（乙方）签订《委托制作动画片协议书》，约定甲方委托乙方制作动画系列片《大头儿子和小头爸爸》，乙方制作的动画片及动画片中的所有创作，其版权全部归甲方独家所有；乙方创作人员享有署名权，但乙方及乙方的创作人员不得用动画片及动画片中的创作作品进行出售、发表、许可他人使用等一切营利性及非营利性活动。

2000年11月6日，中央电视台青少节目中心（甲方）与上海东方动画有限公司（乙方）签订《委托制作动画片协议书》，约定甲方委托乙方制作动画系列片《大头儿子和小头爸爸》，乙方制作的动画片及动画片中的所有创作，其版权全部归甲方独家所有；乙方创作人员享有署名权，但乙方及乙方的创作人员不得用动画片及动画片中的创作作品进行出售、发表、许可他人使用等一切营利性及非营利性活动。

中央电视台出具《授权声明》，声明中央电视台享有《大头儿子和小头爸爸》动画片及"大头儿子""小头爸爸""围裙妈妈"等人物形象的著作权，同时享有第3071557号、第3071598号、第3071937号、第3071345号、第3071307号、第3071835号商标专用权及相关民事权利。自央视动画公司成立之日起，中央电视台许可央视动画公司在全国范围使用前述动画片、人物形象、商标，同时授权央视动画公司对《大头儿子和小头爸爸》动画片及人物形象进行改编、编辑和演绎，并在相关维权案件中主张《大头儿子和小头爸爸》动画片、人物形象的著作权、商标权及相关民事权利，许可期限为永久。

2012年4月12日，郑春华（甲方）与央视动画公司（乙方）签订《文字作品著作权转让合同书》，约定甲方将其所拥有的《大头儿子和小头爸爸》的著作权转让予乙方，但保留文字作品（不含影视作品剧本及其一切衍生作品之文学剧本）的发表权、署名权、修改权、保护作品完整权、发行权、翻译权和汇编权，《大头儿子和小头爸爸》所延伸的所有衍生产品的著作权（不包括甲方署名权）由乙方所有。

2012年12月14日，刘泽岱与洪亮签订《著作权（角色商品化权）转让合同》，约定刘泽岱将“大头儿子”“小头爸爸”“围裙妈妈”作品的著作权转让给洪亮，转让金额人民币三万元；刘泽岱应提供作品的原型图。

2013 年 8 月 8 日，央视动画公司（甲方）与刘泽岱（乙方）签订《〈大头儿子和小头爸爸〉美术造型委托制作协议补充协议》，该协议载明，20 世纪 90 年代中期，甲方通过崔世昱邀请乙方参与 1995 年版动画片其中主要人物造型的创作；甲方以委托创作的方式有偿取得了“大头儿子”“小头爸爸”“围裙妈妈”三个人物造型除署名权以外的全部著作权，并据此制作了 156 集的 1995 年版动画片；乙方收取了相关的委托创作费用，除享有“大头儿子”“小头爸爸”“围裙妈妈”三个人物造型的署名权外，不再享有《大头儿子和小头爸爸》动画片中相关造型的其他任何权利。甲乙双方于 2013 年 1 月 4 日签署的《〈大头儿子和小头爸爸〉美术造型委托制作协议》合法有效，双方应继续履行各自未尽合同义务。乙方保证从未接受其他任何第三方的委托另行创作“大头儿子”“小头爸爸”“围裙妈妈”三个人物造型及其他与《大头儿子和小头爸爸》相关的造型作品。乙方保证从 20 世纪 90 年代至今，从未通过转让、许可使用或任何方式授权第三方取得或使用“大头儿子”“小头爸爸”“围裙妈妈”及其他与《大头儿子和小头爸爸》相关的造型作品。经查，该合同所附图为复印件，人物形象为 1995 年版《大头儿子和小头爸爸》动画片的“大头儿子”“小头爸爸”“围裙妈妈”。

2014 年 3 月 10 日，洪亮（甲方）与杭州大头儿子文化公司（乙方）签订《著作权转让合同》，约定甲方将“大头儿子”“小头爸爸”“围裙妈妈”三幅美术作品的著作权转让给杭州大头儿子文化公司。

2017 年 10 月 25 日，刘泽岱（甲方）与洪亮（乙方）签订《著作权（角色商品化权）转让合同之补充协议》，第三条约定：“现将本人 1994 年最初创作的作品的原稿图（见附件）提供给乙方。”经查，该合同所附图为复印件，人物形象为 1995 年版《大头儿子和小头爸爸》动画片的“大头儿子”“小头爸爸”“围裙妈妈”。

2017 年 10 月 25 日，洪亮（甲方）与杭州大头儿子文化公司（乙方）签订《著作权转让合同之补充协议》，第三条约定：“现将刘泽岱本人 1994 年最初创作的作品的原稿图（见附件）提供给乙方。”经查，该合同所附图为复印件，人物形象为 1995 年版《大头儿子和小头爸爸》动画片的“大头儿子”“小头爸爸”“围裙妈妈”。

浙江省杭州市中级人民法院（2015）浙杭知终字第 358 号民事判决查明，

1994年，动画片《大头儿子和小头爸爸》（1995年版）导演崔世昱、制片汤融、上海科学教育电影制片厂副厂长席志杰三人到刘泽岱（当时刘泽岱作为上海美术电影制片厂工作人员，借调到上海科学教育电影制片厂工作）家中，委托其为即将拍摄的1995年版动画片创作人物形象。刘泽岱当场用铅笔勾画了“大头儿子”“小头爸爸”“围裙妈妈”三个人物形象正面图，并将底稿交给了崔世昱。当时双方并未就该作品的著作权归属签署任何书面协议。崔世昱将底稿带回后，1995年版动画片美术创作团队（包括当时从事人物造型设计和台本设计工作的证人周某）在刘泽岱创作的人物概念设计图基础上，进行了进一步的设计和再创作，最终制作成了符合动画片标准造型的三个主要人物形象即“大头儿子”“小头爸爸”“围裙妈妈”的标准设计图以及之后的转面图、比例图等。刘泽岱未再参与之后的创作。刘泽岱创作的底稿由于年代久远和单位变迁，目前各方均无法提供。2012年12月14日，刘泽岱与洪亮签订《著作权（角色商品化权）转让合同》后，刘泽岱将崔某提供的标准设计图交付给洪亮。2013年1月23日，洪亮向浙江省版权局申请作品登记，取得11-2013-F-1732号作品登记证书，该证书载明作品名称：围裙妈妈。该案庭审中，经刘泽岱、崔世昱、周某确认，洪亮进行著作权登记的作品并非刘泽岱原始创作的人物概念图，而是1995年版动画片美术创作团队创作的标准设计图，与刘泽岱创作的原稿存在一定的区别。因此，杭州大头儿子文化公司通过受让取得、并在该案中主张著作权保护的作品应是刘泽岱1994年创作的“围裙妈妈”美术作品，而非洪亮于2013年1月23日通过作品登记取得的11-2013-F-1732号作品登记证书中所记载的作品。

北京知识产权法院（2016）京73民终946号民事判决认定，刘泽岱与央视动画公司签订的《〈大头儿子和小头爸爸〉美术造型委托制作协议》《〈大头儿子和小头爸爸〉美术造型委托制作协议补充协议》合法有效，双方均应依约履行。

除争议商标外，大头儿子公司还申请注册了多个“大头儿子”“小头爸爸”“围裙妈妈”“大头儿子的秘密计划”“小蝌蚪找妈妈”等商标。

上述事实，有《委托制作动画片协议书》、《文字作品著作权转让合同书》、《著作权（角色商品化权）转让合同》、《〈大头儿子和小头爸爸〉美术造型委托制作协议》、《〈大头儿子和小头爸爸〉美术造型委托制作协议补充协议》、《著作权转让合同》、《著作权（角色商品化权）转让合同之补充协议》、《著作权转让合同之补充协议》、（2015）浙杭知终字第358号民事判决、（2016）京73民终946号民事判决等证据在案佐证。

本院认为：《中华人民共和国立法法》第九十三条规定：“法律、行政法规、地方性法规、自治条例和单行条例、规章不溯及既往，但为了更好地保护公民、法人和其他组织的权利和利益而作的特别规定除外。”本案争议商标的核准注册日期早于2014年5月1日，根据法不溯及既往原则，本案实体问题应适用2001年10月27日修改的《中华人民共和国商标法》（简称2001年商标法），程序问题应适用2013年商标法进行审理。原审判决和被诉裁定在实体问题上适用2013年商标法进行审理有误，本院予以纠正。

2001年商标法第三十一条规定：“申请商标注册不得损害他人现有的在先权利，也不得以不正当手段抢先注册他人已经使用并有一定影响的商标。”2013年商标法第三十二条的规定与2001年商标法第三十一条的规定完全相同。2013年商标法第四十五条第一款规定：“已经注册的商标，违反本法第十三条第二款和第三款、第十五条、第十六条第一款、第三十条、第三十一条、第三十二条规定的，自商标注册之日起五年内，在先权利人或者利害关系人可以请求商标评审委员会宣告该注册商标无效。对恶意注册的，驰名商标所有人不受五年的时间限制。”因此，在先权利人或者利害关系人认为已经注册的商标违反2001年商标法第三十一条规定的，可以在法定期限内依照2013年商标法第四十五条第一款的规定，提出无效宣告请求。

《最高人民法院关于审理商标授权确权行政案件若干问题的规定》第十九条规定：“当事人主张诉争商标损害其在先著作权的，人民法院应当依照著作权法等相关规定，对所主张的客体是否构成作品、当事人是否为著作权人或者其他有权主张著作权的利害关系人以及诉争商标是否构成对著作权的侵害等进行审查。商标标志构成受著作权法保护的作品的，当事人提供的涉及商标标志的设计底稿、原件、取得权利的合同、诉争商标申请日之前的著作权登记证书等，均可以作为证明著作权归属的初步证据。商标公告、商标注册证等可以作为确定商标申请人为有权主张商标标志著作权的利害关系人的初步证据。”第二十二条第一款规定：“当事人主张诉争商标损害角色形象著作权的，人民法院按照本规定第十九条进行审查。”

著作权法第十二条规定：“改编、翻译、注释、整理已有作品而产生的作品，其著作权由改编、翻译、注释、整理人享有，但行使著作权时不得侵犯原作品的著作权。”

《中华人民共和国著作权法实施条例》第四条第八项规定：“美术作品，是指绘画、书法、雕塑等以线条、色彩或者其他方式构成的有审美意义的平面或者立体的造型艺术作品。"

本案中，刘泽岱于1994年用铅笔勾画创作了"大头儿子""小头爸爸""围裙妈妈"三个人物概念图，上述人物形象融入了设计者的一定审美理念，具有一定的艺术美感，整体外观具有一定的独创性，符合著作权关于作品独创性的要求，已构成著作权法所保护的美术作品。上述事实已经得到（2015）浙杭知终字第358号民事判决的确认，各方当事人对此亦未提出异议，本院对该事实再次予以确认。大头儿子公司主张，其经杭州大头儿子文化公司授权取得了"大头儿子""小头爸爸""围裙妈妈"三个人物形象的美术作品著作权，但大头儿子公司在本案中未能提交刘泽岱于1994年创作"大头儿子""小头爸爸""围裙妈妈"三个人物概念图的底稿或其他证据，致使该美术作品的具体表现内容不能确定。洪亮进行著作权登记的作品并非刘泽岱原始创作的人物概念图，而是1995年版《大头儿子和小头爸爸》动画片美术创作团队创作的标准设计图，与刘泽岱创作的原稿存在一定的区别，因此该证据亦不能作为刘泽岱1994年创作的人物概念图的认定依据。

1995年版《大头儿子和小头爸爸》动画片美术创作团队在刘泽岱创作的人物概念图基础上进行了进一步的设计和再创作，最终制作成了符合动画片标准造型的三个主要人物设计图以及之后的转面图、比例图等，刘泽岱并未参与上述创作活动。中央电视台动画部与上海科学教育电影制片厂于1995年所签《委托制作动画片协议书》中明确约定，上海科学教育电影制片厂制作的动画片及动画片中的所有创作，其版权全部归中央电视台动画部独家所有。因此，中央电视台享有1995年版《大头儿子和小头爸爸》动画片的著作权。该动画片中"大头儿子""小头爸爸""围裙妈妈"三个人物形象是1994年刘泽岱铅笔所绘人物概念图的演绎作品，中央电视台为该演绎作品的作者，对该演绎作品享有著作权，该动画片"大头儿子""小头爸爸""围裙妈妈"三个人物形象中区别于刘泽岱1994年人物概念图的独创性部分，其著作权归中央电视台所有。

根据中央电视台的授权声明，中央电视台许可央视动画公司在全国范围内使用1995年版《大头儿子和小头爸爸》动画片人物形象、商标，中央电视台授权央视动画公司对1995年版《大头儿子和小头爸爸》动画片及人物形象进行改编、编辑和演绎，并在相关维权案件中主张《大头儿子和小头爸爸》动画片、人物形象的著作权、商标权及相关民事权利。此后，央视动画公司改编推出2013年版《新大头儿子和小头爸爸》动画片，其享有2013年版《新大头儿子和小头爸爸》动画片的著作权以及该动画片中"大头儿子""小头爸爸""围裙妈妈"三个人物形象演绎作品的著作权，该动画片中"大头儿子""小头爸爸""围裙妈妈"三个人物形象中区别于刘泽岱1994年人物概念图和1995年版《大头儿子和小头爸爸》动画片相关人物形象的独创性部分，其著作权归央视动画公司所有。

央视动画公司在本案中提交的登记日期为2013年11月4日的作品登记证书载明了1995年版《大头儿子和小头爸爸》动画片中"大头儿子""小头爸爸""围裙妈妈"的人物形象；登记日期为2014年1月21日的作品登记证书载明了2013年版《大头儿子和小头爸爸》动画片中"大头儿子""小头爸爸""围裙妈妈"的人物形象，上述证书中登记的人物形象是央视动画公司主张其涉案权利的基础。

演绎作品是演绎者在原作品基础上创作出来的具有独创性的新作品，是在原作品基础上进行的二度创作，其中同时包含了原作品作者和演绎者的创造性劳动。因此，他人使用演绎作品，应当同时取得原作品著作权人和演绎作品著作权人的许可。

本案中，争议商标于2013年1月16日申请注册。争议商标所含图形与央视动画公司主张演绎作品著作权的1995年版《大头儿子和小头爸爸》动画片中"大头儿子"形象在脸型、发型、表情等形象设计上近似程度较高，已构成实质性相似。1995年版《大头儿子和小头爸爸》动画片中的"大头儿子"形象在争议商标申请日之前已经创作完成并在1995年版《大头儿子和小头爸爸》动画片中公开播放，大头儿子公司具有接触该作品的可能。在此情况下，大头儿子公司主张争议商标中的"大头儿子"人物形象系来自于刘泽岱于1994年创作完成的美术作品，而非对央视动画公司本案主张著作权的演绎作品即《大头儿子和小头爸爸》动画片中"大头儿子"形象的使用，大头儿子公司应当对争议商标与刘泽岱于1994年创作完成的美术作品之间的一致性或直接来源关系承担举证责任。但大头儿子公司在本案中未能提供刘泽岱于1994年创作完成的"大头儿子"人物概念图底稿，亦未能提交证据证明争议商标所含图形直接来源于该概念图，因此依据本案现有证据无法确认其所称的刘泽岱于1994年创作完成的"大头儿子"人物概念图底稿的具体内容，亦无法确认争议商标中的图形直接来源于刘泽岱于1994年创作完成的"大头儿子"人物概念图底稿。同时，基于前述争议商标与央视动画公司本案主张著作权的《大头儿子和小头爸爸》动画片中"大头儿子"形象高度近似和大头儿子公司能够接触到该作品的事实，在大头儿子公司不能尽到举证责任的情况下，应当认定大头儿子公司在争议商标中使用的图形系《大头儿子和小头爸爸》动画片中的“大头儿子”形象。大头儿子公司未经许可，将他人享有著作权的演绎作品用于争议商标的申请注册，损害了央视动画公司对1995年版《大头儿子和小头爸爸》动画片中“大头儿子”人物形象演绎作品的著作权，构成2001年商标法第三十一条所指“申请商标注册不得损害他人现有的在先权利”的情形。央视动画公司经中央电视台授权，作为利害关系人对争议商标提出无效宣告请求合法有据，被诉裁定据此对争议商标予以无效宣告，结论正确，大头儿子公司的相关上诉理由不能成立，本院不予支持。

《最高人民法院关于审理商标授权确权行政案件若干问题的规定》第二十二条第二款规定：“对于著作权保护期限内的作品，如果作品名称、作品中的角色名称等具有较高知名度，将其作为商标使用在相关商品上容易导致相关公众误认为其经过权利人的许可或者与权利人存在特定联系，当事人以此主张构成在先权益的，人民法院予以支持。”

本案中，刘泽岱虽然为“大头儿子”“小头爸爸”“围裙妈妈”三个人物形象用铅笔勾画了概念图，但该作品是在相关小说和剧本基础上对人物形象的创作，并非对“大头儿子”“小头爸爸”“围裙妈妈”三个人物名称或《大头儿子和小头爸爸》动画片名称的创作，且该作品并未进行单独发表，没有任何知名度的积累。中央电视台、央视动画公司《大头儿子和小头爸爸》动画片美术创作团队最终完成了“大头儿子”“小头爸爸”“围裙妈妈”等动画角色造型工作和整部动画片的创作，随着《大头儿子和小头爸爸》动画片的播出，“大头儿子”“小头爸爸”“围裙妈妈”作为动画片中的角色名称为相关公众广为知晓。

央视动画公司享有《大头儿子和小头爸爸》小说除发表权、署名权、修改权、保护作品完整权、发行权、翻译权、汇编权之外的其他著作权，享有2013年版《大头儿子和小头爸爸》动画片的著作权等相关权利。中央电视台授权央视动画公司代其主张1995版《大头儿子和小头爸爸》动画片的著作权等相关权利。郑春华所著《大头儿子和小头爸爸》曾荣获“全国优秀少儿读物一等奖”“陈伯吹儿童文学大奖”“宋庆龄儿童文学佳作奖”等多个奖项；1995年版《大头儿子和小头爸爸》动画片曾荣获“金鹰奖”“金童奖”等多个奖项，并被中共中央宣传部、教育部和共青团中央列为向全国青少年推荐的新中国成立以来的十五部优秀动画片之一；2013年版《大头儿子和小头爸爸》动画片入选中共中央宣传部“五个一工程”，荣获“最佳动画电视片奖”“电视动画节目大奖”

等多个奖项。可见，《大头儿子和小头爸爸》文字作品及动画片已在全国具有较高知名度，其中的“大头儿子”“小头爸爸”“围裙妈妈”人物亦已为相关公众所熟悉。在郑春华已将文字作品的相关著作权转让予央视动画公司，中央电视台已将1995年版《大头儿子和小头爸爸》动画片的相关权利授权央视动画公司进行主张的情况下，央视动画公司对《大头儿子和小头爸爸》文字作品及动画片中“大头儿子”“小头爸爸”“围裙妈妈”的角色名称有权主张相关权益，该权益属于2001年商标法第三十一条所述“在先权利”的涵盖范畴。

“大头儿子”“小头爸爸”“围裙妈妈”并非固定搭配词组，随着《大头儿子和小头爸爸》动画片的广泛持续播放，“大头儿子”“小头爸爸”“围裙妈妈”获得了较高的知名度，具有了明确的指向性，与《大头儿子和小头爸爸》动画片建立了直接且明确的对应关系。争议商标中的汉字“大头儿子”及其拼音“DATOU ERZI”与《大头儿子和小头爸爸》文字作品及1995年版《大头儿子和小头爸爸》动画片中“大头儿子”的角色名称相同，争议商标中的儿童头像与1995年版《大头儿子和小头爸爸》动画片中的“大头儿子”人物形象实质性相似。争议商标在核定商品上的使用，容易使相关公众误认为争议商标核定使用的商品来源于“大头儿子”角色名称的利害关系人或与其具有特定联系，进而产生混淆误认。因此，争议商标的申请注册不正当地利用了《大头儿子和小头爸爸》文字作品和1995年版《大头儿子和小头爸爸》动画片的知名度和影响力，挤占了“大头儿子”角色名称利害关系人基于该角色名称所应当享有的商业价值和交易机会。此外，除“大头儿子”“小头爸爸”“围裙妈妈”外，大头儿子公司还申请注册了“大头儿子的秘密计划”“小蝌蚪找妈妈”等多个商标，说明大头儿子公司对于知名动画片具有相当程度的认知，其申请注册行为具有明显的攀附知名动画片知名度的意图。因此，争议商标的申请注册损害了《大头儿子和小头爸爸》文字作品及1995年版《大头儿子和小头爸爸》动画片中“大头儿子”的角色名称权益，构成2001年商标法第三十一条所指“申请商标注册不得损害他人现有的在先权利”的情形，被诉裁定据此对争议商标予以无效宣告，结论正确，大头儿子公司的相关上诉理由不能成立，本院不予支持。

综上，争议商标的申请注册损害了中央电视台对1995年版《大头儿子和小头爸爸》动画片中“大头儿子”人物形象演绎作品的著作权，亦损害了《大头儿子和小头爸爸》文字作品及1995年版《大头儿子和小头爸爸》动画片中“大头儿子”的角色名称权益。

“大头儿子”及其对应拼音“DATOU ERZI”并非《大头儿子和小头爸爸》

文字作品及动画片的作品名称，故争议商标的申请注册未损害《大头儿子和小头爸爸》文字作品及动画片的作品名称权益。被诉裁定和原审判决的相关认定有误，本院予以纠正。大头儿子公司有关争议商标的申请注册未侵害在先作品名称权益的上诉理由成立，本院予以支持。

综上，争议商标的申请注册损害了中央电视台对1995年版《大头儿子和小头爸爸》动画片中“大头儿子”人物形象演绎作品的著作权，亦损害了《大头儿子和小头爸爸》文字作品及1995年版《大头儿子和小头爸爸》动画片中“大头儿子”的角色名称权益，依法应予无效宣告。原审法院关于争议商标的申请注册损害了央视动画公司2013年版《新大头儿子和小头爸爸》动画片中人物形象演绎作品著作权和“大头儿子”角色名称权益的认定，以及争议商标的申请注册损害在先作品名称权益的认定虽有不当，但其裁判结论正确，在纠正其相关错误的基础上，本院对原审判决的结论予以维持。依照《中华人民共和国行政诉讼法》第一百零一条，参照《中华人民共和国民事诉讼法》第一百七十条第一款第一项、《最高人民法院关于适用〈中华人民共和国民事诉讼法〉的解释》第三百三十四条之规定，判决如下：

驳回上诉，维持原判。

一、二审案件受理费各一百元，均由金华大头儿子服饰有限公司负担（均已交纳）。

本判决为终审判决。

审判长　周　波
审判员　苏志甫
审判员　俞惠斌
二〇一八年九月二十七日
书记员　李晓琳

“中国黄金” 商标无效宣告行政诉讼案

基本案情

诉讼当事人

上诉人（原审原告）：刘京华，女，汉族，1983 年 12 月 16 日出生，住湖南省湘乡市。

被上诉人（原审被告）：国家工商行政管理总局商标评审委员会，住所地：北京市西城区茶马南街 1 号。

原审第三人：中国黄金集团公司，住所地：北京市东城区柳荫公园南街 1 号。

案由

◎ **商标权无效宣告请求行政纠纷**[1]

案情简介

中国黄金集团公司（现更名为中国黄金集团有限公司）成立于 1979 年 7 月 21 日，是我国中央直属的大型国有企业，“中国黄金”作为其字号经国务院批准并合法登记注册。

2006 年 5 月 22 日，中国黄金集团公司在第 14 类申请注册“中国黄金”商标，2011 年 3 月 7 日被商标评审委员会核准注册，注册号为 5366862，核定使用商品为：贵重金属锭、仿金制品等商品（类似群 1401－1403）。

2010 年 12 月 16 日，中国黄金集团黄金珠宝有限公司（现更名为中国黄金集团黄金珠宝股份有限公司）成立，系中国黄金集团公司子公司，经中国黄金

〔1〕 北京市高级人民法院（2018）京行终 4713 号。

集团公司许可使用“中国黄金”字号及“中国黄金”商标，经过多年的持续经营和宣传推广，“中国黄金”品牌在我国黄金珠宝行业具有很高的知名度和影响力，通过自营及授权许可等加盟方式，已经在全国发展超过2000家“中国黄金”店，使用“中国黄金”商标的黄金商品在全国广泛销售，销售量、市场占有率均处于我国同行业首位。中国黄金集团公司获得了快速发展，成为我国黄金珠宝行业规模最大的企业之一，“中国黄金”成为我国知名黄金珠宝品牌，被认定为驰名商标。

随着“中国黄金”知名度提高，出现大量“搭便车、傍名牌”涉嫌侵权、不正当竞争的行为，针对多种侵犯“中国黄金”商标权利的情况，代理律师在全国范围内进行全面、深入调查、分析，制定了“以点带面、釜底抽薪、分类快速制止”的“商标保护策略”，在香港高等法院起诉涉嫌侵权的公司，在内地特定区域选择起诉特定加盟商，合理使用中国商标行政保护手段，辅以刑事举报等手段，在不到2年的时间内打赢了多起侵权诉讼，制止了近千家侵权店面“搭便车”。

本案中的上诉人刘京华，在全国通过加盟等方式开设大量珠宝店，并在第14类珠宝首饰商品标签、包装及店面门头、装潢装饰、宣传用语中突出使用“中国黄金珠宝”商标。针对前述行为，中国黄金集团公司在湖南、广东等地提起商标侵权诉讼。

2016年3月10日，刘京华对中国黄金集团公司第5366862号“中国黄金”商标（以下简称诉争商标）提出无效宣告请求，认为该商标包含“中国”“黄金”文字，违反《商标法》第十条规定，系通用名称不具有显著性，且违反《商标法》第十一条等规定。

2017年1月13日，商标局作出商评字［2017］第2187号《关于第5366862号“中国黄金”商标无效宣告请求裁定书》（以下简称第2187号裁定），国家知识产权局以诉争商标未违反《商标法》（2001）第十条第一款第（一）项、第十一条第一款第（一）项的规定为由，裁定诉争商标予以维持。

刘京华不服第2187号裁定，依法提起商标行政诉讼。

案件处理结果

2018年3月28日，北京知识产权法院经审理认为：本案相关实体问题的审理适用2001年《商标法》，本案相关程序问题的审理适用2003年《商标法》。

本案中，诉争商标虽然含有我国国家名称"中国"及其英文翻译"China"，但该标志还有其他构成要素"黄金"及图形等，标志在整体上并未构成与我国国家名称相同或者相近似，且在案证据显示，"中国黄金"被相关行政机关批复同意作为中国黄金公司企业名称的简称，"China Gold"系中国黄金公司的英文简称，上述中英文简称经中国黄金公司长期使用，在与其经营范围一致的贵金属锭等商品上已经与其产生了稳定的对应关系，形成了明显有别于国家名称的其他含义。因此，诉争商标的申请注册未违反2001年《商标法》第十条第一款第（一）项的规定。

诉争商标由中文"中国黄金"、英文"China Gold"及图形部分组合而成，而非仅有"黄金"及"Gold"，且诉争商标的文字部分作为中国黄金公司的企业简称，整体上具有区分商品来源的特定含义和显著特征，不属于《商标法》第十一条第一款第（一）项规定的"仅有本商品的通用名称"之情形。中国黄金公司评审阶段和诉讼中提交的证据可以证明，诉争商标经使用已经具有较高的知名度，与中国黄金公司形成了稳固的对应关系，这种对应关系进一步增强了诉争商标的显著性。因此，诉争商标的申请注册未违反《商标法》第十一条第一款第（一）项的规定。

此外，刘京华关于中国黄金公司涉嫌垄断和不正当竞争的主张，与诉争商标的申请注册无关，不属于本案的审理范围，依法不予支持。据此，北京知识产权法院判决驳回刘京华的诉讼请求。刘京华不服，上诉到北京市高级人民法院。

北京市高级人民法院经审理认为，原审判决认定事实清楚，适用法律正确，程序合法，刘京华的上诉主张不能成立，判决驳回上诉，维持原判。

律师解析

代理律师深入调研新中国成立后我国整个黄金产业的历史、中国黄金集团的历史，黄金珠宝的行业特点，带有"中国"及"国"字头商标注册及保护情况等，调取近万页书面证据，提交"中国黄金"数十年证据材料，提出"中国黄金"作为字号、商标在我国具有"国家性、唯一性、一致性、长期性、广泛性和高知名度"等特点，相比普通商标是更具有"显著性的商标"。"中国黄金"不仅不违反我国《商标法》立法宗旨及相关规定，还应当获得注册及保护。

1. 中国黄金集团公司是我国黄金行业的龙头企业，具有国家性和唯一性

第一，我国长期对黄金产业实行严格的国家管理体制。我国在黄金矿资源所有权上通过《中华人民共和国矿产资源法》（以下简称《矿产资源法》）等法律规定黄金矿资源属于国家所有。在黄金矿开采上，国务院将黄金矿列为实行保护性开采的特定矿种，并通过《矿产资源法》规定实行有计划的开采，未经国家黄金管理局批准，任何单位和个人不得开采，实行严格的国家控制。为此，我国建立了从黄金勘探、开采、冶炼到黄金成品的研发销售等由国家主导的黄金产业，这也是我国国家领导性最强的行业之一。

第二，中国黄金集团公司长期代表国家履行黄金矿产勘探、开采、冶炼、产品研发及销售等职能，是我国黄金产业的奠基者和领导者，在我国黄金行业具有领导地位。

第三，申请人中国黄金集团公司经国务院批准以“中国黄金”作为企业名称，在我国具有国家性和唯一性。

第四，中国黄金集团公司通过多年高速发展，维持了其在我国黄金行业的领导性和唯一性。

2. 诉争商标是图形及文字组合商标，其整体具有较强的显著性

诉争商标由图形和中文“中国黄金”及其英文构成，由中国黄金集团公司在1979年设计完成。诉争商标图形由英文字母“G”变形而来。诉争商标文字“中国黄金”及其英文是中国黄金集团公司长期使用的企业简称。诉争商标整体与中国黄金集团公司形成了极强的对应性，具有较强的显著性，明显区别于“中国”所代表的国家名称，能够起到区别商品来源的作用。根据我国《商标法》第八条规定，“任何能够将自然人、法人或者其他组织的商品与他人的商品区别开的可视性标志，包括文字、图形、字母、数字、三维标志和颜色组合，以及上述要素的组合，均可以作为商标申请注册”，故诉争商标应予核准注册。

3. 中国黄金集团公司使用诉争商标在我国具有唯一性、一致性、长期性、广泛性和高知名度，已经获得了更强的显著性

（1）中国黄金集团公司使用、注册诉争商标在我国具有唯一性。中国黄金集团公司的企业名称经国务院批准使用，受我国法律的保护，其他人不得使用，因此在我国具有唯一性。“中国黄金”是中国黄金集团公司的企业名称简称，从其成立至今，该名称使用已有40年的历史，我国公众包括我国黄金行业从业者、消费者、行政部门等也长期以“中国黄金”称呼中国黄金集团公司。1979

年至今，中国黄金集团公司是我国同行业中唯一将“中国黄金”作为商标使用在“黄金”产品上的企业。

（2）中国黄金集团公司使用诉争商标已经40年，具有一致性、广泛性和长期性。中国黄金集团公司经营范围与系争商标核定使用商品具有一致性。且1979—2019年，中国黄金集团公司在黄金等商品上连续使用诉争商标已经40年。这40年来，中国黄金集团公司及其关联企业将诉争商标广泛用于产品包装、营业场所、工作手册、销售单据、促销赠品、宣传册、广告、报刊、展位灯箱等，使诉争商标与相关公众长期、频繁接触，诉争商标与中国黄金集团公司已形成对应关系，为相关公众所接受和认可。公众将诉争商标视为中国黄金集团公司使用在“黄金”等商品上的商标，从而显著区别于“中国”所表示的国名，起到了区别商品来源的作用。相关公众已经将诉争商标和中国黄金集团公司及其生产的“黄金”等商品形成了唯一、特定的联系。

（3）诉争商标通过中国黄金集团公司大量销售黄金产品和广告宣传，已经在我国具有较高知名度。中国黄金集团公司近几年根据国家黄金制度的改革、国家产业政策及消费者理财投资需要，成为我国唯一获得国务院批准的能在国际上以“借金还金”的形式进行黄金贷款的试点企业。中国黄金集团公司还在我国建立了覆盖面最全的黄金销售、回收网络，成为我国唯一一家全面实行“投资储值、随时变现”的黄金企业。

4. 应当遵循行政行为一致性的原则核准诉争商标注册

商标评审委员会在以往审查中核准了大量类似本案情况的商标注册。如：第4279688号“中国五矿及图”商标、第3970467号“中国信保”商标、第1905428号“中国石化及图”商标、第4360587号“中国石油及图”商标、第5115350号“中国华能”商标等。国家知识产权局对商标的审查虽然遵循“个案审查原则”，但审查标准应是一致的，应当遵循行政行为一致性的原则，对诉争商标予以注册。

本案涉及的法律要点/理论知识点

1. 带有“中国”商标的禁用条款的司法适用；
2. “通用名称”禁注条款的司法适用；
3. 含“中国”及首字为“国”字商标的审查审理标准；
4. 法不溯及既往原则的司法适用。

典型意义

广义上来说，我国的央企目前共分为四大门类，分别为：实业类央企、金融类央企、文化类央企以及行政类央企，上述类型的央企，我国共有 126 家。央企涉及能源、石油、钢铁、化工、电力、航空航天、汽车、地产等实业，也涉及金融、文化和行政等诸多领域。商标是我国国有企业重要的国有资产，其注册和保护是我国深化改革、实施“中国品牌战略”的重要课题。

从商业层面看，本案对中央企业以及带有“中国”“国”字头商标确权、保护、管理及运营均具有借鉴意义。从商标行政管理层面看，本案直接推动和影响了商标局关于带有“中国”及“国”字头商标注册办法的出台。从司法实践层面看，厘清了民事诉讼中多种法律关系，包括对带有“中国”及“国”字头商标如何进行司法保护，此类商标是否构成“通用名称”及是否具有显著性，他人使用带有“中国”及“国”字头商标的行为是否为“合理使用”等。

（编写人：刘艳锋）

北京市高级人民法院
行政判决书

（2018）京行终4713号

上诉人（原审原告）刘京华，女，汉族，1983年12月16日出生，住湖南省湘乡市。

委托代理人文萁，北京恒都（深圳）律师事务所律师。

委托代理人王宇，北京恒都律师事务所律师。

被上诉人（原审被告）国家工商行政管理总局商标评审委员会，住所地北京市西城区茶马南街1号。

法定代表人赵刚，主任。

原审第三人中国黄金集团公司，住所地北京市东城区柳荫公园南街1号。

法定代表人宋鑫，董事长。

委托代理人刘艳锋，北京天驰君泰律师事务所律师。

委托代理人田龙，北京天驰君泰律师事务所律师。

上诉人刘京华因商标权无效宣告请求行政纠纷一案，不服北京知识产权法院（2017）京73行初1936号行政判决，向本院提起上诉。本院于2018年8月17日受理后，依法组成合议庭进行了审理。本案现已审理终结。

北京知识产权法院查明：

一、诉争商标

1. 注册人：中国黄金集团公司（简称中国黄金公司）。

2. 注册号：5366862。

3. 申请日期：2006年5月22日。

4. 注册日期：2011年3月7日。

5. 标志：中国黄金 China Gold

6. 核定使用商品（第14类；类似群1401－1403）：贵重金属锭、仿金制品等商品。

二、被诉裁定：商评字［2017］第 2187 号《关于第 5366862 号“中国黄金”商标无效宣告请求裁定书》。

被诉裁定作出时间：2017 年 1 月 13 日。

国家工商行政管理总局商标评审委员会（简称商标评审委员会）以诉争商标未违反 2001 年 10 月 27 日修改的《中华人民共和国商标法》（简称 2001 年商标法）第十条第一款第（一）项、第十一条第一款第（一）项的规定为由，裁定诉争商标予以维持。

三、其他事实

中国黄金公司评审阶段提交了《国务院关于组建中国黄金集团公司有关问题的批复》、审计报告、广告宣传材料等证据，证明中国黄金公司是经国务院批准设立并经国家工商行政管理部门依法登记的企业，主要从事黄金等矿产资源的勘探、开采以及黄金产品的深加工等经营项目，诉争商标经长期宣传使用已与中国黄金公司产生对应关系。

此外，中国黄金公司在原审诉讼阶段还提交了他案判决、荣誉证书、刘京华侵权证据和国务院国有资产监督管理委员会对中国黄金公司公司章程的批复，证明诉争商标的知名度及其与中国黄金公司的对应关系已被生效判决所确认，“中国黄金”和“China Gold”被批准作为中国黄金公司的中英文简称，刘京华具有明显恶意抢注、攀附中国黄金公司知名商标的意图。

刘京华向原审法院提交了其他商标档案、网络打印文件等证据，证明诉争商标因含有“中国”“China”字样曾被国家工商行政管理总局商标局驳回，中国黄金公司还曾在多个商品和服务类别申请注册“中国黄金”商标，均被驳回。

北京知识产权法院认为：2013 年 8 月 30 日修改的《中华人民共和国商标法》（简称 2013 年商标法）已于 2014 年 5 月 1 日施行，鉴于诉争商标的核准注册、被诉裁定的作出以及本案的审理跨越了 2001 年商标法和 2013 年商标法的施行期间，故本案涉及商标法修改前后的法律适用问题。因诉争商标为 2014 年 5 月 1 日商标法修改决定施行前已经核准注册的商标，且本案涉及对诉争商标的注册是否符合商标注册实体条件的评价，故依据法律不溯及既往的基本原则，本案相关实体问题的审理适用 2001 年商标法。因刘京华向商标评审委员会申请商标无效宣告时 2013 年商标法已施行，故本案相关程序问题的审理适用 2013 年商标法。

本案中，诉争商标虽然含有我国国家名称“中国”及其英文翻译“China”，但该标志还有其他构成要素“黄金”及图形等，标志在整体上并未构成与我国国家名称相同或者相近似，且根据在案证据显示，“中国黄金”被相关行政机关批复同意作为中国黄金公司企业名称的简称，“China Gold”系中国黄金公司的英文简称，上述中英文简称经中国黄金公司长期使用，在与其经营范围一致的贵金属锭等商品上已经与其产生了稳定的对应关系，形成了明显有别于国家名称的其他含义。因此，诉争商标的申请注册未违反2001年商标法第十条第一款第（一）项的规定。

诉争商标由中文“中国黄金”、英文“China Gold”及图形部分组合而成，而非仅有“黄金”及“Gold”，且诉争商标的文字部分作为中国黄金公司的企业简称，整体上具有区分商品来源的特定含义和显著特征，不属于2001年商标法第十一条第一款第（一）项规定的“仅有本商品的通用名称”之情形。中国黄金公司评审阶段和诉讼中提交的证据可以证明，诉争商标经使用已经具有较高的知名度，与中国黄金公司形成了稳固的对应关系，这种对应关系进一步增强了诉争商标的显著性。因此，诉争商标的申请注册未违反2001年商标法第十一条第一款第（一）项的规定。

此外，刘京华关于中国黄金公司涉嫌垄断和不正当竞争的主张，与诉争商标的申请注册无关，不属于本案的审理范围，依法不予支持。

综上，北京知识产权法院依照《中华人民共和国行政诉讼法》第六十九条之规定，判决：驳回刘京华的诉讼请求。

刘京华不服原审判决，向本院提起上诉，请求撤销原审判决和被诉裁定。其主要上诉理由为：一、诉争商标含有“中国”及“China”，属于2001年商标法第十条第一款第（一）项所规定的不得作为商标使用的情况；二、诉争商标中的“黄金”“Gold”文字为商品的通用名称，图形部分含有形似“金条”的图案为商品的通用图形，且诉争商标并未经使用而获得显著特征，故诉争商标不具有显著性，违反2001年商标法第十一条第一款第（一）项之规定。综上，诉争商标应予宣告无效。

商标评审委员会、中国黄金公司服从原审判决。

经本院审理查明，诉争商标核定使用在“贵金属锭、未加工或半加工贵金属、铂（金属）、贵金属合金、仿金制品、贵金属艺术品、银制工艺品、镀金物品、未加工的金或金箔、装饰品（珠宝）”商品上。

原审法院查明的其他事实属实，且有诉争商标档案，被诉裁定，当事人在商标评审阶段及诉讼阶段提交的证据材料及当事人陈述在案佐证，本院予以确认。

本院认为：本案的争议焦点在于诉争商标的注册是否违反2001年商标法第十条第一款第（一）项以及2001年商标法第十一条第一款第（一）项的规定。

根据2001年商标法第十条第一款第（一）项的规定，同中华人民共和国的国家名称、国旗、国徽、军旗、勋章相同或者近似的，以及同中央国家机关所在地特定地点的名称或者标志性建筑物的名称、图形相同的标志不得作为商标使用。上述法律规定中所指同中华人民共和国的国家名称相同或者近似，是指该标志作为整体同我国国家名称相同或者近似。如果该标志含有与我国国家名称相同或者近似的文字，而其与其他要素相结合，作为一个整体已不再与我国国家名称构成相同或者近似的，则不宜认定为同中华人民共和国国家名称相同或者近似的标志。

本案中，诉争商标由中文“中国黄金”、英文单词“China Gold”及图形组成，其中“中国黄金”是中国黄金公司企业名称的简称。作为商标标志整体，虽然诉争商标中含有“中国”二字，但“中国黄金”、“China Gold”与图形相结合，诉争商标已形成一个整体，其整体外观、传递的含义明显有别于我国国家名称，故诉争商标不属于与我国国家名称构成相同或者近似的标志，原审判决和被诉裁定关于诉争商标的注册不违反2001年商标法第十条第一款第（一）项规定的认定并无不当。

2001年商标法第十一条第一款第（一）项规定，仅有本商品的通用名称、图形、型号的标志，不得作为商标注册。《最高人民法院关于审理商标授权确权行政案件若干问题的规定》第七条规定：“人民法院审查诉争商标是否具有显著特征，应当根据商标所指定使用商品的相关公众的通常认识，判断该商标整体上是否具有显著特征。商标标志中含有描述性要素，但不影响其整体具有显著特征的；或者描述性标志以独特方式加以表现，相关公众能够以其识别商品来源的，应当认定其具有显著特征。”

本案中，诉争商标由“中国黄金”“China Gold”及图形组合而成。虽然“黄金”系一种特定贵金属的通用名称，但其并非诉争商标核定使用的全部商品，且诉争商标标志还包含了其他构成要素，整体上并不属于仅由其核定使用商品的通用名称、图形、型号构成的标志。因此，诉争商标的注册并未违反2001年商标法第十一条第一款第（一）项的规定。被诉裁定和原审判决的认定结论正确，本院予以维持。刘京华的上诉理由不能成立，对其上诉请求，本院不予支持。

综上所述，原审判决认定事实清楚，适用法律正确，程序合法，应予维持。

刘京华的上诉主张不能成立，对其上诉请求，本院不予支持。依照《中华人民共和国行政诉讼法》第八十九条第一款第（一）项之规定，判决如下：

驳回上诉，维持原判。

一、二审案件受理费各一百元，均由刘京华负担（均已交纳）。

本判决为终审判决。

审判长　周　波

审判员　苏志甫

审判员　俞惠斌

二〇一八年十月三十一日

书记员　李晓琳

“兰州牛肉拉面” 商标无效宣告行政诉讼案

基本案情

诉讼当事人

上诉人（原审被告）：国家工商行政管理总局商标评审委员会，住所地：北京市西城区。

上诉人（原审第三人）：王金勇。

被上诉人（原审原告）：兰州商业联合会，住所地：甘肃省兰州市城关区。

案由

◎ **商标权无效宣告请求行政纠纷**[1]

案情简介

“兰州牛肉拉面”是兰州的城市名片、兰州最具代表性的餐饮品牌，对于弘扬民族餐饮文化，提升西部地区经济发展具有重要意义。

2007年兰州市政府主办了首届“中国兰州牛肉拉面节”，由兰州市商贸委承办，其间通过媒体面向全国征集“兰州牛肉拉面商标”图案，共收到来自全国30个省、市、自治区、直辖市的参选作品449件，之后，兰州市政府组织有关部门、专家学者、行业代表和企业代表组成评审小组，经过两轮评选，初步确定了20件作品，通过新闻媒体公开面向兰州市民进行投票评选，根据市民投票结果选出4件得票最高的作品，最终确定了商标及图案。

2010年3月，“兰州牛肉拉面 Lanzhou Niurou Lamian 及图”商标 获

---

〔1〕 北京市高级人民法院（2018）京行终6256号。

准注册，为"兰州牛肉拉面"这一金字招牌走向全国、走向世界奠定了坚实的法律基础，也为促进整个拉面产业化发展撑起了一把"保护伞"，"兰州牛肉拉面 Lanzhou Niurou Lamian 及图"商标的成功注册在兰州乃至全国市场亮出了"兰州牛肉拉面"的形象标识，对整个拉面产业的健康、可持续发展有积极意义。

2016 年 10 月，王金勇以"兰州牛肉拉面 Lanzhou Niurou Lamian 及图"商标缺乏显著性为由对该商标提出无效宣告请求，2017 年 11 月商标评审委员会经审理以"兰州牛肉拉面 Lanzhou Niurou Lamian 及图"商标整体缺乏显著性，不易被相关公众作为商标识别为由，对该商标无效宣告。

"兰州牛肉拉面 Lanzhou Niurou Lamian 及图"商标被无效宣告引发兰州广大市民的极大关注，"兰州牛肉拉面"不仅是兰州的城市名片，分布在全国的上万家"兰州牛肉拉面"馆（店）更是带动了西部地区 60 多万人口就业。不可否认，"兰州牛肉拉面 Lanzhou Niurou Lamian 及图"商标对于促进"兰州牛肉拉面"规范化、品牌化、国际化，促进西部地区社会就业，促进西部经济发展具有重要的支撑与推动作用。如若"兰州牛肉拉面 Lanzhou Niurou Lamian 及图"商标被实质性无效宣告，无疑将对已经逐步规范起来的拉面行业形成损害，致使已形成产业规模的"拉面经济"陷入极大困境。

商标评审委员会针对"兰州牛肉拉面 Lanzhou Niurou Lamian 及图"商标无效宣告裁定作出后，兰州商业联合会就该案提起商标行政诉讼。

案件处理结果

北京知识产权法院经审理认为：争议商标的图形部分占据争议商标整体的大部分内容，且其图形具有独特的设计，使用在争议商标所指定使用的服务上具有显著性。且争议商标整体经过长期、广泛的宣传使用，能够使相关公众区分服务来源，其整体显著性进一步得到了加强，因此，争议商标整体上具有显著性，可以作为商标注册。2018 年 8 月，北京知识产权法院作出（2018）京 73 行初 911 号行政判决，撤销商标评审委员会所作出的商评字［2017］第 0000152964 号关于第 6288786 号"兰州牛肉拉面 Lanzhou Niurou Lamian 及图"商标无效宣告请求裁定，并责令商标评审委员会重新作出裁定。后，国家工商行政管理总局商标评审委员会与第三人王金勇不服北京知识产权法院一审判决，向北京市高级人民法院提起上诉。

北京市高级人民法院经审理认为：本案中，考虑到兰州商业联合会提交的争议商标使用、宣传的证据，使用该标志的店铺覆盖全国几乎全部省市，规模达到4000余家，年营业额数百亿元，而且使用时间长达十年，在此情况下，诉争商标通过使用、宣传，相关公众能够结合其图形部分对商品的来源进行认知，即获得“第二含义”。同时，若仅以争议商标缺乏固有显著性，即将持续使用时间较长且规模较大的商标予以宣传无效，势必造成相关公众已经形成的基于该商标对具体商品品质、特点、声誉对应认知的损耗，并不有利于商标注册制度的健康发展。因此，在兰州商业联合会已经能够举证证明争议商标通过持续使用、宣传具有“第二含义”，实现商标基本功能的情况下，应当维持其有效注册。

律师策略与解析

商标显著性问题是商标授权确权行政诉讼中既常见，又往往令人颇感困惑的法律问题，“年份原浆”“小罐茶”等诸多热点商标案件均涉及商标显著性的判断。通常，商标的显著性是指商标所具有的标示商品或服务出处并使之区别于其他商品或服务的属性。在业界，显著性也有商标保护的“灵魂”之称。商标显著特征的判断不能抽象地进行，应当综合考虑商标的标识本身（如标识本身的含义、呼叫或外观等）、商标指定使用的商品以及商标指定使用商品上所属行业或相关公众的认知情况等因素综合考量。总之，判断某一商标是否具备显著性，需要根据具体情形进行判断，并无放之四海而皆准的方法。

在“兰州牛肉拉面 Lanzhou Niurou Lamian 及图”商标案中，争议商标虽含有描述性文字“兰州牛肉拉面”，但对该商标的显著性也应综合判断。例如，争议商标  系图文组合商标，虽“兰州牛肉拉面”文字具有一定描述性，但该商标整体具有强显著性，忽略该商标图形部分而言“整体”缺乏显著性，有失偏颇。

在代理该案过程中，代理律师进行了类案检索，并通过类案判例的裁判规则和裁判观点来丰盈和强化“兰州牛肉拉面”案的法律观点。如我们检索了“沩山牌及图”商标案[2]，在“沩山牌及图”商标案中同样涉及图文组合商标

〔2〕 最高人民法院（2011）行提字第7号案。

显著性的判断问题，一审法院及二审法院均认为“争议商标由沩山牌文字及图组成，一般消费者会将文字部分作为商品的主要识别部分和呼叫对象，故其整体亦不具有显著性”。但最高人民法院提审该案后认为：“判断争议商标是否应当依据上述法律规定予以撤销时，应当根据争议商标指定使用商品的相关公众的通常认识，从整体上对商标是否具有显著特征进行判断，不能因为争议商标含有描述性文字就认为其整体缺乏显著性。本案争议商标由沩山牌文字、拼音及相关图形组成，并非仅由沩山文字及其拼音组成，其商标组成部分中的图形亦属商标的重要组成部分。”

在另外一件类案判例“Language Learning Success”商标驳回案[3]中亦涉及图文组合商标显著性的判断问题。一审法院认为：“申请商标的文字部分为描述性内容，与其指定使用的商品的功能存在内在联系，其图形部分虽指定颜色，但其亦缺乏显著性，相关公众不易将其作为商标标志来加以识别。”但北京市高级人民法院终审后认为：“商标评审委员会作出的第 22315 号决定书未从商标标识整体上考虑，仅仅认定了申请商标的文字部分不具有显著性，未考虑图形部分是否具有显著性，属于认定事实不清，适用法律错误，应予撤销。”

就“兰州牛肉拉面 Lanzhou Niurou Lamian 及图”商标无效宣告诉讼案而言，如同前述先例判决中最高人民法院及北京市高级人民法院对图文组合商标显著性的判断规则，显然应从整体上对商标是否具有显著特征进行判断，不能因为争议商标含有描述性文字就简单地认为其整体缺乏显著性，还应考虑图形部分是否具有显著性。与此同时，北京市高级人民法院在二审中综合考量了“兰州牛肉拉面 Lanzhou Niurou Lamian 及图”商标的使用、宣传等因素，认为相关公众能够结合其图形部分对商品来源进行认知，即其已获得“第二含义”，若仅以争议商标缺乏固有显著性，即将持续使用时间较长且规模较大的商标予以宣告无效，势必造成相关公众已经形成的基于该商标对具体商品品质、特点、声誉对应认知的损耗，并不有利于商标注册制度的健康发展。最终，“兰州牛肉拉面 Lanzhou NiurouLamian 及图”商标得以维持商标注册效力。

---

〔3〕 北京市高级人民法院（2011）高行终字第 1298 号案。

本案涉及的法律要点/理论知识点

1. 商标显著性的判断；
2. 通过使用获得显著性时应当考量的因素。

典型意义

就该案所承载的社会意义而言，“兰州牛肉拉面 Lanzhou Niurou Lamian 及图”商标案是一件引发多方关注，尤其是兰州市民以及牛肉拉面从业者密切关注的案件。“兰州牛肉拉面”有“兰州的城市名片”之誉，是兰州文化面向世界的代表，“兰州牛肉拉面”的注册商标保护不仅有利于整个拉面产业的健康、可持续发展，而且对于提升西部地区经济发展质效具有重要意义。就该案所承载的法律意义而言，其涉及商标法领域最为核心、最为复杂的商标显著性判断问题。如何帮助已陷入“缺乏显著性”之困的“兰州牛肉拉面 Lanzhou Niurou Lamian 及图”商标摆脱桎梏是摆在律师面前的棘手问题。代理律师通过大量的、几乎纵贯全国的证据收集工作以及先例研判，对于图文商标的显著性证明方法和说理依据形成了系统的阐述，为类似商标案件的代理和审判提供了思路和借鉴。

北京市高级人民法院在二审裁判文书中也进一步明晰了在判断标志是否通过使用获得显著性时，所应当考量的因素。“该标志实际使用的方式、效果、作用，即是否以商标的方式进行使用，在此应当以是否能够达到识别商品或服务的来源为判断基准”，“该标志实际持续使用的时间、地域、范围、销售规模等经营情况”，“该标志在相关公众中的知晓程度”，“该标志通过使用具有显著性的其他因素”，“审查判断标志是否通过使用获得显著性，应当区分在授权阶段和确权阶段的实质差异，若诉争商标已经核准注册，其核准注册后的实际使用、宣传情况已应当予以考量”。

本案获奖/社会影响

“兰州牛肉拉面”商标案荣获 2019 年度商标授权确权十大典型案例；

人民网 2019 年 1 月 24 日以《“兰州牛肉拉面及图”案的商标显著性认定》为题对该案进行了报道；

新华网2018年10月4日以《兰州牛肉拉面商标注册风波始末》为题对该案进行了报道；

环球网2018年10月4日以《兰州牛肉拉面商标背后：使用该商标的餐馆达2000家》为题对该案进行了报道；

《兰州晨报》2019年2月1日以《“兰州牛肉拉面”商标纠纷案尘埃落定 终审判决：商标合法有效》为题对该案进行了报道；

《人民周刊》2019年第4期以《“兰州牛肉拉面”商标争议始末》为题对该案进行了报道。

（编写人：田　龙）

北京市高级人民法院
行政判决书

（2018）京行终 6256 号

上诉人（原审被告）国家工商行政管理总局商标评审委员会，住所地北京市西城区。

法定代表人赵刚，主任。

委托代理人赵齐朝，国家工商行政管理总局商标评审委员会审查员。

委托代理人杨丰璟，国家工商行政管理总局商标评审委员会审查员。

上诉人（原审第三人）王金勇，男，汉族，1982 年 12 月 1 日出生，住河北省沧州市新华区。

委托代理人吕品，北京奥肯律师事务所律师。

委托代理人何鎏，北京奥肯律师事务所律师。

被上诉人（原审原告）兰州商业联合会，住所地甘肃省兰州市城关区。

法定代表人司德成，会长。

委托代理人田龙，北京天驰君泰律师事务所律师。

委托代理人马翔，北京天驰君泰律师事务所律师。

上诉人国家工商行政管理总局商标评审委员会（简称商标评审委员会）、上诉人王金勇因商标权无效宣告请求行政纠纷一案，不服北京知识产权法院（2018）京 73 行初 911 号行政判决，向本院提起上诉。本院于 2018 年 10 月 30 日受理本案后，依法组成合议庭进行了审理。2018 年 12 月 4 日，上诉人商标评审委员会的委托代理人杨丰璟，被上诉人兰州商业联合会的委托代理人田龙到本院接受询问。本案现已审理终结。

北京知识产权法院查明：

第 6288786 号“兰州牛肉拉面 Lanzhou Niurou Lamian 及图”商标（简称争议商标）于 2007 年 9 月 21 日提出注册申请，指定使用在第 43 类“住所（旅馆、供膳寄宿处）；餐厅；寄宿处；饭店；餐馆；旅馆预定；自助餐馆；快餐馆；流动饮食供应；提供营地设施”服务上，注册人为兰州商业联合会，注册商标专用权期限自 2010 年 3 月 28 日起至 2020 年 3 月 27 日。

2016年10月10日，王金勇以争议商标违反2013年修正的《中华人民共和国商标法》（简称2013年商标法）第十条、第十一条、第四十四条等规定，向商标评审委员会提出无效宣告请求，请求将争议商标予以无效宣告。

兰州商业联合会为维持其商标继续有效，在无效宣告请求阶段进行了答辩，并提交了下列证据材料（均为复印件）：

1. 兰州市第一批非物质文化遗产保护名录及附属资料。

2. 《兰州牛肉拉面质量标准》。

3. 《舌尖上的中国视频资料》。

4. 《吉尼斯世界纪录》之兰州牛肉拉面等。

2017年11月30日，商标评审委员会作出商评字［2017］第152964号《关于第6288786号“兰州牛肉拉面 Lanzhou Niurou Lamian 及图”商标无效宣告请求裁定书》（简称被诉裁定），认定：争议商标获准注册日早于2014年5月1日，根据法不溯及既往原则，本案实体问题适用2001年修正的《中华人民共和国商标法》（简称2001年商标法），程序问题适用2013年商标法。一、争议商标虽含有县级以上行政区划城市名称“兰州”，但“兰州牛肉拉面”是甘肃省兰州地区的风味小吃，曾被中国烹饪协会评为三大中式快餐之一。争议商标“兰州牛肉拉面”整体具有与“兰州”地名相区别的其他含义，未违反2001年商标法。二、“兰州牛肉拉面”是甘肃省兰州地区的风味小吃，争议商标整体缺乏显著性，不易被相关公众作为商标识别，构成2001年商标法第十一条第一款第三项所指情形。兰州商业联合会提交的证据不足以证明争议商标经使用已取得商标应有的显著特征。

综上，商标评审委员会依照2001年商标法第十一条第一款第三项，商标法第四十四条第一款、第三款和第四十六条的规定，裁定争议商标无效宣告。

兰州商业联合会不服，在法定期限内向北京知识产权法院提起行政诉讼。

原审诉讼中，兰州商业联合会提交了下列证据材料（均为复印件）：

1. 最高人民法院作出的（2011）行提字第7号《行政判决书》、北京市高级人民法院作出的（2011）高行终字第1298号《行政判决书》，用以证明判断图文组合商标标志是否具有显著性时，应当从标志整体上进行考量，而不是仅考虑一个组成部分，因此被诉裁定错误。

2. 兰州市商务局文件［2007］66号、国家图书馆《文献复制证明》《兰州牛肉拉面》甘肃人民出版社2007年11月第1版，用以证明争议商标图形部分作为商标的组成部分具有极强的固有显著特征。

3. 兰州市政府关于争议商标的宣传册、争议商标的实际使用情况、争议商标价值评估《报告书》、2013—2017 年争议商标经营销售收入状况《报告书》、中共兰州市委办公厅兰州市人民政府办公厅〔2012〕98 号文件，用以证明争议商标系西部地区餐饮品牌的代表，通过广泛、持续的使用，完全具有商标的可识别性。

4. 兰州市政府〔2007〕34 号文件，甘肃省人力资源和社会保障厅盖章的《兰州牛肉拉面》，兰州市政府新闻办、甘肃省烹饪协会、兰州市牛肉拉面行业协会、兰州市文化和旅游局、兰州市民族宗教事务委员会、兰州市商务局分别出具的《说明》，兰州市商务局〔2013〕26 号文件，争议商标使用管理暂行办法，《兰州日报》《西部商报》《兰州晨报》等的报道，用以证明争议商标对促进西部地区经济发展、社会就业具有重要的支撑与推动作用，争议商标应予维持。

另查，兰州商业协会在申请争议商标的过程时，在商标说明中表示：1. 商标由“兰州牛肉拉面、Lanzhou Niurou Lamian”及图构成；2. 其中“兰州牛肉拉面、Lanzhou Niurou Lamian”放弃商标专用权。

北京知识产权法院认为：争议商标为“兰州牛肉拉面 Lanzhou Niurou Lamian 及图”，其由汉字“兰州牛肉拉面”、拼音字母“Lanzhou Niurou Lamian”以及图形组成。“兰州牛肉拉面”是甘肃省兰州地区的风味小吃，单独考虑争议商标的文字与拼音部分确实缺乏显著性，不易被相关公众作为商标标识识别，商标评审委员会对此认定正确。

但是，争议商标的图形部分占据了争议商标整体的大部分内容，且其图形具有独特的设计，使用在争议商标所指定使用的服务上具有显著性。且争议商标整体经过长期、广泛的宣传使用，能够使相关公众区分服务来源，其整体显著性进一步得到了加强。加之在争议商标申请过程中，兰州商业协会表示放弃对争议商标的文字与拼音部分的专用权。因此，争议商标整体上具有显著性，可以作为商标注册。被诉裁定对此认定错误，应予纠正。兰州商业协会的相关主张具有事实与法律依据，应予支持。

北京知识产权法院依照《中华人民共和国行政诉讼法》第七十条第一项、第二项的规定，判决：一、撤销被诉裁定；二、商标评审委员会重新作出裁定。

商标评审委员会和王金勇均不服原审判决，均向本院提起上诉，均请求撤销原审判决，维持被诉裁定。

商标评审委员会的主要上诉理由为：“兰州牛肉拉面”是甘肃省兰州地区的

风味小吃，虽然兰州商业联合会表示放弃对争议商标的文字和拼音部分的专用权，但相关公众在识别争议商标时，仍易将其文字及拼音部分视为显著识别部分，故争议商标整体上缺乏显著性，不易被相关公众作为商标进行识别，已构成2001年商标法第十一条第一款第三项所规定情形。

王金勇的主要上诉理由为：虽然争议商标图形部分占据较大比例，但是结合我国相关公众的认知习惯，仍然会在识别争议商标时将其认知为是甘肃省兰州地区的风味小吃，故整体上缺乏显著性。同时，兰州商业联合会并非直接从事兰州牛肉拉面的生产经营者，其仅是通过授权相关餐馆进行使用争议商标，该商标作为普通商标获准注册，违背了商标法的基本原则。

兰州商业联合会服从原审判决。

经审理查明：原审判决认定事实基本清楚，证据采信得当，且有争议商标档案、被诉裁定、当事人在行政阶段与诉讼阶段提交的证据以及当事人陈述等在案佐证，本院予以确认。

在二审诉讼中，兰州商业联合会认可其在商标申请阶段，在商标说明中明确放弃了争议商标文字"兰州牛肉拉面"和字母"Lanzhou Niurou Lamian"部分的商标专用权，原审判决对此错误记载为"兰州商业协会"，本院对此予以纠正。同时，兰州商业联合会在原审诉讼中提交的第三组证据即争议商标使用、宣传的情况，可以证明截至2018年其许可使用争议商标的店铺达到4000余家，几乎覆盖了全国各省市，2013至2017年度全国使用争议商标的店铺经营销售收入每年都在二百亿元以上，并且争议商标自2010年持续使用至今。同时，2007年4月16日兰州市人民政府将"兰州清汤牛肉面制作技艺"列入"兰州市第一批非物质文化遗产保护名录"。

在二审诉讼中，本院向上诉人王金勇送达了询问传票，但其并未按期到本院接受询问。

上述事实有兰州商业联合会在诉讼阶段提交的证据、各方当事人在二审诉讼中的陈述等在案佐证。

本院认为：2001年商标法第十一条第一款规定，下列标志不得作为商标注册：（一）仅有本商品的通用名称、图形、型号的；（二）仅仅直接表示商品的质量、主要原料、功能、用途、重量、数量及其他特点的；（三）其他缺乏显著特征的。

商标的基本功能在于特定标志通过使用在商品或服务上，能够实现使相关公众基于该标志识别商品或服务来源的作用，而无论该标志的组成来源于臆造或是公有领域已经存在的客体，只要能够实现上述的识别性，则具有了固有显著性。通常而言，在判断标志本身是否具有显著性时，应当围绕下列因素进行考量：1. 标志本身与其指定使用的商品或服务的关联程度。一般而言，标志本身与其指定使用的商品或服务关联程度越低，则其可作为商标进行认知的可能性越大；若标志本身与其指定使用的商品或服务关联程度越高，则其可作为商标进行认知的可能性越小。正是基于此，若标志本身直接指代了其所要标示商品或服务来源的通用名称，或直接描述了该商品或服务的自身特点时，通常认为该标志本身缺乏显著性。2. 判断主体应以具体商品或服务领域中相关公众的普遍知识水平和认知能力为依据。在此应当注意的是，针对不同商品或服务的具体类别、属性、功能等本质特性的差异，相关公众所表现的具体知识水平和认知能力也会存在不同，故应当结合具体的商品或服务作出符合市场客观化标准的判断。同时，在此需要特别指出的，虽然我国《商标法》规定了文字、图形、字母、数字、三维标志、颜色组合和声音等可以作为构成商标的要素，但是特定要素所构成的标志本身的使用、表达或展现方式，应当符合该标志所标示商品或服务行业的通常使用习惯，也就是相关公众在具体商品或服务上发现特定标志时，是否会将其认知为商标，进而对该标志是否能够起到辨别商品或服务来源的作用进行判断。简言之，对特定标志是否具有识别性的判断，实际是存在二个层面判断的认知，即首先该标志应具有被认知为商标的可能性，其次该标志具有能够辨别商品或服务不同来源的功能性。正如被简化的特定字母、数字，臆造的特定图案、形状，独创的特定短语、广告用语等，可能会基于相关领域商品或服务的相关公众的通常认知，被识别为表达、体现特定经营者营销理念、促销手段、经营技巧等具有独特风格的指示客体。无论该指示客体是以直接方式或是暗示性的方式进行体现，其自身被相关公众识别为商标的可能性均较低或不会被认知为商标，故而其也就无法发挥辨别商品或服务不同来源的功能，由此无法体现商标的真正功效。3. 判断过程中应当以标志的整体性为原则。关于诉争标志是否具有显著性的认知，应当结合诉争标志的整体构成要素进行判断，不应单一、割裂地对特定构成要素进行分析，而忽视各个要素组合而成的诉争标志的整体含义与表达形式。

本案中，虽然争议商标除文字及字母“兰州牛肉拉面 Lanzhou Niurou Lamian”之外，还有图形部分组成，但是按我国相关公众的认知习惯，其整体上并未明显形成区别于文字部分的含义或视觉效果。相关公众在认读争议商标时，仍然会将其认知为是甘肃省兰州地区的风味小吃，故争议商标作为标示商品来源商标的功能较弱，不易被相关公众予以识别，缺乏固有显著性，已经构成2001年商标法第十一条第一款第三项所规定的情形。原审判决对此认定错误，本院予以纠正。商标评审委员会及王金勇该部分上诉理由具有事实及法律依据，本院予以采纳。

2001年商标法第十一条第二款规定，前款所列标志经过使用取得显著特征，并便于识别的，可以作为商标注册。

在标志自身缺乏显著性的情况下，其并不当然失去作为商标获准注册的可能性，该标志亦可以通过在市场流通、经营过程中的实际使用，获得其固有含义之外的"第二含义"，即通过实际、有效使用获得显著性。在判断标志是否通过使用获得显著性时，应当结合以下因素进行考量：1. 该标志实际使用的方式、效果、作用，即是否以商标的方式进行使用，在此应当以是否能够达到识别商品或服务的来源为判断基准；2. 该标志实际持续使用的时间、地域、范围、销售规模等经营情况；3. 该标志在相关公众中的知晓程度；4. 该标志通过使用具有显著性的其他因素。在此需要指出，审查判断标志是否通过使用获得显著性，应当区分在授权阶段和确权阶段的实质差异，若诉争商标已经核准注册，其核准注册后的实际使用、宣传情况已应当予以考量。

本案中，考虑到兰州商业联合会提交的争议商标使用、宣传的证据，使用该标志的店铺覆盖全国几乎全部的省市，规模达到4000余家，年营业额数百亿元，而且使用近十年，在此情况下，诉争商标通过使用、宣传，相关公众能够结合其图形部分对商品的来源进行认知，即获得"第二含义"。同时，若仅以争议商标缺乏固有显著性，即将持续使用较长且规模较大的商标予以宣告无效，势必将造成相关公众已经形成的基于该商标对具体商品品质、特点、声誉对应认知的损耗，并不有利于商标注册制度的健康发展。因此，在兰州商业联合会已经能够举证证明争议商标通过持续使用、宣传具有"第二含义"，实现商标基本功能的情况下，应当维持其有效注册。被诉裁定对此认定错误，本院予以纠正。王金勇该部分上诉主张缺乏事实及法律依据，本院不予采纳。

同时，王金勇作为上诉方，在其并未说明具有合理事由即未按期到本院接受询问的情况下，本院对其所提出的其他主张经审查认为均缺乏依据，不予支持。

《中华人民共和国行政诉讼法》第三十七条规定，原告可以提供证明行政行为违法的证据。原告提供的证据不成立的，不免除被告的举证责任。根据上述法律规定，人民法院对被诉行政行为合法性进行审查时，原告可以在诉讼过程中出示在行政程序中并未提交的证据，但是为了避免行政相对人消极懈怠进行举证，将能够在被诉行政行为作出时提供而无合理事由并未提交的证据，在后续的行政诉讼程序中进行提交，导致国家行政资源的不当浪费，人民法院若接受该证据并据此对被诉行政行为作出否定性认定时，应当由该行政相对人承担案件受理费。本案中，兰州商业联合会在原审诉讼中补充提交的部分证据形成于被诉裁定作出之前，在其并未说明在行政诉讼程序中进行补充提交具有合理事由的情况下，兰州商业联合会应当就其迟延补充证据承担本案的一、二审案件受理费。

综上，原审判决虽然认定的部分事实及适用法律存在错误，但其认定结论并无不当，本院在纠正其错误的基础上，对原审判决结论予以维持。商标评审委员会和王金勇的上诉理由尚不足以支持其上诉请求，故本院对其上诉请求不予支持。依照《中华人民共和国行政诉讼法》第八十九条第一款第一项之规定，判决如下：

驳回上诉，维持原判。

一审案件受理费一百元，由兰州商业联合会负担（已交纳）；二审案件受理费一百元，由兰州商业联合会负担（于本判决生效之日起七日内交纳）。

本判决为终审判决。

审 判 长 陶 钧
审 判 员 孙柱永
代理审判员 陈 曦
二〇一九年一月二十四日
法官助理 刘 萍
书 记 员 张梦娇

“安居客” 商标无效宣告行政诉讼案

基本案情

诉讼当事人

原告：上海昂优网络科技有限公司，住所地：上海市崇明县城桥镇新闸路48号15幢301室。

被告：国家工商行政管理总局商标评审委员会，住所地：北京市西城区茶马南街1号。

第三人：瑞庭网络技术（上海）有限公司。

案由

◎ **商标无效宣告请求行政纠纷**〔1〕

案情简介

上海瑞家信息技术有限公司（以下简称瑞家公司）成立于2007年，是“安居客”品牌的创始机构，致力于打造房地产信息服务平台，用户可以通过安居客网站、安居客App、手机网页、Pad网页等，享受房产租售等一站式服务；同时，瑞家公司通过一系列工作平台为开发商与经纪人提供高效的网络推广服务，便于经纪人开展网络或移动营销。2015年3月，五八集团并购安居客，“安居客”成为五八集团旗下子品牌。从2007年3月起，瑞家公司就在第35类计算机数据库信息分类、第36类经纪等服务上申请注册了“安居客”商标，目前已在第16类、第35类、第36类、第38类、第39类、第42类、第45类等主要商品或服务上获得注册，部分注册商标由瑞家公司享有商标专用权，部分商标

〔1〕（2018）京73行初2018号。

由瑞庭网络技术（上海）有限公司享有商标专用权。

本案诉争商标为第11769694号“安居客anjuke”商标（以下简称诉争商标），是罗伊投资有限公司（以下简称罗伊公司）于2012年11月20日申请，于2014年4月28号核准注册，核定使用在第9类计算机程序（可下载软件）等商品上。后来，诉争商标转让给上海昂优网络科技有限公司（以下简称上海昂优公司）。

2016年2月26日，瑞家公司对第11769694号“安居客anjuke”商标提出无效宣告请求，认为诉争商标的申请注册违背《商标法》第七条，第十条第一款第（七）项、第（八）项，第三十条，第三十二条，第四十四条相关规定，经审理，商标评审委员会认定争议商标属于以其他不正当手段取得注册之情形，违反《商标法》第四十四条第一款之规定，裁定对争议商标予以无效宣告。上海昂优网络科技有限公司不服，向北京知识产权法院提起行政诉讼，瑞家公司参加诉讼。

案件处理结果

北京知识产权法院认为：本案的争议焦点为诉争商标的申请注册是否构成《商标法》第四十四条第一款“其他不正当手段”规定的情形。本案中，原告上海昂优公司除注册诉争商标以外，还注册有多件与知名商标相同或近似的商标。其中部分商标因相关权利人提出异议已被商标局决定不予注册，或驳回注册申请。因此，其商标注册行为已明显超出正常的商业使用需求，主观上难谓善意，且并不具备注册商标应有的正当性，其不正当地占用了公共资源，扰乱了正常的商标注册管理秩序，有损于公平竞争的市场秩序，构成《商标法》第四十四条第一款“其他不正当手段”规定的情形，一审判决维持商标评审委员会裁定。

一审判决后，上海昂优公司未上诉，本案一审判决为生效判决，第三人瑞庭网络技术（上海）有限公司全面胜诉。

律师策略与解析

商标是可贵且有限的社会资源，而使用是商标生命力的来源，让闲置的商标鲜活起来，发挥其在市场经济中应有的价值，是我们设立商标制度的根本目

的。2020年中国商标申请量突破900万件，中国已连续十多年成为商标注册申请量的"世界冠军"。商标申请量的"大跃进"超过了市场主体本身实际使用的需求，必然会造成大量商标资源的闲置，这不仅造成行政司法资源的浪费，而且基于商标注册在先原则的限制，在后真正有实际使用需求的主体无法获得注册，造成商标资源不能物尽其用。本案就涉及囤积商标、恶意注册的问题，这也是商标领域最近几年的热门话题，在解读个案之前，我们有必要讨论"商标闲置""恶意注册"的前世今生。

1. 商标闲置、恶意注册的缘由

首先，商标申请量的剧增与商标法对商标申请主体条件的放宽是密不可分的。20世纪90年代初，市场经济刚刚起步，市场主体相对单一，因此1993年《商标法》第四条规定，企业、事业单位和个体工商业者，对其生产、制造、加工、拣选或者经销的商品，需要取得商标专用权的，应当向商标局申请商品商标注册，即自然人无法申请注册商标。到2001年《商标法》第二次修正时，在我国加入世界贸易组织，接受了TRIPs协定的大背景下，2001年《商标法》第四条修改为"自然人、法人或者其他组织对其生产、制造、加工、拣选或者经销的商品，需要取得商标专用权的，应当向商标局申请商品商标注册"，从此自然人可以申请注册商标。2002年，我国商标注册申请量突破30万件大关，第一次跃居世界首位，从此进入高速增长期，我国商标申请量和注册总量至今稳居世界第一。放开自然人注册商标以后，出现了大量抢注商标、囤积商标等行为，为了应对这一局面，商标局在2007年发布了《自然人办理商标注册申请注意事项》，对自然人注册商标进行了限制，要求自然人提供相应的个体工商户营业执照等登记文件，且应以营业执照等登记文件核准的经营范围为限。到了2016年，在鼓励全民创业的大背景下，自然人申请商标的要求有所放宽，不再审查个体工商户营业执照的经营范围是否涵盖申请商标指定的商品或服务。由此看来，放开自然人申请商标，将商标申请带入了增量的快车道，商标申请量大幅增加，由此带来的负面影响，也使得人们意识到需对商标注册主体条件进行限制和调整。

其次，部分市场主体违背诚实信用原则，恶意注册、囤积大量商标，这种行为倒逼守法企业进行大量防御性注册，这也是造成大量商标闲置的重要原因。随着企业品牌意识的增强，商标作为无形资产的重要性日益凸显，尤其是知名品牌背后承载了很大的商业利益，于是出现了一批以注册商标牟利的人，也称"商标贩子"。恶意注册人将他人较高知名度的商标、商号、名人姓名、行业通用名称等，在相同或不同商品、服务上进行注册，同一主体申请几百甚至几千个商标，以较低的商标申请费用获得商标注册，待价而沽，再靠商标倒卖赚取差价，以此作为投资手段。此类行为人主观上没有使用商标的意图，客观上造成注册的大量商标闲置。更为重要的是，此类现象屡禁不止，严重扰乱了正常的商标注册秩序，使守法企业不得不大量注册防御性商标来对抗商标被恶意注册，由此造成恶性循环。同时，我国商标法没有明确针对“防御性商标”的规定，即防御性商标本身不受保护，如果防御性商标被他人提起撤销三年不使用申请，且商标持有人无使用证据可以提供，防御性商标会被撤销。于是，为了维系防御性商标的有效性，规避“撤三制度”，很多权利人每三年提交一次商标注册申请，导致同一商品或服务上的相同商标被重复申请，浪费大量人力物力，造成商标申请量虚高。

最后，企业破产、兼并、吊销或者商标注册人死亡，导致注册商标专用权的载体名存实亡或不复存在，但其未对商标权进行转让、移转或注销等处分行为，从而使注册商标处于闲置状态。中国企业主体的平均生命周期较短，很多企业甚至等不及商标核准注册就倒闭或者终止，主体不复存在，商标核准注册后就成为无主商标。2001 年《商标法实施条例》第四十七条规定：“商标注册人死亡或者终止，自死亡或者终止之日起 1 年期满，该注册商标没有办理转移手续的，任何人可以向商标局申请注销该注册商标”，但是 2014 年《商标法实施条例》删掉了该条款，从此之后对于如何处置无主商标，商标法律再无明确规定。若无主商标成为在后商标申请的权利障碍，只能通过撤销三年不使用途径消灭该无主商标的权利基础。但在商标行政诉讼案件处理中，2019 年发布的《北京市高级人民法院商标授权确权行政案件审理指南》15.7 规定，引证商标权利人被注销且无证据证明存在权利义务承受主体的，可以认定引证商标与诉争商标不构成近似商标，无主商标不构成在后注册的权利障碍。这在一定程度上找到了在先无主商标权保护与提高商标资源利用率的平衡点，也有效节约了行政司法资源。实践中，有大量主体吊销营业执照或者多年未经营，但企业主体未进行注销登记，且商标仍然处于有效期，这成为在后商标申请的权利障碍，在后商标申请人不得不提起“撤三申请”来清除权利障碍，浪费了大量的时间和金钱。

2. 解决商标闲置问题，首当其冲是打击商标恶意注册

基于上述原因，大量商标处于“沉睡”状态，没有发挥其本身的功能和价值，一方面是大量注册商标闲置，另一方面却是商标注册难、可注册的商标资

源奇缺，这种尴尬矛盾的局面严重影响了市场主体的正常经营，引起企业、政府和全社会的广泛关注，国家也出台了相应法律和政策予以应对。恶意注册的行为人主观上具有通过商标注册牟利的不正当目的，客观上实施违背商业道德或行业惯例的商标恶意注册行为，违反了民法帝王规则——诚实信用原则。现实中存在的恶意注册、囤积商标的行为，需要从立法和司法层面严厉打击。2019 年《商标法》第四条第一款新增规定：“不以使用为目的的恶意商标注册申请，应当予以驳回”，将打击恶意注册的关口前移，在商标审查和异议阶段严厉打击商标恶意注册行为。同时，2020 年 4 月 21 日对外公布的《最高人民法院关于全面加强知识产权司法保护的意见》，进一步强化了对恶意抢注商标的规制力度。新冠肺炎疫情期间，国家知识产权局对“火神山”“雷神山”等 1500 余件与新冠肺炎疫情相关的商标注册申请实施管控，相关商标代理机构被查办，给予顶格罚款 10 万元的处罚。这一系列措施对从源头上打击恶意注册、囤积商标，维护正常商标注册秩序具有重大意义。

3. 再说本案“安居客”

根据 2013 年《商标法》第四十四条第一款的规定，“以其他不正当手段取得注册的，由商标局宣告该注册商标无效；其他单位或者个人可以请求商标评审委员会宣告该注册商标无效”。根据当时《商标审查及评审标准》的诠释，“以其他不正当手段取得商标注册”的行为主要是指商标注册人并非以生产经营之目的大量囤积商标的行为，该标准明确列出“系争商标注册人申请注册多件商标，且与他人具有较强显著性的商标构成相同或相似”属于该条所述情形。2017 年 4 月 25 日，北京知识产权法院发布了 6 类关于遏制恶意抢注的 18 件典型案例，其中第五类就是非以使用为目的大量囤积商标的情形，明确凡是具有超出正常经营范围大量囤积主商标的行为，非以使用为目的的商标注册行为及大量注册在先知名度较高或独创性较强的商标的行为，均属于商标法所禁止的“以其他不正当手段”取得商标注册并扰乱商标注册秩序、损害公共利益、不正当占用公共资源的情形。因此，在 2019 年《商标法》之前，2013 年《商标法》第四十四条第一款成为制止恶意注册的实体条款。

本案中，“安居客”不属于固定中文搭配，而属于显著性较强的臆造词，且经过长期使用与宣传，在争议商标申请日以前已具有较高知名度。罗伊公司虽然注册为香港公司，但其实际控制人为内地人，除罗伊公司之外，其还是上海昂优公司、大连朝霆科技有限公司、大连迪瓦斯贸易有限公司的实际控制人。中国商标网的查询结果显示，上海昂优网络科技有限公司在多个类别申请注册了 189 个商标，根据网络检索相关品牌情况，发现罗伊公司申请注册的商标中有 71 个系对他人商标的恶意抢注，大连朝霆科技有限公司申请注册的 80 个商标中有 30 个商标系对他人商标的恶意抢注，大连迪瓦斯贸易有限公司申请注册的 34 个商标中有 24 个系对他人商标的恶意抢注。罗伊公司抢注的商标中不乏大量知名品牌，包括第 9 类第 11769772 号“一嗨”商标、第 9 类第 15184052 号“折 800 折八百”商标、第 36 类第 15058133 号“安居客”商标、第 9 类第 11769702 号“韩都衣舍 HSTYLE”商标、第 9 类第 11775952 号“驴妈妈”商标、第 9 类第 11782693 号“12306”号商标等。针对“安居客”商标，罗伊公司除抢注本案第 9 类争议商标以外，还在第 36 类抢注了“安居客”商标、“安居客理财”商标，完全是为了攀附他人知名商标、囤积商标，严重扰乱商标注册秩序。从网络检索的信息来看，罗伊公司注册的商标包括大量知名品牌，且其对抢注的商标并未实际使用，事实上，这些商标分属各个不同的行业和类别，罗伊公司也不可能在诸多行业生产或经营。

这种囤积商标的行为浪费了大量司法行政资源，且抢注的部分商标中涉及他人在先权利，严重违背诚实信用原则，扰乱了正常的商标注册秩序，其不法行为应予禁止。

本案涉及的法律要点/理论知识点

本案争议焦点为诉争商标是否构成恶意注册。针对恶意注册的法律适用问题，在 2019 年《商标法》之前是存在争议的。在当时的法律框架下，恶意注册破坏商标注册秩序，从而适用绝对条款——2013 年《商标法》第四十四条第一款；2019 年《商标法》新增了第四条第一款“不以使用为目的的恶意商标注册申请，应当予以驳回”，制止恶意注册行为的法律依据更为明晰。

典型意义

本案对于商标授权确权案件中“恶意注册”条款的理解与适用具有较为典型的意义。注册商标的恶意抢注损害的不只是某个特定主体的权益，而且是滥用商标注册制度，与商标注册制度设计的初衷背道而驰。商标权作为法律拟制性权利，保护的应是生产经营活动中通过使用从而与特定商品或服务来源建立起联系的标识，而不是仅在符号意义上的这个标识本身。相比于恶意抢注人申请的商标数量，定性问题才是判定“其他不正当手段”的关键因素，应结合系争商标申请人所注册商标的构成、是否有真实使用意图以及注册后的行为等因素，来综合判定其在申请注册当时的主观状态。

（编写人：陈玉韩）

北京知识产权法院
行政判决书

（2018）京73行初2018号

原告：上海昂优网络科技有限公司，住所地上海市崇明县城桥镇新闸路48号15幢301室。

法定代表人：刘绪珍，经理。（未到庭）

委托诉讼代理人：许春锋，北京市法大（呼和浩特）律师事务所律师。（到庭）

被告：国家工商行政管理总局商标评审委员会，住所地北京市西城区茶马南街1号。

法定代表人：赵刚，主任。（未到庭）

委托诉讼代理人：赵丽红，国家工商行政管理总局商标评审委员会审查员。（到庭）

第三人：瑞庭网络技术（上海）有限公司。

法定代表人：庄建东，首席执行官。（未到庭）

委托诉讼代理人：陈玉韩，北京天驰君泰律师事务所律师。（到庭）

委托诉讼代理人：林玲，北京市京国（南阳）律师事务所律师。（未到庭）

案由：商标权无效宣告请求行政纠纷

被诉裁定：商评字［2018］第4438号关于第16176590号“安居客”商标（简称诉争商标）无效宣告请求裁定。

被诉裁定作出时间：2018年1月12日。

本院受理时间：2018年3月1日。

开庭审理时间：2019年2月21日。

被诉裁定认定：诉争商标违反了《中华人民共和国商标法》（简称商标法）第四十四条第一款的规定，诉争商标予以无效宣告。

原告诉称：诉争商标的注册未违反商标法第四十四条第一款的规定，并未违背诚实信用原则。综上，请求法院依法撤销被诉裁定，并判令被告重新作出裁定。

被告辩称：被诉裁定认定事实清楚，适用法律正确，作出程序合法，请求法院依法驳回原告的诉讼请求。

第三人述称：同意被诉裁定，请求驳回原告的诉讼请求。

本院经审理查明：

一、诉争商标

1. 注册人：原告。

2. 注册号：16176590。

3. 申请日期：2015 年 1 月 16 日。

4. 注册日期：2016 年 3 月 28 日。

5. 标识：**安居客**。

6. 指定使用商品（第 37 类）：建筑、室内装潢等服务。

二、其他事实

在行政阶段，第三人向被告提交了以下主要证据：

1. 第三人网络广告投放服务合同；

2. hao123 网址导航站房产频道网页、新浪网“新浪安居”频道等网页信息；

3. 百度百科关于“安居客”的介绍、“安居客”PPT 资料；

4. 第三人不动产营销合同、产品推广及广告合同；

5. 第三人友情链接网站名单；

6. “安居客”百度搜索结果；

7. 第三人及“安居客”获得的荣誉资料及相关媒体报道；

8. （2011）昌民初字第 4982 号民事判决书；

9. 原告申请注册商标的列表信息及相关知名商标介绍，如“史努比 SNOUPY”“ZARA”“爱尔盖”“华虹”“迪福莱斯 DIFRAX”“庆丰祥”“博士蛙”“爱屋吉屋”“范思哲 VERSACE”“德瑞姆”“BABYONE”“GAP”“安娜苏”“丽家宝贝”“安舒宝 SEBAMED”“爱天使”“史努比 SNOOPY 以图”“凯蒂猫 HELLO KITTY”“乐辰”“嘉贝 BESTBABY”“安居客”“优互”“芭比”等商标。

以上事实，有商标档案、各方当事人在行政程序中提交的证据及当事人陈述等在案佐证。

本院认为，根据各方当事人的诉辩主张，本案的争议焦点为诉争商标的申请注册是否构成商标法第四十四条第一款规定的情形。

商标法第四十四条第一款规定：“已经注册的商标，违反本法第十条、第十一条、第十二条规定的，或者是以欺骗手段或者其他不正当手段取得注册的，由商标局宣告该注册商标无效；其他单位或者个人可以请求商标评审委员会宣告该注册商标无效。”

本案中，原告除注册诉争商标以外，还注册有“丽家宝贝”“ZARA”“史努比 SNOOPY”“史努比 SNOUPY 及图”“GAP”“芭比”“范思哲 VERSACE”“凯蒂猫 HELLO KITTY”“爱屋吉屋”“安娜苏”“博士蛙”等多件与知名商标相同或近似的商标。其中，第 11137696 号“范思哲 VERSACE”商标、第 13058305 号“ZARA”商标、第 11381226 号“芭比”商标、第 11381238 号“凯蒂猫 HELLO KITTY”商标、第 11381204 号“史努比 SNOOPY”商标因相关权利人提出异议已被商标局决定不予注册，第 18133056 号“史努比 SNOUPY 及图”商标因与他人在先商标相同或近似而被商标局驳回注册申请。原告的上述商标注册行为已明显超出正常的商业使用需求，主观上难谓善意，且并不具备注册商标应有的正当性，其不正当地占用了公共资源，扰乱了正常的商业注册管理秩序，有损于公平竞争的市场秩序。故诉争商标的注册申请已构成商标法第四十四条第一款规定的“以其他不正当手段取得注册”之情形，应予禁止。

综上所述，被诉裁定认定事实清楚，适用法律正确，原告的诉讼请求缺乏事实或法律依据，本院不予支持。依照《中华人民共和国行政诉讼法》第六十九条之规定，本院判决如下：

驳回原告上海昂优网络科技有限公司的诉讼请求。

案件受理费一百元，由原告上海昂优网络科技有限公司负担（已交纳）。

如不服本判决，各方当事人可在本判决书送达之日起十五日内向本院提交上诉状及副本，并交纳上诉案件受理费一百元，上诉于北京市高级人民法院。

审 判 长 许 波

审 判 员 章坚强

人民陪审员 及国良

二〇一九年二月二十五日

法官助理 张凌博

书 记 员 常 丹

“小巨人及图” 商标不予注册复审行政诉讼案

基本案情

诉讼当事人

原告：北京银行股份有限公司，住所地：北京市西城区金融大街甲17号首层。

被告：国家知识产权局，住所地：北京市海淀区蓟门桥西土城路6号。

第三人：巨人投资有限公司，住所地：上海市松江区中凯路988号1幢。

案由

◎ **商标不予注册复审行政纠纷**[1]

案情简介

2014年6月，原告北京银行股份有限公司（以下简称北京银行）向国家知识产权局提交了第36类第14873503号“小巨人及图”商标（以下简称诉争商标）申请，指定使用在“银行”等服务上，初审公告后，第三人巨人投资有限公司（以下简称巨人公司）以该商标与其在先注册的“巨人”商标构成近似为由提出异议申请，商标局经审理，决定诉争商标在“银行”等服务上不予注册。原告不服，向被告提出不予注册复审申请，被告经审理认为，诉争商标“小巨人及图”与引证商标“巨人”构成使用在类似服务上的近似商标，决定诉争商标在复审服务上不予核准注册。原告不服，依法向北京知识产权法院提起行政诉讼，主要起诉理由是：第一，诉争商标与引证商标在字形、发音、含义、整体外观等方面有较大差距，不构成使用在类似服务上的近似商标，且诉争商标

〔1〕（2019）京73行初1197号。

在我国金融行业内具有较高知名度，已经与原告形成了稳定且唯一的对应关系，与引证商标共存不会造成相关公众混淆误认；第二，“金融”等服务具有极强的特殊性，相关公众注意义务更高，诉争商标与引证商标共存不会造成相关公众混淆。第三，北京市第一中级人民法院、北京市高级人民法院此前明确在判决书中指出“小巨人”商标与“巨人”商标不构成商标法意义上的近似商标，故本案诉争商标与引证商标也不构成近似商标。被告辩称：被诉决定认定事实清楚，适用法律正确，作出程序合法，请求法院驳回原告诉讼请求。第三人述称：同意被诉决定，请求法院驳回原告的诉讼请求。

案件处理结果

北京知识产权法院经审理认为：商标近似是指商标的文字字形、读音、含义或者图形的构图及颜色，或者其各要素组合后的整体结构相似，或者其立体形状、颜色组合近似，易使相关公众对商品的来源产生误认或者认为其来源存在某种特定联系。

原告北京银行在诉讼阶段提交的两份法院在先判决已认定，“小巨人”文字商标与“巨人”文字商标不构成近似商标，不会导致相关消费者的混淆误认。本案中，诉争商标为由小人卡通图案与文字“小巨人”组合而成的图文商标，其显著性强于文字商标“小巨人”，与引证商标“巨人”具有更为明显的区别，在图文设计、构成、整体效果等方面均有区别，不构成近似商标。另外，原告提交的证据显示，原告在金融服务上持续使用诉争商标，已建立起了稳定的消费群体和市场格局。

尽管诉争商标指定使用的“网上银行、抵押贷款、金融服务、电子转账、借记卡服务、信用卡服务、分期付款的贷款、银行服务”与引证商标核定使用的信用卡服务、电子转账等服务构成相同或类似服务，但是，与一般商品或服务相比，金融服务的服务提供者和接受者之间往往需要更为充分的沟通和更为详细的认知，相关消费者会施以较高的注意力，会对服务提供者的资质、经营状况、经营政策等信息进行较多考察并对金融服务作出较为慎重的选择。因此，法院认为：(1) 诉争商标与引证商标在文字构成、呼叫、整体效果等方面具有差距，不构成近似商标；(2) 原告北京银行“小巨人及图”商标在金融服务上经过长期、广泛的宣传和使用，已建立起相对稳定的消费群体和市场格局；(3) 第三人巨人公司的证据不足以证明引证商标“巨人”已与第三人建立起较为稳固的联系，从而容易导致相关消费者对服务来源产生混淆和误认；（4）在金融服务上相关消费者会施以比一般商品或服务更高的注意力，在诉争商标与引证商标具有一定区别以及诉争商标具有一定知名度的基础上，相关消费者不至于对诉争商标与引证商标的服务来源产生混淆和误认。故诉争商标的申请注册不构成《商标法》第三十条的相关规定。据此，北京知识产权法院撤销了国家知识产权局的决定，该案后被北京市高级人民法院二审维持，成为生效判决。

律师策略与解析

1. 服务商标具有特殊性的法理基础

北京银行成立于1996年，是我国最大的城市商业银行，曾连续五年跻身全球银行业百强，被誉为中国最具创新能力和发展潜力的中型银行。2006年，北京银行推出"小巨人"中小企业成长融资方案，专注为中小企业提供贷款等金融服务。2013年11月，中国银行业协会公布《关于表彰2013年服务小微企业和三农双二十佳金融产品的决定》，北京银行"小巨人"荣获"2013年服务小微企业二十佳金融产品"称号。据不完全统计，2006—2018年，"小巨人"获奖数量超过110个，在行业内极具知名度和影响力。

其实，原告与第三人之间的商标纠纷要追溯到2011年。2011年3月，巨人公司认为北京银行在第36类"金融贷款"等服务上使用"小巨人"商标侵犯了其在先注册的第36类"巨人"商标专用权，向北京银行发出《关于北京银行侵犯巨人投资有限公司"巨人"商标专用权之警告函》。随后，北京银行委托代理律师在2011年5月向北京市第一中级人民法院提起确认不侵犯商标权之诉，巨人公司作为被告进行答辩后，又另案以商标侵权为由向北京市第一中级人民法院提起商标侵权之诉。鉴于当事人与案件争议焦点完全一致，法院将两案合并审理。北京市第一中级人民法院经审理认为，北京银行在第36类"金融贷款"等服务上使用"小巨人"标志并未侵犯原告巨人公司的"巨人"商标专用权，从而驳回巨人公司的全部诉讼请求〔2〕。巨人公司不服一审判决，向北京市高级人民法院提出上诉，北京市高级人民法院二审维持一审判决〔3〕。就此，双方的民事侵权以北京银行的胜诉而告终。根据法院判决，虽然北京银行使用"小

〔2〕（2011）一中民初字第14455号。

〔3〕（2012）高民终字第1228号。

巨人”商标不再有商标侵权风险，但由于巨人公司的“巨人”商标在先获得注册，北京银行始终无法在核心的第36类“金融、贷款”服务上成功注册“小巨人”，这显然不利于北京银行“小巨人”品牌的增值与后续保护。因此，在本案诉争商标被不予注册后，代理律师建议北京银行通过行政诉讼的方式争取获得商标确权。在诉讼中，代理律师充分论证了北京银行申请诉争商标并非为了攀附第三人，尤其强调了在判断服务商标是否构成近似的时候，不应囿于商标标志本身的比对，而应当综合考量标识的近似程度，诉争商标与引证商标各自的使用情况以及知名度，服务具有的特殊性，消费者的注意义务，是否易造成相关公众的混淆误认等。虽然《商标法》将服务商标与商品商标同等对待，但基于服务商标具有的特殊性，其与商品商标仍有很多不同。商品的概念易于理解，它看得见、摸得着，可以给消费者最为直观的视觉和触觉感受，而服务是由一系列具有无形特征的活动所构成的能够满足消费者某种需求的交互过程，由于缺乏物理上的“附着”，服务商标的使用人只能寻求消费者头脑中的“附着”，以发挥其商标的作用，这与商品商标发挥作用的方式完全不同。

具体来说，服务具有以下三个特殊性：一是场所性。即服务者提供服务的时候，一般需要借助固定的服务场所，而消费者在接受服务时，也需要到服务者提供的场所，这显然会加深、强化消费者的消费印象。在传统的服务行业中，这个特点尤为明显，比如第43类餐饮服务的提供者需要提供就餐场所，第44类医疗服务的提供者需要提供就医场所等。1999年，原国家工商行政管理局商标局出台的《关于保护服务商标若干问题的意见》中第七条中明确指出：“在下列情形中使用服务商标，视为服务商标的使用：（一）服务场所；……”可见场所对服务商标而言具有特殊意义。二是交互性。通常情况下，商品的提供者与消费者不存在任何接触，比如消费者在超市选购商品时，其无须借助商家即可完成选购商品的过程，因为消费者的购买行为系根据其自我认知以及商品包装上的说明作出。而服务则大不相同，消费者在接受服务的时候，势必会与服务提供者进行频繁交流，服务提供者也更愿意与消费者进行交流，因为这样可以帮助服务提供者更好地提升消费者的服务体验，以获得持续效益，二者的交互过程就此形成。比如第44类的理发服务，消费者与理发师的交流可能伴随服务过程的始终。三是差异性。一般情况下，商品（定制商品除外）具有高度同质性，相同品牌相同规格的商品，在全国任何一个地方的包装、价格都是一样的，消费者的认知也是一样的。而服务则具有较大的差异性，这种差异性主要体现在同一服务机构的服务人员水平是不可能相同的，因为每个人都是独一无二的。正如美国经济学家杰克·弗朗西斯（Jack C. Francis）[4] 所说：“你可以买到一个人的时间，你可以雇一个人到固定的工作岗位，你可以买到按时或按日计算的技术操作，但你买不到热情，你买不到创造性，你买不到全身心的投入。”因此，从以上分析可以看出，无形的服务与有形的商品相比，具有诸多鲜明的特点，服务商标的识别功能并不能像商品商标那样发挥得淋漓尽致。因此不能简单地按照标识本身的近似性套用法律规则。“如果无视客观基础而仅仅对于标识本身的是非曲直进行判断，则可能脱离实际，有违公平。因此，我们必须根据事物本身的属性行事，如果逻辑演绎式的法律适用显得有明显理想化、教条化甚至严苛化的倾向，法官作出判决时就需要求助于事物的本质，从而使法律的适用更加符合实际。必须从现实出发，而不是从本本出发，不是简单地从抽象的条文出发。”[5]

总而言之，在判定服务商标是否构成近似的时候，应考虑具体服务的特殊性及消费者会施以更高的注意力，宜根据案件的具体情况，采取较为宽松的近似判断标准。

2. 代理策略

就本案而言，首先，“小巨人”是指具有一定发展潜力、竞争力的“中小企业”，被公众广为知晓并在政府文件、媒体报道中大量使用。2000 年 8 月 3 日，我国时代科技部部长徐冠华在国家大学科技园试点工作经验交流会上的讲话中提道：“像联想、方正、华为等一批年轻的高新技术企业，在短短的几年、十几年间迅速成长为产值几十亿、上百亿的小巨人。”[6] 自此，“小巨人”便被开始指代“年轻的高新技术企业”。因此，北京银行在第 36 类“金融、贷款”服务上使用并申请“小巨人”商标，不存在攀附第三人商标的恶意，其使用、注册完全是合理的、合法的。其次，通过原告长期、大量对“小巨人”商标的使用，诉争商标已经与原告形成稳定且唯一的对应关系，建立了稳定的市场格局，其与引证商标“巨人”共存于市场，不会造成相关公众的混淆误认。再次，银行业的运行与整个国家经济形势休戚相关，国家有关金融业的法律、法规和政策

[4] 杰克·弗朗西斯，华盛顿大学金融学博士，曾在宾夕法尼亚大学沃顿商学院任教，主要从事货币经济学研究工作，著有《投资学：全球视角》。

[5] 孔祥俊：《论我国商标司法的八个关系》，《知识产权》，2012 年第 7 期。

[6] 《坚持科技创新 多元化多模式 推动大学科技园发展》，中华人民共和国科学技术部网站，http://www.most.gov.cn/kjzj/kjzjdt/201506/t20150630_120298.htm，最后访问日期：2021 年 4 月 27 日。

是所有行业中最多的，银行的设立需要经过多部门的严格审批，其日常运行更需要遵守我国的监管政策。银行业经营服务项目必须获得国家经营许可，经营地域范围也需要获得国家许可及监管，经营过程中要接受国家金融监督管理部门定期调查、检查和问询，可以说该行业是我国监管最为严格的行业。而本案第三人巨人公司根本无相关资质，不可能进入该领域从事经营活动，也不可能在该领域使用引证商标。因此，相关公众因缺乏对比的渠道和对象也不可能产生混淆、误认。最后，金融服务具有极强的专业性和技术性，它涉及企业的重大利益，在提供金融贷款等服务过程中，借款人一般首先需要与银行签订协议，成为银行协议客户之后还要与银行就贷款额度、利息、还款日期、违约条款等内容进行长时间的多轮沟通，借款人也必须在银行营业处所或者官方网站才能获得服务，消费者对银行业务的注意力远高于其他服务。

最高人民法院在（2016）最高法行再 11 号再审行政判决书中指出："根据再审查明的事实，申请商标与埃克赛德公司的德文商标'Sonnenschein'已在中国长期使用并在相关公众中具有一定的知名度，埃克赛德公司主观上不具有攀附引证商标商誉和混淆商品来源的可能性。此外，蓄电池一般使用在金融、能源、信息等行业，这些行业的相关公众具有较高的注意义务，不会仅仅依据商标的呼叫来识别商品来源。"考虑到服务商标具有的特殊性，消费者一般会具有更高的注意义务，在判定诉争商标与引证商标是否构成近似的时候，应采取较为宽松的审查标准。与本案较为类似的案件还有福建省高级人民法院审理的"小鬼当家"案，该案原告吴炳煌于 2006 年 6 月向国家工商总局商标局提出"小鬼当家"注册申请，并于 2009 年 11 月 7 日获得核准，核定服务项目为第 36 类"保险、信用卡服务、金融服务、信用卡发放、银行"等。2006 年 1 月 4 日，被告中国民生银行股份有限公司下发民银零字［2005］159 号《关于发行"民生·小鬼当家卡"的通知》，定于同月 8 日在全行发行。此后，被告在全国范围内开展了"小鬼当家卡"的广告宣传活动。在互联网上使用百度、谷歌等搜索引擎搜索"小鬼当家卡"，均为被告所发行的首张为中国儿童提供专业理财服务的银行卡。原告以被告侵害商标权为由向法院起诉。法院认为，虽然原告在第 36 类拥有"小鬼当家"商标，但其尚未在本案诉争的服务类别上使用。被告在原告申请商标注册之先已将"小鬼当家"使用于其银行卡，且经过多年的使用，已有一定知名度。由于银行业提供的服务具有很强的专业性，用户选择服务具有特定性，被告是将"小鬼当家"用于其为少年儿童提供专业理财服务的银行卡的特定范围，消费者不可能对被告的该产品与原告在该类别提供的商品或服务产生混淆或误认，故法院判决驳回原告的诉讼请求。[7]

本案涉及的法律要点

服务商标近似的判断标准。

典型意义

本案的典型意义在于虽然商标法将服务商标与商品商标同等对待，但是在实际诉讼的过程中，服务商标因其特殊性要综合考虑一些因素。因此，本案其实是对服务商标近似判断综合考量的又一次实践，也是对商标法将商品商标和服务商标进行区分的必要性的实践推动。

（编写人：吕东宇）

---

〔7〕（2011）闽民终字第683号。

北京知识产权法院
行政判决书

（2019）京73行初1197号

原告：北京银行股份有限公司，住所地北京市西城区金融大街甲17号首层。

法定代表人：张东宁，董事长。(未到庭)

委托诉讼代理人：刘艳锋，北京天驰君泰律师事务所律师。(到庭)

委托诉讼代理人：吕东宇，北京天驰君泰律师事务所律师。(到庭)

被告：国家知识产权局，住所地北京市海淀区蓟门桥西土城路6号。

法定代表人：申长雨，局长。(未到庭)

委托诉讼代理人：卓慧，国家知识产权局审查员。(到庭)

委托诉讼代理人：吴立辉，国家知识产权局审查员。(未到庭)

第三人：巨人投资有限公司，住所地上海市松江区中凯路988号1幢。

法定代表人：史玉柱，执行董事。(未到庭)

委托诉讼代理人：李潇，北京国爱律师事务所律师。(到庭)

委托诉讼代理人：李伟，北京国爱律师事务所律师。(未到庭)

案由：商标不予注册复审行政纠纷。

被诉决定：商评字［2018］第233382号关于第14873503号“小巨人及图”商标（简称诉争商标）不予注册复审决定。

被诉决定作出时间：2018年12月13日。

本院受理时间：2019年2月13日。

开庭审理时间：2019年6月18日。

被诉决定认定：诉争商标指定使用的“网上银行、抵押贷款、金融服务、电子转账、借记卡服务、信用卡服务、分期付款的贷款、银行”服务与第10254592号“巨人”商标（简称引证商标）核定使用的“信用卡服务、电子转账等”服务属于同一种或类似服务，且二者在文字构成、呼叫及含义等方面相近，构成使用在同一种或类似服务上的近似商标，诉争商标的注册构成符合《中华人民共和国商标法》（简称商标法）第三十条规定之情形，决定诉争商标在上述复审服务上不予核准注册。

原告诉称：请求法院依法撤销被诉决定，并判令被告重新作出决定。事实和理由：一、诉争商标与引证商标在字形、发音、含义、整体外观等方面有较大差距，不构成使用在类似服务上的近似商标，且诉争商标在我国金融行业内具有较高知名度，已经与原告形成了稳定且唯一的对应关系，与引证商标共存不会造成相关公众混淆误认；二、北京市第一中级人民法院、北京市高级人民法院此前明确在判决书中指出“小巨人”商标与“巨人”商标不构成商标法意义上的近似商标，故本案诉争商标与引证商标也不构成近似商标。

被告辩称：被诉决定认定事实清楚，适用法律正确，作出程序合法，请求法院驳回原告诉讼请求。

第三人述称：同意被诉决定，请求法院驳回原告的诉讼请求。

本院经审理查明：

一、诉争商标

1. 申请人：原告。

2. 申请号：14873503。

3. 申请日期：2014 年 6 月 16 日。

4. 标志：

。

5. 指定使用服务（第 36 类，类似群：3601、3602、3605）：网上银行；抵押贷款；金融服务；电子转账；借记卡服务；信用卡服务；经纪；保险；分期付款的贷款；银行。

二、引证商标

1. 注册人：第三人。

2. 注册号：10254592。

3. 申请日期：2011 年 11 月 30 日。

4. 专用权期限至：2023 年 10 月 13 日。

5. 标志：巨人。

6. 核定使用服务（第 36 类，类似群：3602、3608－3609）：电子转账；资本投资；基金投资；金融贷款；金融评估（保险、银行、不动产）；金融服务；抵押银行；融资租赁；信用卡服务；借款卡服务；信托；典当。

三、其他事实

行政审查阶段，原告向被告提交了以下证据（均为复印件）：1. 原告及其“小巨人”产品所获荣誉；2. 金融时报、北京日报等媒体对“小巨人”品牌的报道；3. 百度网络搜索关于“北京银行小巨人”的搜索结果。上述证据证明诉争商标经过原告持续、广泛使用，已具有较高知名度和显著性，不会与引证商标造成相关公众的混淆。

诉讼阶段，原告向本院提交了以下证据（均为复印件）：1. 原告 2010 年至 2016 年财务报表及审计报告，证明原告在金融业具有较高知名度；2. 北京市方圆公证处出具的（2019）京方圆内经证字第 04349 号、第 04350 号、第 04351 号三份公证书、“小巨人”产品宣传手册，证明原告以打造“小巨人”品牌为核心进行经营，已形成了稳定的市场秩序；3. 原告及“小巨人”产品所获荣誉、“小巨人”广告宣传推广协议及媒体报道，证明原告“小巨人”具有极高知名度和美誉度，不会与引证商标相混淆；4. 商务部、北京市知识产权局、北京科协中心等机构与原告签署的战略合作协议，证明原告已建立起一整套特色的为中小企业融资的“小巨人”融资方案且在业内已形成巨大影响力；5. 北京光线传媒、华谊兄弟等与原告签署的战略合作协议，证明原告是提出“文化金融”服务理念的先行者；6. 科学技术部部长徐冠华讲话，证明诉争商标“小巨人”的出处；7. 政府机关及相关协会等机构出具的文件，证明原告使用“小巨人”不具有攀附第三人的故意；8. 原告第 17743397 号“小巨人”商标及第 6410539 号图形商标注册证，证明诉争商标的注册具有在先依据，系合法合理；9.（2011）一中民初字第 14455 号民事判决书、（2012）高民终字第 1228 号民事判决书，证明北京市第一中级人民法院及北京市高级人民法院在先判决认定“小巨人”商标与“巨人”商标不构成近似商标。

诉讼阶段，第三人向本院提交了网络媒体对于第三人的引证商标在投资、金融等服务领域实际经营情况的报道复印件，证明在诉争商标申请注册前，第三人便在第 36 类服务上实际使用引证商标并获得了极高知名度。

庭审中，原告认可诉争商标指定使用的“网上银行、抵押贷款、金融服务、电子转账、借记卡服务、信用卡服务、分期付款的贷款、银行”服务与引证商标核定使用的“信用卡服务、电子转账等”服务构成类似服务。

另查，根据中央机构改革部署，原国家工商行政管理总局商标局、商标评审委员会的相关职责由国家知识产权局统一行使。

以上事实，有商标档案、各方当事人在行政程序和诉讼程序中提交的证据及当事人陈述等在案佐证。

本院认为：本案的争议焦点为诉争商标的申请注册是否构成商标法第三十条规定之情形。根据商标法第三十条规定，申请注册的商标，凡不符合本法有关规定或者同他人在同一种商品或者类似商品上已经注册的或者初步审定的商标相同或者近似的，由商标局驳回申请，不予公告。判断诉争商标与引证商标是否构成同一种商品或者类似商品上的相同或近似商标必须具备两个条件，即：一、商标标识相同或近似；二、使用在相同或类似商品或服务上。

鉴于各方当事人对诉争商标指定使用的“网上银行、抵押贷款、金融服务、电子转账、借记卡服务、信用卡服务、分期付款的贷款、银行”服务与引证商标核定使用的“信用卡服务、电子转账等”服务构成类似服务不持异议，本院经审查，予以确认。故本案的争议焦点归纳为诉争商标与引证商标是否构成近似商标。

商标近似是指商标的文字字形、读音、含义或者图形的构图及颜色，或者其各要素组合后的整体结构相似，或者其立体形状、颜色组合近似，易使相关公众对商品的来源产生误认或者认为其来源存在某种特定联系。原告在诉讼阶段提交的两份法院在先判决已认定，“小巨人”文字商标与“巨人”文字商标不构成近似商标，不会导致相关消费者的混淆误认，本案中诉争商标为由小人卡通图案与文字“小巨人”组合而成的图文商标，其显著性强于文字商标“小巨人”，与引证商标“巨人”具有更为明显的区别，在图文设计、构成、整体效果等方面均有区别，不构成近似商标。

另外，原告提交的证据显示，原告在金融服务上持续使用诉争商标，已建立起了稳定的消费群体和市场格局。且尽管诉争商标指定使用的“网上银行、抵押贷款、金融服务、电子转账、借记卡服务、信用卡服务、分期付款的贷款、银行”服务与引证商标核定使用的信用卡服务、电子转账等服务构成相同或类似服务，但是，与一般商品或服务相比，金融服务的服务提供者和接受者之间往往存在着更为充分的沟通和更为详细的认知，相关消费者会施以较高的注意力，一般会对服务提供者的资质、经营状况、经营政策等信息进行较多考察并对金融服务作出较为慎重的选择。

综上，首先，诉争商标与引证商标在文字构成、呼叫、整体效果等方面具有差距，不构成近似商标；其次，原告“小巨人及图”商标在金融服务上经过长期、广泛的宣传和使用，已建立起相对稳定的消费群体和市场格局；再次，第三人的证据不足以证明引证商标“巨人”已与第三人建立起较为稳固的联系，从而容易导致相关消费者对服务来源产生混淆和误认；最后，在金融服务上相关消费者会施以比一般商品或服务更高的注意力，在诉争商标与引证商标具有一定区别以及诉争商标具有一定知名度的基础上，相关消费者不致对诉争商标与引证商标的服务来源产生混淆和误认。故，诉争商标的申请注册不构成商标法第三十条的相关规定。

综上所述，被诉决定认定事实有误、适用法律错误，本院依法应予撤销。依照《中华人民共和国行政诉讼法》第七十条第（一）项、第（二）项之规定，本院判决如下：

一、撤销原国家工商行政管理总局商标评审委员会作出的商评字［2018］第233382号关于第14873503号“小巨人及图”商标不予注册复审决定；

二、国家知识产权局重新作出复审决定。

案件受理费一百元，由被告国家知识产权局交纳（于本判决生效后七日内交纳）。

如不服本判决，各方当事人可在本判决书送达之日起十五日内向本院提交上诉状及副本，并交纳上诉案件受理费一百元，上诉于北京市高级人民法院。

审 判 长 刘 岭
人民陪审员 宫朝红
人民陪审员 蒋莉莉
二〇一九年六月二十五日
法官助理 高 璇
书 记 员 全春颖

"优酸乳及图" 商标驳回复审行政诉讼案

基本案情

诉讼当事人

被上诉人（原审原告）：内蒙古伊利实业集团股份有限公司，住所地：内蒙古自治区。

上诉人（原审被告）：国家知识产权局，住所地：北京市海淀区。

案由

◎ **商标申请驳回复审行政纠纷**[1]

案情简介

内蒙古伊利实业集团股份有限公司（以下简称伊利集团）于1997年推出"优酸乳"产品，发展出一个全新的奶制品种类，开创了中国液态奶时代的蓝海，并由此构建了中国乳饮料市场的新格局。经过20多年的发展创新，"优酸乳"已成为伊利集团旗下年销售额超过90亿元人民币的重要品牌，但是"优酸乳"商标一直未获得注册。本案第23257741号"优酸乳及图"商标（以下简称诉争商标）申请日期是2017年3月22日，指定使用在第29类"牛奶"等商品上，诉争商标被商标局以缺乏显著性予以驳回。伊利集团不服，向商标评审委员会提起驳回复审，2018年10月16日，商标评审委员会作出商评字［2018］第188201号决定书（以下简称被诉决定），认为"优酸乳"是一种含乳饮料，该商标指定使用在复审商品上，直接表示了商品的原料等特点，难以起到区分商品来源的作用，缺乏商标应有的显著性特征，已构成2014年《商标法》第十

〔1〕 北京市高级人民法院（2019）京行终7256号。

一条第一款第（二）项所指情形，决定驳回复审商标在复审商品上的注册申请。

伊利集团不服，向北京知识产权法院提起行政诉讼，认为诉争商标“优酸乳”本身并非固有的中文搭配，也并非现有的产品名称或原料名称，是伊利集团独创的臆造词，天生具有显著性。自1997年开始，“优酸乳”作为伊利集团乳饮料系列品牌进行宣传和使用，经过20多年的持续使用与宣传，已具有极高知名度，具有识别商品来源的作用。诉争商标是对“优酸”商标的延续性注册。本案针对绝对条款的审查，应严格秉持审查标准一致性原则，做到同案同判，本案诉争商标也应核准注册。因此，诉争商标具有商标的识别性作用，具有可注册性，不违反《商标法》第十一条的规定。

案件处理结果

北京知识产权法院认为：本案诉争商标为图文组合商标，由文字“优酸乳”及图形构成，诉争商标的文字部分为“优酸乳”，商标评审委员会认定“优酸乳”为一种含乳饮料的统称，但并未就此阐明理由及依据。就案件中的证据来看，“优酸乳”并非中文固定词组，也并非行业的通用名称及常见概念，其仅仅是伊利公司推出的一款乳饮料的品牌，伊利公司与“优酸乳”之间建立了唯一对应的联系，“优酸乳”作为商标指定使用在复审商品上，并未直接表明该类商品的原料、内容等特点，具有商标应有的显著性，故诉争商标使用在复审商品上具有商标固有的显著性。

同时，伊利公司提交的诉争商标使用、宣传的证据，能够证明该标志的商品年销售额数十亿元，消费者覆盖全国31个省、市、自治区，而且伊利公司自1997年使用该标志起，进行了大量、持续不断的广告宣传。在此情况下，通过伊利公司持续地使用、宣传，诉争商标在复审商品上获得了更强的显著性和知名度。因此，诉争商标应当予以注册。

一审判决撤销被诉决定，支持伊利集团的诉讼请求。商标评审委员会不服，上诉至北京市高级人民法院，二审判决维持一审判决，伊利集团胜诉。

律师策略与解析

本案的争议焦点即诉争商标是否具有商标显著性，是否构成《商标法》第十一条第一款第（二）项所指情形。显著性是商标的根本属性，指商标所具有的标示企业商品或服务出处并使之区别于其他企业之商品或服务的功能。代理律师从诉争商标天生显著性、商标实际使用情况以及审查标准一致性等方面着手准备证据和提炼诉讼观点，最终获得了全面胜利。

1. 商标的显著性认定

商标的显著性，又称商标的识别性或区别性，我国《商标法》中的相关表述为“具有显著特征，便于识别”，即某一件标志使用在指定商品或服务上，能够让相关公众认为其应该或者实际与商品或服务的特定出处有关。如果商标不具备可识别性，则无法区分商品和服务来源，也便失去了其作为商标的意义，因此显著性是商标注册应当具备的基本特征。通常判断显著性的关键在于标志本身与指定使用商品/服务之间的关联程度，关联程度越高，显著性越弱；关联程度越低，则显著性越强。

我国《商标法》第十一条第一款规定：“下列标志不得作为商标注册：（一）仅有本商品的通用名称、图形、型号的；（二）仅直接表示商品的质量、主要原料、功能、用途、重量、数量及其他特点的；（三）其他缺乏显著特征的。”另一方面，第十一条第二款还规定了但书条款：“前款所列标志经过使用取得显著特征，并便于识别的，可以作为商标注册。”《最高人民法院关于审理商标授权确权行政案件若干问题的规定》第七条规定：“人民法院审查诉争商标是否具有显著特征，应当根据商标所指定使用商品的相关公众的通常认识，判断该商标整体上是否具有显著特征。商标标志中含有描述性要素，但不影响其整体具有显著特征的；或者描述性标志以独特方式加以表现，相关公众能够以其识别商品来源的，应当认定其具有显著特征。”

商标的显著性并非天然存在，即使一开始没有显著性的商标，也可以经过长期使用而获得显著性。这里的“经过长期使用”是指，标识经过使用起到了识别商品和服务来源的作用，具备较强的识别性。因此在对商标显著性的判断中，应当综合商标本身的含义、外观构成、使用该商品的相关公众对于该商标的认知情况，以及指定使用商品或服务的实际使用情况进行判断。具体而言，判断商标显著性首先需要考虑商标本身在视觉、听觉上的差异性，不仅能够让消费者将其与同类商品的其他商标进行区分，还要能够意识到某一标志是商标。换言之，如果消费者仅从视觉上的独创性将某一商品与其他商品进行区分，而不能注意到该商品的标志，则不符合商标注册的显著性条件。而在商业实践中，企业在激烈的市场竞争中常常采取的策略是让消费者快速辨识自身品牌，并接受相关商品和服务。商品的显著性通过商品销售行为，以及广告宣传手段才能真正获得。简洁醒目的商业标识有助于消费者对企业与其商品和服务产生认知上的对应关系，从而使原本不具有显著性的商业标识具备商标区分商品和服务来源的功能。因此，商品或服务实际使用的时间、地域、范围、销售规模及经营状况等因素应当作为商标显著性认定的重要考量因素。

2. “优酸乳”是由伊利集团独创的臆造词，天生具有显著性

“优酸乳”本身并非固有的中文搭配，也并非现有的产品名称或原料名称，是伊利集团独创的臆造词，天生具有显著性。商标评审委员会认为诉争商标属于原料名称，其认定依据来源于“百度百科”，而“百度百科”的内容是任何人都可以进行编辑的，极不具有权威性。针对绝对条款的审查，商标评审委员会仅以“百度百科”作为审查依据明显过于随意，且对于伊利集团使用了20多年的商标，在没有任何证据的情况下判断其属于原料名称，对伊利集团极不公平。因此，代理律师在一审程序中着重强调商标评审委员会认定诉争商标为原料名称是没有事实依据的。事实上，这是目前这类案件中普遍存在的问题，审查机关进行绝对条款的审查时应更为审慎，尽可能有相应工具书参考，提出有说服力的事实和证据，而不能仅仅通过“百度百科”来判定商标“生死”。

同时，据《商标法》第十一条第一款的规定，只有仅直接表示商品的质量、主要原料、功能、用途、重量、数量及其他特点的，才不能注册为商标。“优酸乳”作为一个臆造词，并非产品原料，诉争商标也并非仅直接表示商品的原料特点，在没有明显证据的情况下，商标评审委员会认定臆造且使用多年的诉争商标“优酸乳”缺乏显著性，存在事实认定错误。

3. “优酸乳”商标已使用20多年，通过使用其商标显著性进一步增强，具有识别商标来源的作用

伊利“优酸乳”系列产品是伊利集团于1997年推出，在全国范围内长期、大规模、高密度宣传、高销售量推广并持续至今的知名度、美誉度较高的酸奶饮料系列产品，起初有原味、蓝莓、草莓、甜橙、AD钙5种口味、包装。伊利“优酸乳”产品的推出，开创了中国液态奶时代的蓝海，并由此构建了中国乳饮料市场的新格局。2014年，“优酸乳”全面启动品牌升级战略，使用新标识，针对年轻人市场，进行系列化包装，并开发新的口味，为“优酸乳”品牌注入崭新活力。

伊利集团提供的在案证据可以表明，伊利集团是“优酸乳”品牌的唯一市场主体，经过20多年的持续使用与宣传，“优酸乳”商标具有极高知名度，伊

利集团与"优酸乳"已建立了唯一对应关系，"优酸乳"具有识别商品来源的作用。

此外，第三方审计报告显示，伊利集团使用"优酸乳"商标的"牛奶、牛奶饮料"的销售额，2014 年为 631956.72 万元，2015 年为 607394.36 万元，2016 年为 482163.39 万元，2017 年 1—6 月为 249647.55 万元，三年半合计 1971162.02 万元。消费者区域分布于全国 31 个省、市、自治区。

央视市场研究股份有限公司凯度消费者指数研究数据显示：2013—2018 年，我国城市常住家庭对成人酸味奶的消费中，"优酸乳"品牌的历年销售额和销售量占比均超过 22%，2018 年销售量占比上升为 31.3%，2018 年销售额占比上升为 27.8%。

2012—2016 年，伊利集团对"优酸乳"商标的广告投入累计达到 16015.22 万元，包括中央电视台在内的多家主要媒体上都有关于"优酸乳"的报道。中国乳制品工业协会证明："优酸乳"酸乳饮料产品，2016—2018 年全国同行业销售额份额分别为 13.0%、排名第二，13.5%、排名第三，13.5%、排名第三。2016—2018 年全国同行业销售量份额分别为 16.4%、排名第二，17.6%、排名第二，17.7%、排名第二，这些数据足以证明伊利集团"优酸乳"品牌具有极高知名度。

4. "优酸乳"商标应被认定为"优酸"商标的延续性注册

首先，"优酸"是伊利集团注册商标，且第 29 类 1743196 号"优酸"商标 2011 年 11 月已被商标局认定为第 29 类"牛奶饮料（以牛奶为主的）"商品上的驰名商标，诉争商标"优酸乳"完整包含了具有极强显著性和知名度的商标，进一步提升了"优酸乳"商标本身的显著性和知名度。相关公众看到"优酸乳"商标必然联系到"优酸"及伊利集团企业，能起到识别商品来源的作用。

其次，伊利集团既然对"优酸"商标享有商标专用权，就必然排斥其他市场主体使用"优酸乳"或其他近似商标。虽然伊利集团没有"优酸乳"商标专用权，但伊利集团通过"优酸"商标进行市场维权进一步净化了市场，保证市场上"优酸乳"品牌的提供主体唯一，确保伊利集团专用"优酸乳"商标，形成实质意义上的"优酸乳"与伊利集团之间的唯一对应关系，从而使"优酸乳"能起到识别商品来源的作用。

最后，诉争商标"优酸乳"与"优酸"商标仅一字之差，属于近似商标，在先商标"优酸"已具有一定知名度，相关公众看到"优酸乳"商标自然会联想到"优酸"商标，二者具有对应关系，因此，注册"优酸乳"商标也是对

“优酸”商标的延续性注册，应予核准注册。

5. 绝对条款的审查，应严格秉持审查标准一致性原则

诉争商标被驳回涉及的《商标法》第十一条属于绝对条款，针对绝对条款的审查应更多考虑审查标准一致性，做到同案同判。本案中，诉争商标与蒙牛公司“酸酸乳”商标的商标构成接近，“酸酸乳”商标与本案诉争商标具有类似的驳回经历且经过无效审查，目前“酸酸乳”商标已核准注册，根据审查标准一致性原则，本案诉争商标也应核准注册。同时，代理律师检索发现，其他第三人公司注册的“优先乳”“优美乳”等商标均已核准注册，适用绝对条款进行审查，应严格秉持审查标准一致性原则，做到同案同判，“优酸乳”商标也应核准注册。

综上所述，诉争商标本身具有商标可注册性的最低固有显著性，且商标标志整体经过艺术化处理具有更高位次显著性；该系列商品经长达20多年的长期、广泛、高密度宣传和高数量销售，其商标已经具有较高的获得显著性，消费者看到该商标，即与伊利集团建立唯一对应关系，因此商标具有可注册性，不违反《商标法》第十一条一款（二）项规定，且符合十一条二款但书条款规定“前款所列标志经过使用取得显著特征，并便于识别的，可以作为商标注册”，应予初审公告。最终，一审法院采信了伊利集团的主张，撤销被诉决定。商标评审委员会不服，上诉至北京市高级人民法院，二审判决最终维持一审判决，伊利集团全面胜诉。

本案涉及的法律要点/理论知识点

商标显著性的认定。

典型意义

商标缺乏显著性是商标注册过程中被驳回的重要因素。通常来说，商标显著性的判断取决于标志本身与指定商品或服务之间的关联程度，即商标获得显著性需要与使用主体之间建立“特定的关系”从而发挥商标的识别来源作用。关联程度越高，显著性越弱，反之则越强。商标评审委员会在授权阶段对于先天的显著性并没有强弱要求，只要求注册商标达到最低限度的显著性。然而从长期实践结果来看，“最低限度的显著性”是一个非常主观且抽象的概念，同

时，根据《商标法》第十一条第二款的规定，商标通过使用可以获得显著性而具有识别性，从而具有可注册性。通常情况下，通过使用获得显著性的案件中，对商标的使用证据要求较高，甚至接近于驰名商标的认定证据。一方面，要求申请商标长期使用和推广，在相关公众中有较高知名度和美誉度；另一方面，申请商标应与权利人建立唯一对应关系。由于本条款审查的显著性就是判断商标是否可以区分商品或服务来源，对于显著性稍弱的商标，通常要求申请商标与权利人形成一一对应关系。简而言之，除权利人使用申请商标以外，若有任何第三人使用申请商标，申请商标就不能与权利人建立对应关系，就削弱了申请商标的识别性。本案"优酸乳"系列产品在市场销售20多年，且只有伊利集团使用"优酸乳"商标，这是理想的状况，在使用主体单一的情况下，诉争商标与伊利集团建立了唯一对应关系。法院通过排除《商标法》第十一条一款和认可第二款通过使用增强其显著性两个方面认定"优酸乳"商标具有可注册性，最终判决撤销商标评审委员会裁定。因此，在当事人的商标有可能因缺乏显著性被驳回的情况下，应该建议当事人通过其他方式确保诉争商标使用主体单一，避免诉争商标被通用化削弱识别性，本案对类似情况的应对具有借鉴意义。

本案获奖/社会影响

截至2019年本案二审判决时，"优酸乳"年销售额已突破90亿元人民币，这是伊利集团20多年来持续使用和宣传的结果，"优酸乳"商标的核准注册意义深远。

（编写人：陈玉韩）

北京市高级人民法院
行政判决书

（2019）京行终7256号

上诉人（原审被告）：国家知识产权局，住所地北京市海淀区。

法定代表人：申长雨，局长。

委托诉讼代理人：赵辉，国家知识产权局审查员。

被上诉人（原审原告）：内蒙古伊利实业集团股份有限公司，住所地内蒙古自治区。

法定代表人：潘刚，董事长、总经理。

委托诉讼代理人：陈玉韩，北京天驰君泰律师事务所律师。

上诉人国家知识产权局因商标申请驳回复审行政纠纷一案，不服北京知识产权法院（2019）京73行初784号行政判决，向本院提起上诉。本院于2019年8月30日受理本案后，依法组成合议庭公开开庭进行了审理。上诉人国家知识产权局的委托诉讼代理人赵辉，被上诉人内蒙古伊利实业集团股份有限公司（简称伊利公司）的委托诉讼代理人陈玉韩到庭参加了诉讼。本案现已审理终结。

北京知识产权法院审理查明：

一、诉争商标

1. 申请人：伊利公司。

2. 申请号：23257741。

3. 申请日期：2017年3月22日。

4. 标志：

5. 指定使用商品：牛奶；牛奶制品；牛奶替代品等商品（统称复审商品）。

二、被诉决定：商评字［2018］第188197号《关于第23257741号“优酸乳及图”商标驳回复审决定书》。

被诉决定作出时间：2018年10月16日。

原国家工商行政管理总局商标评审委员会（简称商标评审委员会）以诉争

商标构成2014年施行的《中华人民共和国商标法》(简称2014年商标法)第十一条第一款第二项所指情形为由,作出被诉决定,驳回诉争商标在复审商品上的注册申请。

三、伊利公司的使用证据

(一)在商标评审阶段,伊利公司向商标评审委员会提交了如下主要证据:

1. 伊利公司网站信息;
2. 伊利公司相关商标信息;
3. 相关广告宣传证据;
4. 产品销售合同、销售发票、销售情况报表;
5. 所获荣誉;
6. 宣传协议及付费发票;
7. 上市公司年报;
8. 维权打假记录;
9. 在先判决;

(二)在原审诉讼阶段,伊利公司向原审法院提交了如下主要证据:

1. 对"优酸乳"商标执行商定程序的报告;
2. 凯度消费者指数研究数据声明;
3. 2017—2018年部分销售合同;
4. 2017—2018年部分销售发票;
5. 2017—2018年部分广告合同;
6. 周杰伦、周冬雨广告代言合同;
7. 广告监播证明;
8. "优酸"商标认驰证明;
9. 部分荣誉;
10. 国家图书馆检索报告;
11. 行业协会证明;
12. "酸酸乳"等其他商标档案;
13. 百度百科"豆乳";
14. 现代汉语词典对"乳"的解释。

对于伊利公司在原审诉讼程序中提交的证据,原审法院认为,伊利公司提交的对"优酸乳"商标执行商定程序的报告、凯度消费者指数研究数据声明证据的出具时间虽然晚于诉争商标申请日,但对于其证明内容的事实早于诉争商标申请日，予以采信；伊利公司提交的产品销售合同及发票、广告合同、广告代言合同、广告监播证明证据中，对于形成时间早于诉争商标申请日的证据，予以采信，对形成时间晚于诉争商标申请日的证据，不予采信；伊利公司提交的行业协会出具的证明，予以采信。

北京知识产权法院认为：本案中，诉争商标为图文组合商标，由文字“优酸乳”及图形构成。商标评审委员会认定“优酸乳”为一种含乳饮料的统称，但并未就此阐明理由及依据。就目前证据来看，“优酸乳”并非中文固定词组，也并非行业的通用名称及常见概念，其仅仅是伊利公司推出的一款乳饮料的品牌，伊利公司与“优酸乳”之间已经建立了唯一对应的联系，“优酸乳”作为商标指定使用在复审商品上，并未直接表明该类商品的原料、内容等特点，具有商标应有的显著性，故诉争商标使用在复审商品上具有商标应该具有的固有显著性。同时，考虑到伊利公司提交的诉争商标使用、宣传的证据，能够证明使用该标志的商品年销售额数十亿元，消费者覆盖全国三十一个省市自治区（伊利公司原审诉讼期间提交的证据一、三、四）。而且伊利公司自 1997 年使用该标志起，进行了大量、持续不断的广告宣传（伊利公司原审诉讼期间提交的证据五至七）。在此情况下，诉争商标通过伊利公司持续地使用、宣传，使得诉争商标在复审商品上获得了更强的显著性和知名度。因此，诉争商标在自身具有显著性的同时通过持续使用、宣传获得了更强的显著性，应当予以注册。被诉决定对此认定错误，予以纠正。考虑到伊利公司在原审诉讼阶段提交了新证据等因素，故本案的诉讼费由伊利公司承担。

北京知识产权法院依照《中华人民共和国行政诉讼法》第七十条第一项之规定，判决：一、撤销被诉决定；二、国家知识产权局重新作出决定。

国家知识产权局不服原审判决，向本院提起上诉，请求撤销原审判决，维持被诉决定，其主要上诉理由是：诉争商标可以理解为“优质的酸味的乳制品”，指定使用在牛奶替代品等商品上，直接表示了产品的品质、口味、原料等特点，相关公众不易将其作为商标识别，缺乏商标应有的固有显著性，构成 2014 年商标法第十一条第一款第二项所指情形。伊利公司提交的证据涉及“安慕希”“金典”“畅意”等诸多品牌，并非全部系诉争商标的使用证据，且均未涉及指定使用的奶油（奶制品）、黄油、炼乳、豆奶、乳清、果冻、奶酪等商品，不能证明诉争商标经过使用已经取得显著特征，可以作为商标注册。

伊利公司服从原审判决。

经审理查明：原审法院查明的事实属实，且有诉争商标的商标档案、被诉决定、行政阶段相关材料、伊利公司在商标评审阶段和原审诉讼阶段提交的证据材料及当事人陈述等在案佐证，本院对此予以确认。

另查一，诉争商标指定使用的全部复审商品为：牛奶、牛奶制品、牛奶饮料（以牛奶为主）、奶油（奶制品）、黄油、黄油乳脂、人造黄油、搅打过的奶油、炼乳、植物奶油、果冻、奶酪、酸奶、乳清、蛋白质牛奶、豆奶、牛奶替代品。

另查二，伊利公司在第29类商品上在先申请注册有第1743196号“优酸”商标（申请日为2001年3月14日），核定使用商品为：奶油（奶制品）、奶酪、牛奶、酸乳酪、牛奶饮料（以牛奶为主）、牛奶制品、奶茶（以奶为主）、可可牛奶（以奶为主）、酸奶。该商标于2011年被原国家工商行政管理总局商标局（简称商标局）认定为在牛奶饮料（以牛奶为主）商品上的驰名商标。

另查三，根据中央机构改革部署，商标局、商标评审委员会的相关职责由国家知识产权局统一行使。

以上事实，有伊利公司提交的证据在案佐证。

本院认为：2014年商标法第十一条第一款第二项规定，仅直接表示商品的质量、主要原料、功能、用途、重量、数量及其他特点的标志不得作为商标注册。

诉争商标的显著识别部分为“优酸乳”文字。“优酸乳”若使用在牛奶、牛奶制品、牛奶饮料（以牛奶为主）、酸奶、乳清、蛋白质牛奶、豆奶、牛奶替代品商品上，由于“优酸乳”并非中文固有词汇，也并非上述商品的常见名称，同时考虑到伊利公司在第29类商品上已经在先获准注册了“优酸”商标且被认定为驰名商标，即“优酸”与伊利公司形成了稳定对应关系等情况，可以认定诉争商标并未构成对上述商品特点的直接描述；“优酸乳”若使用在奶油（奶制品）、黄油、黄油乳脂、人造黄油、搅打过的奶油、炼乳、植物奶油等其余复审商品上，亦未对上述商品的口味、成分、原料进行直接描述。鉴于此，诉争商标在指定使用的复审商品上具有显著特征，可以发挥区别商品来源的作用。原审法院关于诉争商标未构成2014年商标法第十一条第一款第二项之情形的认定并无不当，本院予以确认。

综上所述，原审判决认定事实清楚，适用法律正确，程序合法，应予维持。国家知识产权局的上诉理由均不能成立，对其上诉请求，本院均不予支持。依据《中华人民共和国行政诉讼法》第八十九条第一款第一项之规定，判决如下：

驳回上诉，维持原判。

一审案件受理费一百元，由内蒙古伊利实业集团股份有限公司负担（已交纳）；二审案件受理费一百元，由国家知识产权局负担（已交纳）。

本判决为终审判决。

审 判 长　亓　蕾
审 判 员　蒋　强
审 判 员　王晓颖
二〇一九年十一月二十九日
法官助理　韩哲宏
书 记 员　何　雅

“同济” 商标无效宣告行政诉讼案

基本案情

诉讼当事人

被上诉人（原审原告）：武汉同济现代医药科技股份有限公司，住所地：湖北省武汉经济技术开发区高科技产业园22号。

上诉人（原审第三人）：国药集团同济堂（贵州）制药有限公司，住所地：贵州省贵阳市经济技术开发区。

上诉人（原审被告）：国家知识产权局，住所地：北京市海淀区蓟门桥西土城路6号。

案由

◎ **商标无效宣告行政纠纷**[1]

案情简介

武汉同济现代医药科技股份有限公司（以下简称武汉同济公司）与国家知识产权局、国药集团同济堂（贵州）制药有限公司（以下简称贵州同济堂公司）关于第10594411号“同济”商标（以下简称诉争商标）无效宣告行政纠纷案，是涉及中华老字号企业名称权保护边界、商标延续性注册的典型案例。

武汉同济公司创始于1989年，本是华中科技大学同济医学院校办工厂（原名“武汉同济医科大学制药厂”），2000年，武汉同济医科大学制药厂整体改制为有限公司。从1989年起，武汉同济公司在第5类“人用药”上在先注册了繁体同济商标，且经过使用该商标已具有极高知名度，多次被认定为湖北省

---

〔1〕 北京市高级人民法院（2019）京行终10066号。

著名商标。基于传播的便利考虑，武汉同济公司于2012年在第5类“人用药”上申请并注册了第10594411号简体版商标“同济”。贵州同济堂公司认为诉争商标“同济”与其引证商标“同济堂”构成相同或类似商品上的近似商标，且损害了其中华老字号“同济堂”的企业名称权，向国家知识产权局申请宣告无效。国家知识产权局认为：诉争商标“同济”与引证商标“同济堂”构成相同或类似商品上的近似商标，违反了《商标法》第三十条的规定；但诉争商标“同济”未损害贵州同济堂公司的“同济堂”企业名称权，支持贵州同济堂公司的部分主张，裁定对诉争商标“同济”予以宣告无效。武汉同济公司和贵州同济堂公司均不服国家知识产权局裁定，分别向北京知识产权法院提起行政诉讼。

案件处理结果

北京知识产权法院审理认为：武汉同济公司在先商标所承载的商誉可以延续至诉争商标，不会与引证商标“同济堂”构成混淆误认，未违反《商标法》第三十条的规定；虽然“同济堂”于2007年被商务部认定为中华老字号，但其商号与诉争商标有一定区别，且诉争商标“同济”与同济堂公司的字号“同济堂”均具有一定影响力，各自形成相对稳定的市场格局，继续在原有范围内使用未损害对方利益，未违反《商标法》第三十二条的规定。因此，在不服同一裁定分别起诉的两个行政诉讼案中，北京知识产权法院支持武汉同济公司的诉讼请求，驳回贵州同济堂公司的诉讼请求，撤销被诉裁定。

国家知识产权局和贵州同济堂公司不服一审判决，上诉至北京市高级人民法院，二审法院维持一审判决，武汉同济堂公司胜诉。

律师策略与解析

针对本案焦点，即诉争商标是否违反《商标法》第三十条、第三十二条“在先商号权”的问题，代理律师从武汉同济公司注册诉争商标的正当性、诉争商标承载了在先商标的商誉、武汉同济公司的善意以及相关案件中法院的认定等多角度、多层次组织证据，最终一审程序撤销商标评审委员会裁定，且二审判决维持一审判决，武汉同济公司“同济”商标得以维持注册。

1. 诉争商标"同济"的历史渊源

"同济"得名于1907年由德国人创办的上海德文医学堂，1908年改名为"同济德文医学堂"，"同济"是从德语"德意志"（Deutsch）在上海话中的谐音而来，当时寓意"同舟共济"。

"同济德文医学堂"后发展成为同济大学医学院，是上海同济大学的前身，是中国现代医学的发源地之一。新中国成立后为配合教育资源统筹布局，1951年同济大学医学院从上海迁至武汉，与武汉大学医学院合并，组建中南同济医学院，1985年改名为同济医科大学，2000年，同济医科大学与华中理工大学合并，成为华中科技大学同济医学院。

1989年，当时的同济医科大学为促进科研成果转化，为药学专业学生提供实习基地，成立校办工厂——同济医科大学制药厂，武汉同济公司的法定代表人李亦武就是当时同济医科大学制药厂的法定代表人。2000年，武汉同济医科大学制药厂整体改制为武汉同济现代医药有限公司，2013年企业名称变更为武汉同济现代医药科技股份有限公司。

2. "同济"商标已具有极高知名度，诉争商标是对在先商标的延续性注册

武汉同济公司致力于医药科研成果产业化，拥有茶剂、胶囊剂、片剂、颗粒剂、喷雾剂等剂型生产线，拥有自主知识产权专利10余项、产品80余种，其中药品文号56个、食品文号26个。其主导产品有：获得"国家高技术产业化示范工程项目""国家重点新产品""国家火炬计划""中国专利技术博览会金奖""湖北省科技进步一等奖""湖北省名牌产品"等荣誉的全国独家便秘专用药——便乃通茶；高含量补钙剂——碳酸钙片等补钙系列产品；被列入国家高技术中药产业化示范工程项目的治疗功能性子宫出血的妇科药——断血流泡腾片。后备产品有：获国家发明专利并已完成二期临床研究的鼻炎新药——鱼腥草鼻喷雾剂等。"同济"具有悠久的历史，武汉同济公司使用"同济"商标及商号具有深刻的历史根源，诉争商标的注册具有合法性和正当性。

2014年《北京市高级人民法院关于商标授权确权行政案件的审理指南》第8条指出："商标注册人的基础注册商标经过使用获得一定知名度，从而导致相关公众将其在同一种或者类似商品上在后申请注册的相同或者近似商标与其基础注册商标联系在一起，并认为使用两商标的商品均来自该商标注册人或与其存在特定联系的，基础注册商标的商业信誉可以在在后申请注册的商标上延续。"本案中，早在1989年，武汉同济公司就在第5类"人用药"上申请注册

“同济”商标，注册号：536110；2002 年，武汉同济公司又注册了 3178271 号“同济”商标，核定使用商品也为“人用药”。从 1989 年同济医科大学制药厂成立时开始，“同济”就作为武汉同济公司的核心品牌及企业字号使用至今。武汉同济公司于 2002 年 5 月 17 日申请注册在第 5 类商品上的第 3178271 号商标分别于 2010 年、2013 年被评为武汉市著名商标，第 3178271 号“同济”商标经过使用已积累了极高的声誉。诉争商标标识为纯文字商标“同济”，商品项目也包含“人用药”，消费者看到诉争商标会基于在先商标的知名度而自然将二者联系到一起，认为上述商标所标识的产品均来源于武汉同济公司或者与其存在关联，武汉同济公司的在先基础注册商标的声誉可以在诉争商标上得以延续。

3. 在关联案件中，生效判决已认定“同济”与“同济堂”共存不会造成消费者混淆误认

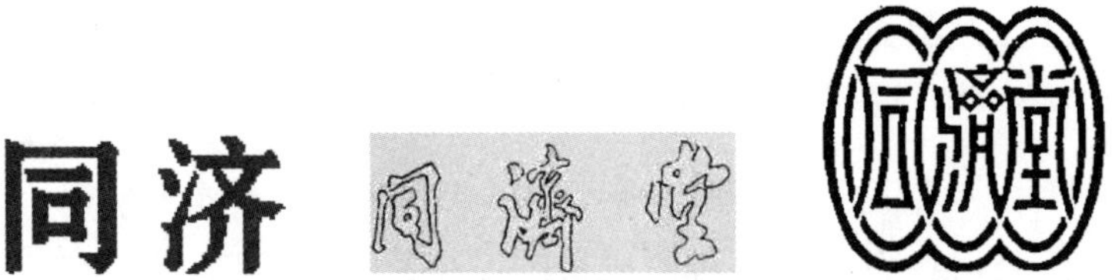

诉争商标　　引证商标一　　引证商标二

第一，诉争商标为单纯的中文商标，由两个中文“同—济”左右结构分布而成，均为印刷字体，设计简单、大方，易于识别，呼叫为“tong ji”。引证商标一为中文商标，由三个汉字“同—济—堂”横向分布而成，且字体进行艺术变形，只用线条勾勒出三个汉字的轮廓，中间采用镂空方式设计，与诉争商标印刷字体完全不同。同时，“济”字为繁体书写方式，与诉争商标的简体“济”字构成不同。消费者将其识别为“tong ji tang”。引证商标二为图文组合商标，由中文和图形两种要素组成，图形由三个横向嵌套的椭圆组成，内置三个汉字“同济堂”，汉字字体独特，采用汉仪花蝶体书写而成，上下宽、中间细，与诉争商标印刷字体书写方式完全不同。消费者将其识别为“tong ji tang”。可见，诉争商标与两个引证商标的整体外观及文字的构成完全不同，足以引起消费者的注意，不会产生混淆误认。

第二，在申请人贵州同济堂公司商标注册申请驳回复审行政诉讼中，北京知识产权法院关于第 11324244 号“同济堂及图”商标驳回复审行政诉讼一审作

出的（2014）京知行初字第182号判决书认定：诉争商标第11324244号“同济堂及图”商标与引证商标“同济”（武汉同济公司申请的第3178271号“同济”商标）标识尚可区分，诉争商标与引证商标共存，不易造成相关公众的混淆误认。虽然商标行政诉讼应遵从个案审查原则，但根据审查标准一致性原则，针对本案相同当事人、相同商品上的相同商标，《商标法》第三十条应适用相同的审判标准和尺度，做到同案同判。

4. “同济堂”老字号实际使用在药店而非人用药产品上，其老字号商誉不能延及诉争商标指定使用商品人用药

商务部于2006年4月10日发布实施的商改发〔2006〕171号《“中华老字号”认定规范（试行）》[2] 中关于中华老字号的定义是：历史悠久，拥有世代传承的产品、技艺或服务，具有鲜明的中华民族传统文化背景和深厚的文化底蕴，取得社会广泛认同，形成良好信誉的品牌。认定条件为：“（1）拥有商标所有权或使用权。（2）品牌创立于1956年（含）以前。（3）传承独特的产品、技艺或服务。（4）有传承中华民族优秀传统的企业文化。（5）具有中华民族特色和鲜明的地域文化特征，具有历史价值和文化价值。（6）具有良好信誉，得到广泛的社会认同和赞誉。（7）国内资本及港澳台地区资本相对控股，经营状况良好，且具有较强的可持续发展能力。”参照上述规定，中华老字号注重的是其悠久历史和技艺、服务的传承。

本案中，贵州同济堂公司成立于2005年6月29日，成立仅十余年，根本算不上历史悠久。老字号是指创办有一定时间，其产品或服务质量优良，有较广泛的知名度和历史影响，商誉良好，声誉经久不衰的经营实体的名称。贵州同济堂公司提供的证据显示，老字号“同济堂”实际为药店，其作为老字号传承的是药店服务，非药品生产。老字号的保护范围应是基于其传承的服务，不应随意扩大，本案中诉争商标指定使用在商品分类表第5类“药品”上，与药店服务（商品分类表第35类“药品的批发或零售”）存在本质区别。因此，即使认为贵州同济堂公司属于中华老字号，其保护范围也仅限于药店等服务上，不能及于诉争商品指定使用商品人用药。

5. 合法善意使用人的在先权利应予保护

贵州同济堂公司提供的显示其使用“同济堂”作为商标或企业字号的证据，

---

〔2〕 中华人民共和国商务部商改发〔2006〕171号。

均在2000年以后，除了其提及的“同济堂”老字号的两篇报道外，本案中贵州同济堂公司提供的最早的关于“同济堂”商标的使用证据的形成时间远远晚于武汉同济公司1989年注册“同济”商标和成立同济医科大学制药厂的时间。因此，相对于贵州同济堂公司，武汉同济公司属于“同济”商标的在先注册和使用人，若要苛责“同济堂”与“同济”商标共存造成市场混淆的话，也应由在后商标注册人或商标使用人承担责任，武汉同济公司是“同济”商标的在先使用和注册人，其合法在先权利人的权益应获得保护。

本案涉及的法律要点/理论知识点

1. 商标的延续性注册；
2. 老字号的企业名称保护边界。

典型意义

一般来说，商标注册人对其注册的不同的商标享有各自独立的商标专用权，其先后注册的商标之间并不当然地具有延续关系。但若在先注册商标通过使用具有较高知名度，其在后注册的商标与在先商标之间可以形成一种延续关系，即商标的延续注册是对在先基础商标上所承载的经营者商誉的延续，而非对商标本身的延续，因此，先后注册商标是否具有延续关系，以基础商标具有一定知名度为基本要件。针对商标延续性注册的认定，目前司法实践进行了严格限制，本案是适用延续性注册的典型案例。

本案获奖/社会影响

本案入选“2020年商标授权确权十大典型司法案例”。

（编写人：陈玉韩）

北京市高级人民法院
行政判决书

（2019）京行终10066号

上诉人（原审被告）：国家知识产权局，住所地北京市海淀区蓟门桥西土城路6号。

法定代表人：申长雨，局长。

委托诉讼代理人：李海珍，国家知识产权局审查员。

上诉人（原审第三人）：国药集团同济堂（贵州）制药有限公司，住所地贵州省贵阳市经济技术开发区。

法定代表人：朱鹤，总经理。

委托诉讼代理人：江早云，北京创博律师事务所律师。

委托诉讼代理人：胡丹丹，北京创博律师事务所律师。

被上诉人（原审原告）：武汉同济现代医药科技股份有限公司，住所地湖北省武汉经济技术开发区高科技产业园22号。

法定代表人：李亦武，总经理。

委托诉讼代理人：陈玉韩，北京天驰君泰律师事务所律师。

上诉人国家知识产权局、国药集团同济堂（贵州）制药有限公司（简称同济堂公司）因商标权无效宣告请求行政纠纷一案，不服北京知识产权法院（2018）京73行初6636号行政判决，向本院提起上诉。本院于2019年12月20日受理本案后，依法组成合议庭进行了审理。本案现已审理终结。

北京知识产权法院查明：

一、诉争商标

1. 注册人：武汉同济公司科技股份有限公司（简称武汉同济公司）。

2. 注册号：10594411。

3. 申请日期：2012年3月9日。

4. 专用期限至2024年2月27日。

5. 标志：**同济**

6. 核定使用商品：（第 5 类，类似群 0501）人用药；消毒剂；医用或兽医用微生物培养物。

二、引证商标

（一）引证商标一

1. 注册人：同济堂公司。

2. 注册号：1093180。

3. 申请日期：1996 年 3 月 7 日。

4. 专用期限至 2027 年 9 月 6 日。

5. 标志：

6. 核定使用商品：（第 5 类，类似群 0501）中药药材；中药成药；各种丸；散；膏；丹片；艾卷。

（二）引证商标二

1. 注册人：同济堂公司。

2. 注册号：4143627。

3. 申请日期：2004 年 6 月 29 日。

4. 经续展，专用期限至 2029 年 4 月 6 日。

5. 标志：

6. 核定使用商品：（第 5 类，类似群 0501－0502；0506）中药材；人用药；针剂；片剂；膏剂；水剂；中药成药；贴剂；医用敷料；医用营养品。

三、其他事实

同济堂公司向原国家工商行政管理总局商标评审委员会（简称商标评审委员会）对诉争商标提出无效宣告请求。并提交了“同济堂”所获荣誉证书、媒体报道、销售合同及发票等主要证据。

2018 年 4 月 16 日，原国家工商行政管理总局商标评审委员会（简称商标评审委员会）作出的商评字［2018］第 68406 号《关于第 10594411 号“同济”商标无效宣告请求裁定书》（简称被诉裁定），认定诉争商标与引证商标一、二构成使用在同一种或类似商品上的近似商标，诉争商标与同济堂公司的商号未达到相同或基本相同的高度近似程度，诉争商标的申请注册不构成损害同济堂公司在先商号权，诉争商标的注册违反了 2013 年修正的《中华人民共和国商标法》（简称 2013 年商标法）第三十条的规定，裁定：诉争商标予以无效宣告。

武汉同济公司不服被诉裁定，在法定期限内向北京知识产权法院提起行政诉讼。

原审诉讼中，武汉同济公司提交了所获荣誉证书、企业发展历程及宣传报道等大量宣传使用证据，以上证据中关于武汉同济公司发展历程记载：

百度百科输入关键词“同济大学”，在其历史沿革介绍中显示，1908 年，德文医学堂改名为同济德文医学堂；在其院系调整介绍中显示，1950 年，为了支援中南地区六省医疗卫生事业，同济大学医学院和附属同济医院从上海迁至武汉，与武汉大学医学院合并，后改名为中南同济医学院和武汉同济医院。

百度百科输入关键词“华中科技大学同济医学院”，在其历史沿革介绍中显示，其前身为上海德文医学堂，后成为同济大学医学院，1950 年因全国高校院系调整，同济大学医学院从上海迁至武汉，与武汉大学医学院合并，组建中南同济医学院，1985 年改名为同济医科大学，2000 年与华中理工大学合并，成为华中科技大学医学院。

1988 年 4 月 2 日，同济医科大学报请湖北省医药管理局第〔88〕同济医大 12 号文件，关于恢复同济医科大学制药厂的报告，成立同济医科大学校办工厂，即武汉同济医科大学制药厂；1988 年 4 月 20 日，湖北省医药总公司文件鄂药计字〔1988〕第 102 号，关于省医药总公司恢复同济医科大学制药厂的批复，文件中显示同意同济医科大学重建同济医科大学制药厂。

2000 年 12 月 22 日，湖北省药品监督管理局文件鄂药管直〔2000〕667 号关于武汉同济医科大学制药厂整体改制并更名的批复中显示，同意武汉同济医科大学制药厂实行整体改制（股份制改造），并更名为武汉同济公司，原生产范围不变。

在企业发展历程中，武汉同济公司于 2002 年 5 月 17 日申请注册第 3178271 号“同济”商标，此商标分别于 2010 年和 2013 年被评为武汉市著名商标。

同济堂公司提交了该公司企业发展历程，其中记载：

商务部业务系统统一平台中华老字号信息管理页面中对同济堂公司企业简介记载，同济堂公司是一家集种植、生产、科研、销售于一体的高科技国有混合所有制企业，同济堂创始于清光绪十四年（公元 1888 年），至今已有 120 多年的悠久历史，是贵州中药行业闻名遐迩的老字号，100 多年来，同济堂是贵州省第一家获得国家授予“中华老字号”殊荣的医药企业。

1993 年 12 月 29 日，贵阳市工商行政管理局颁发成立贵阳药业总公司贵阳市同济堂公司（简称贵阳市同济堂公司）营业执照，法定代表人刘克汉，经济性质为国有，注册号为5201001207086。

2000年7月27日，贵阳市同济堂公司与贵州仙灵药业有限公司签订协议书，贵州仙灵药业有限公司参与贵阳市同济堂公司改制，组建成贵阳同济堂药业股份有限公司。2001年1月18日，贵阳市经济体制改革委员会等部门联合发文筑体改字〔2001〕03号，关于贵阳市同济堂公司在改制基础上与贵州仙灵药业股份有限公司实行资产重组及有关问题的批复，并于2001年9月28日依据上述批复文件进行贵阳市同济堂公司经营性资产整体移交，登报通告原公司注销，原公司债权债务关系由新公司负责。

2005年4月29日，贵州省工商行政管理局发布公司变更（名称、股东）核准登记通知书，贵州同济堂制药股份有限公司变更企业名称为贵州同济堂制药有限公司。

2007年，中华人民共和国商务部认定贵州同济堂公司有限公司注册商标"同济堂"为中华老字号，并颁发证书，证书编号为224008。

2015年1月16日，贵阳市工商行政管理局发布（筑）登记外变字〔2015〕1535号准予变更登记通知书，决定准予原名称为贵州同济堂制药有限公司变更为同济堂公司。

原审庭审中，武汉同济公司明确表示对诉争商标核定使用商品与引证商标核定使用商品构成相同或类似商品无异议。

北京知识产权法院认为：现有证据不能证明国家知识产权局邮寄的案件相关材料已经由当事人签收或者视为送达给当事人，无法认定国家知识产权局在无效程序中已经向武汉同济公司送达了案件相关材料，认定其违反了法定程序。

第3178271号"同济"商标所承载的商业信誉可以延续至诉争商标，诉争商标与引证商标同时使用在相同或者类似商品上，不易使相关公众对诉争商标与引证商标产生混淆误认。

国家知识产权局在被诉决定中关于诉争商标与引证商标构成2013年商标法第三十条而予以无效的认定事实错误，且存在程序违法，武汉同济公司的诉讼请求成立。

北京知识产权法院依照《中华人民共和国行政诉讼法》第七十条第一项的规定，判决：一、撤销被诉裁定；二、责令国家知识产权局重新作出裁定。

国家知识产权局、同济堂公司不服原审判决，均向本院提起上诉。

国家知识产权局请求撤原审判决，维持被诉裁定，其主要上诉理由为：国家知识产权局提交的发文清单等证据足以证明国家知识产权局在无效宣告请求审查程序中向武汉同济公司寄送了答辩通知书，而武汉同济公司在规定期限内，未进行答辩。诉争商标完整包含于引证商标一、二的显著认读中文文字“同济堂”构成近似标识。商标核定使用的人用药品与引证商标一、二核定使用的中药成药、人用药等商品属于同一种或类似商品。诉争商标与引证商标共存于市场，易导致相关公众对商品来源产生混淆误认，诉争商标与引证商标一、二构成使用在同一种或类似商品上的近似商标。武汉同济公司提交的证据不能证明诉争商标经使用已形成相对稳定的市场格局，武汉同济公司的第 3178271 号“同济”商标的商标权利不能当然及于诉争商标。

同济堂公司请求撤销原审判决，驳回武汉同济公司的诉讼请求，维持被诉裁定适用 2013 年商标法第三十条作出的宣告无效的结论，其上诉理由为：原审判决认为诉争商标的申请注册系对第 3178271 号“同济”商标所承载的商业信誉的延续注册，诉争商标的注册未违反商标法第三十条的规定，属于认定事实不清和适用法律错误，应予撤销。

武汉同济公司服从原审判决。

经审理查明：原审法院查明的事实属实，证据采信得当，且有被诉裁定、诉争商标档案、引证商标档案、各方当事人在行政程序和诉讼程序中提交的证据，以及当事人陈述等在案佐证，本院予以确认。

另查，根据中央机构改革部署，原国家工商行政管理总局商标局、商标评审委员会的相关职责由国家知识产权局统一行使。

本院认为，根据 2013 年商标法第三十条的规定，申请注册的商标，凡不符合本法有关规定或者同他人在同一种商品或者类似商品上已经注册的或者初步审定的商标相同或者近似的，由商标局驳回申请，不予公告。该法第四十四条规定，其他单位或者个人请求商标评审委员会宣告注册商标无效的，商标评审委员会收到申请后，应当书面通知有关当事人，并限期提出答辩。

根据《中华人民共和国商标法实施细则》的规定，国家知识产权局向当事人送达各种文件的日期，邮寄的，以当事人收到的邮戳日为准；邮戳日不清晰或者没有邮戳的，自文件发出之日起满 15 日视为送达当事人，但是当事人能够证明实际收到日的除外。

商标近似是指两商标相比较，其文字的字形、读音、含义或者图形的构图及颜色，或者其各要素组合后的整体结构相似，或者其立体形状、颜色组合近似，易使相关公众对商品的来源产生误认或者认为其来源与另一商标的商品有特定的联系。认定商标是否近似，既要考虑商标标志构成要素及其整体的近似程度，也要考虑相关商标的显著性和知名度、所使用商品的关联程度等因素，以是否容易导致混淆作为判定标准。

注册商标享有各自独立的商标专用权，同一注册人先后注册的商标之间并不当然具有延伸关系。但商标注册人的在先注册商标经过使用获得一定的知名度，使相关公众将其在同一种或者类似商品上在后申请注册的相同或近似商标与其在先商标联系在一起，并认为使用两商标的商品均来源于该商标注册人或与其存在特定联系的，在先注册商标的商业信誉可以在后申请注册的商标上延续。

原审庭审中，武汉同济公司对诉争商标核定使用商品与引证商标核定使用商品构成相同或类似商品均无异议，本院经审查亦予以认定。

本案中，诉争商标由简体汉字“同济”构成；引证商标一由繁体汉字“同濟堂”构成；引证商标二由繁体汉字“同濟堂”及图组合而成，引证商标完整包含诉争商标，在商标整体构成要素、字形、读音等方面具有近似性。但根据本案现有证据，武汉同济公司于2002年5月17日申请注册在第5类商品上的第3178271号“同濟”商标分别于2010年和2013年被评为武汉市著名商标，第3178271号“同濟”商标经过使用已获得一定知名度。武汉同济公司在部分药品包装盒上诉争商标“同济”与第3178271号“同濟”商标共同使用，诉争商标与第3178271号“同濟”商标的区别仅在于诉争商标“同济”的“济”字为简体中文文字，3178271号“同濟”商标的“濟”字为繁体中文文字。根据本案现有证据，武汉同济公司对“同济”或“同濟”系列商标具有一贯的使用意图，也进行了使用，原审法院关于武汉同济公司并不存在攀附引证商标的恶意的认定有事实依据。根据本案现有证据，同济堂公司对于“同濟堂”系列商标也具有一贯的使用意图，根据同济堂公司与武汉同济公司提交的对各自商标的使用情况的证据，可以证明已经就各自的商标进行使用，诉争商标与引证商标一、二均形成了相对稳定的市场格局，相关公众可以对诉争商标与引证商标一、二予以区别，因此，诉争商标与引证商标一、二同时使用在同一种或者类似商品上，不易使相关公众对诉争商标与引证商标产生混淆误认，诉争商标与引证商标一、二不宜认定为使用在同一种或类似商品上的近似商标。原审判决对此认定正确，本院予以确认。

国家知识产权局提交的发文清单和内部流程清单可以证明同济堂公司于2017年6月28日提出诉争商标无效宣告请求，国家知识产权局以挂号信方式于2017年10月18日向湖北省武汉经济技术开发区高科技产业园22号发送了答辩通知书。根据国家知识产权局系统流程显示，至2017年12月27日，期限内未回文，发文号为WXXG20170000009618DBTZ01，但因挂号信号码已经失效，因此，本案现有证据可以证明国家知识产权局内部流程显示答辩通知书等文件已经向湖北省武汉经济技术开发区高科技产业园22号发出，但现有证据中并无武汉同济公司或者湖北省武汉经济技术开发区高科技产业园22号签收或视为签收答辩通知书等文件的相关证据。故原审法院关于根据现有证据不能证明国家知识产权局邮寄的案件相关材料已经由当事人签收或者视为送达给当事人，无法认定国家知识产权局在无效程序中已经向武汉同济公司送达了案件相关材料，国家知识产权局违反了法定程序的认定并无不当，本院予以确认。

综上所述，国家知识产权局、同济堂公司的上诉理由均不能成立，其上诉请求本院不予支持。依照《中华人民共和国行政诉讼法》第八十九条第一款第一项的规定，判决如下：

驳回上诉，维持原判。

一审案件受理费一百元，由国家知识产权局负担（自本判决生效之日起七日内交纳）；二审案件受理费一百元，由国家知识产权局负担五十元（已交纳），由国药集团同济堂（贵州）制药有限公司负担五十元（已交纳）。

本判决为终审判决。

审 判 长　刘　辉
审 判 员　孙柱永
审 判 员　曹丽萍
二〇二〇年三月十日
法官助理　杨柳青
书 记 员　郑皓泽

“亚马逊 AWS 及图” 商标无效宣告行政诉讼案

基本案情

诉讼当事人

上诉人（原审原告）：亚马逊技术公司，住所地：美利坚合众国华盛顿州。

被上诉人（原审被告）：中华人民共和国国家知识产权局，住所地：中华人民共和国北京市海淀区。

原审第三人：北京炎黄盈动科技发展有限责任公司，住所地：中华人民共和国北京市海淀区。

案由

◎ **商标权无效宣告请求行政纠纷**[1]

案情简介

亚马逊技术公司是全球知名企业，在云计算领域亦具有一定的影响力，但其在中国的发展过程中，尤其在知识产权领域难言对中国企业的知识产权给予了充分尊重。

北京炎黄盈动科技发展有限责任公司（以下简称炎黄盈动公司）是2003年成立的一家科技企业，自2003年至今持续研发、推广、经营“AWS”软件及平台开发服务，经营内容涵盖了计算机软件设计（开发）、计算机系统设计、软件运营服务、云计算等，2004年9月1日炎黄盈动公司向国家商标局申请注册“AWS”商标，2008年2月7日“AWS”商标在第42类获准注册，商标号为第4249189号，核定服务项目为“技术研究，技术项目研究，计算机编程，计算机

[1] 北京市高级人民法院（2019）京行终9692号。

软件设计，计算机软件更新，计算机软件升级，计算机软件出租，计算机系统设计"等。在炎黄盈动公司的后续发展过程中，在第9类"计算机程序（可下载软件）"等商品上也获准注册了第8967031号"AWS"注册商标；在第35类"将信息编入计算机数据库，计算机数据库信息系统化"服务项目上获准注册了第8967030号"AWS"注册商标。

炎黄盈动公司多年以来一直致力于"AWS"品牌的研发、服务与运营，目前在"BPM"软件开发平台以及"PaaS""SaaS"等云计算细分服务中已经具有相当的知名度和影响力，成长为中国互联网软件服务行业中具有重要影响力的企业，客户遍及金融、政府与公共事业、军工、汽车与机车、传媒与出版、电子电器、装备制造、交通运输、生命科学与医疗、能源与化工、通信等领域，与淘宝网、中国移动、康佳、福田戴姆勒、海尔、京东方、新奥燃气、神龙汽车、航天科技等行业领军企业以及公安部、外交部、国防科技大学等政府部门、高校具有长期合作关系。自2003年炎黄盈动公司创立"AWS"品牌以来，"AWS"品牌已获得"中国信息产业优秀信息化解决方案""中国计算机用户协会25周年首选品牌""北京市自主创新产品""中国IT互联网产品最受用户欢迎奖"等诸多荣誉。

亚马逊技术公司于2012年10月9日，曾经在第42类向中国商标局申请注册第11577355号 awsmarketplace（aws marketplace及图）商标，但其商标于2013年9月2日被商标局予以驳回，可见亚马逊技术公司于2013年9月2日就已经知悉炎黄盈动公司在中国拥有第42类"AWS"注册商标。作为国际知名企业，亚马逊技术公司应当对中国的商标法律制度具有充分的理解，并依据正常的商业风险意识和对中国商标法律的尊重，于后续的商业行为中对炎黄盈动公司在先注册的"AWS"商标予以充分避让，尽最大可能划清与炎黄盈动公司注册商标的界限，但遗憾的是，亚马逊技术公司不仅不避让，反而"层层递进"地在第42类陆续申请注册与炎黄盈动公司注册商标越来越接近的"亚马逊 aws""aws"，甚至是完全相同的"AWS"标识。

炎黄盈动公司针对亚马逊技术公司的不当注册积极应对，成功使其"亚马逊 aws"商标被宣告无效，并对其关联企业亚马逊通公司在中国宣传、使用"aws""AWS"标识的行为寻求司法途径予以解决，2020年5月6日，北京市高级人民法院作出一审判决〔2〕，认定亚马逊通公司对"aws""AWS"标识的

〔2〕 北京市高级人民法院（2018）京民初127号民事判决书。

使用构成商标侵权，且属于恶意侵权，后亚马逊通公司不服一审判决提出上诉，目前该案件处于最高人民法院二审审理中。

案件处理结果

北京知识产权法院经审理认为：亚马逊技术公司诉争商标“”核定使用的服务与炎黄盈动公司引证商标核定使用服务构成同一种或类似服务，诉争商标违反《商标法》第三十条所指情形。判决驳回亚马逊技术公司的诉讼请求。

北京市高级人民法院经审理认为：诉争商标与引证商标若同时使用在上述服务上，相关公众施以一般注意力时，容易对服务来源产生混淆、误认或者认为其来源与注册商标的服务有特定的联系。亚马逊技术公司提交的证据均为引证商标申请日之后的证据，且不足以证明诉争商标经宣传使用可与引证商标相区分。本案宜认定诉争商标与引证商标构成使用在同一种或类似服务上的近似商标。亚马逊技术公司的该项上诉理由不能成立，法院不予支持。

律师策略与解析

本案看似仅涉及商标近似判断以及服务类似的判断，但实际上远不止于此。如，亚马逊技术公司曾经因诉争商标“”被商标局驳回，而向商标评审委员会申请驳回复审，并在驳回复审程序中予以初步审定公告，但商标评审委员会在后续的无效宣告程序中又对其进行无效宣告，商标评审委员会是否涉及违反审查一致性原则问题？亚马逊技术公司“亚马逊”标识在全球都具有极高知名度和影响力，当在“AWS”标识中附加“亚马逊”文字之后形成组合商标“”是否足以与炎黄盈动公司“AWS”标识相区分？这些均是本案涵盖的重要法律问题。

1. 关于审查一致性原则

审查一致性原则一直是商标授权、确权行政诉讼领域的热点话题，但通常所言的“审查一致性原则”往往相对应和关联的是“个案审查原则”，即“商标审查标准一致性”原则实质上系要求商标法的适用要具有统一性、可预期性，避免出现“同案不同判”的现象。

而本案中所言的“审查一致性原则”具体涉及的是同一机关（商标评审委员会）在不同程序中所作出的不同结论是否违反审查一致性原则的问题。代理律师认为，审查机关、审查程序、程序当事人、审查所涉及的商标标识状态以及待审案件事实是否具有差异性都系是否适用“商标审查标准一致性”原则所需考量的内容，即基于审查程序的不同，相关程序中所涉当事人的不同，审查结论的差异并不当然违反审查一致性原则。此外，法律适用所具有的调适性、时空因素等也可能会影响“商标审查标准一致性”原则的适用。

2. 类似服务的判断

《最高人民法院关于审理商标民事纠纷案件适用法律若干问题的解释》第十一条指出：“类似商品，是指在功能、用途、生产部门、销售渠道、消费对象等方面相同，或者相关公众一般认为其存在特定联系、容易造成混淆的商品”；“类似服务，是指在服务的目的、内容、方式、对象等方面相同，或者相关公众一般认为存在特定联系、容易造成混淆的服务”。该解释第十二条进一步指出，“认定商品或者服务是否类似，应当以相关公众对商品或者服务的一般认识综合判断；《商标注册用商品和服务国际分类表》《类似商品和服务区分表》可以作为判断类似商品或者服务的参考”。所谓的相关公众一般认识，是指相关市场中的一般消费公众对商品的通常认知和一般交易观念，不受限于商品本身的物理属性或其他自然特性；所谓的综合判断，是指需要将相关公众在个案中的一般认识、与商品交易中的具体情形以及诸多要素结合在一起从整体上进行考量。需要特别强调的是，类似商品的判断具有强烈的个案性，依赖于个案的实际情况，相关商品是否类似并非绝对和一成不变，基于不同的案情可能得出不同的结论，且个案结论并不意味着商标注册管理上的商品类似关系发生变化，也不必然影响《类似商品和服务区分表》中对商品类似关系的确定和划分，商标申请主体在申请注册商标时仍应当以《类似商品和服务区分表》为准进行申请。

在本案中，诉争商标“亚马逊aws”指定在“计算机编程，计算机软件设计，计算机软件更新，计算机软件维护，计算机系统设计，恢复计算机数据，计算机软件咨询，技术研究，软件运营服务（SaaS），网络服务器出租，质量控制”等服务项目上，炎黄盈动公司引证商标指定在“技术研究，技术项目研究，计算机编程，计算机软件设计，计算机软件出租，计算机系统设计，计算机软件维护，计算机软件的安装”等服务项目上。亚马逊技术公司在诉讼中对于“软件运营服务（SaaS）”“网络服务器出租”“质量控制”三项服务与炎黄盈动引证商标核定服务是否类似具有疑义。实质上，上述“软件运营服务（SaaS）”“网络服务器出租”“质量控制”服务均与引证商标指定服务构成类似服务。

以“软件运营服务（SaaS）”为例，“软件运营服务（SaaS）”是指用户获取软件服务的一种新形式，即通过网络提供软件服务。其中“SaaS”是“Software-as-a-Service”（软件即服务、软件运营服务）的简称，“软件即服务”和“软件运营服务”只是翻译过程中表达同一意思之时的不同用词，但含义完全相同。炎黄盈动公司引证商标核定的4220群组服务也是软件类服务，亚马逊技术公司“ ”商标所指定的“软件运营服务（SaaS）”当然地与炎黄盈动公司在先注册商标核定的“计算机软件设计，计算机软件更新，计算机软件升级，计算机软件维护，计算机软件出租”等服务构成类似服务。此外，《类似商品和服务区分表》是判断商品和服务类似关系的基本依据，即便根据《类似商品和服务区分表》，自2013年以来，“软件运营服务（SaaS）”均属于4220群组，与引证商标核定服务群组在4220群组具有重合。

《最高人民法院关于充分发挥知识产权审判职能作用推动社会主义文化大发展大繁荣和促进经济自主协调发展若干问题的意见》中也曾指出，“商标权的保护，必须有利于鼓励正当竞争，有利于划清商业标识之间的边界……”显然，在双方商标高度近似的情形下，亚马逊技术公司“ ”商标所指定的服务项目易导致公众的混淆误认，并不利于划清商业标识之间的边界。

3. *即便具有较高知名度的标识也不能肆意添附他人注册商标*

不可否认，“亚马逊”是具有全球知名度和影响力的标识，因此更应当尊重他人知识产权，尽最大可能与他人在先注册商标划清商业界限，避免相关公众的混淆误认。但遗憾的是，亚马逊技术公司不仅不避让，反而“层层递进”在第42类陆续申请注册与炎黄盈动公司注册商标越来越接近的“ ”“ ”，甚至是完全相同的“AWS”标识。就本案而言，相关公众会无疑会将“aws”认知为“ ”商标构成要素中不可忽略的重要部分，且“aws”字母本身在“ ”商标中所占比例便较大。虽然“ ”商标还包含“亚马逊”这一知名标识，但正是由于“ ”商标包含有较高知名度的“亚马逊”标识，当相关公众看到炎黄盈动公司所注册的在先“AWS”商标时，并不排除消费者将炎黄盈动公司引证商标“AWS”与亚马逊技术公司建立关联性认知，或误认为炎黄盈动公司引证商标“AWS”即为亚马逊技术公司的商标，从而对商品或服务来源产生混淆误认。若对亚马逊技术公司“亚马逊aws”商标不予规制，任由知名企业在标识中添附他人注册商标并准许其注册将形成知识产权领域“弱肉强食”的“丛林法则”，显然与商标保护制度相背离。

本案涉及的法律要点/理论知识点

1. 关于审查一致性原则的理解和适用；
2. 类似服务的判断；
3. 对他人在先商标权利的避让。

典型意义

本案所涉及的审查一致性原则较为典型。商标驳回复审程序与商标无效宣告程序所承载的功能、程序价值并不相同。商标驳回复审程序为单方程序，与涉案复审商标具有潜在利害关系的当事人并不能参与到驳回复审程序之中，案外当事人的法律意见无法在驳回复审程序之中得到表达，缺乏第三人的法律对抗；而无效宣告程序正是商标确权过程中的救济程序，潜在利害关系人在法定条件下可以参与到无效宣告程序之中，进行充分的法律对抗，因此，虽然“驳回复审”与“无效宣告”均由商标评审委员会作出，但两种程序之间结论的不同并不违反审查一致性原则。

本案获奖/社会影响

“亚马逊 AWS”商标案入选 2020 年度商标授权确权典型案例前 30。

（编写人：田　龙）

中华人民共和国
北京市高级人民法院
行政判决书

（2019）京行终9692号

上诉人（原审原告）：亚马逊技术公司，住所地美利坚合众国华盛顿州。

法定代表人：艾梅·马汉，助理秘书。

委托诉讼代理人：申会娟，北京市铸成律师事务所律师。

委托诉讼代理人：陈建民，北京市铸成律师事务所律师。

被上诉人（原审被告）：中华人民共和国国家知识产权局，住所地中华人民共和国北京市海淀区。

法定代表人：申长雨，局长。

委托诉讼代理人：李泽然，中华人民共和国国家知识产权局审查员。

原审第三人：北京炎黄盈动科技发展有限责任公司，住所地中华人民共和国北京市海淀区。

法定代表人：刘金柱。

委托诉讼代理人：田龙，北京天驰君泰律师事务所律师。

上诉人亚马逊技术公司因商标权无效宣告请求行政纠纷一案，不服中华人民共和国北京知识产权法院（简称北京知识产权法院）（2018）京73行初9900号行政判决，向本院提起上诉。本院于2019年11月29日受理本案后，依法组成合议庭进行了审理。本案现已审理终结。

北京知识产权法院查明：

第12235373号“亚马逊aws及图”商标（简称诉争商标）的申请日为2013年3月8日，核定使用在第42类的“计算机编程；计算机软件设计；计算机软件更新；恢复计算机数据；计算机软件维护；计算机软件咨询；网络服务器出租；计算机系统设计；技术研究；质量控制；软件运营服务（SaaS）”等服务上。该商标专用期限至2025年5月6日，现注册人为亚马逊技术公司。

第4249189号“AWS”商标（简称引证商标）的申请日为2004年9月1日，核定使用在第42类的“技术研究；技术项目研究；计算机编程；计算机软件设计；计算机软件更新；计算机软件升级；计算机软件出租；计算机系统设计；计算机软件维护；计算机软件的安装"等服务上。该商标专用期限至 2028 年 2 月 6 日，现注册人为北京炎黄盈动科技发展有限责任公司公司（简称炎黄盈动公司）。

炎黄盈动公司于 2016 年 12 月 9 日针对诉争商标向中华人民共和国原国家工商行政管理总局商标评审委员会（简称商标评审委员会）提出无效宣告请求。

在商标评审阶段，炎黄盈动公司向商标评审委员会提交了如下主要证据：

1. 第 4249189 号、第 8967031 号、第 8967030 号、第 8967029 号"AWS"商标注册证复印件；

2. 中华人民共和国原国家工商行政管理总局商标局（简称商标局）对第 14887955 号"AWS"的商标部分驳回通知书；

3. 炎黄盈动公司的工商信息档案、简介及案例集、在中国大陆地区的历年销售合同及部分合同等；

4. 炎黄盈动公司 2011—2016 年的年度审计报告，历年市场活动（不完全统计）表，百度推广费用统计等；

5. 《SYSVSIT 应用服务网推广销售合同》，《百度推广续费协议》，百度推广涉及省份截屏，百度搜索结果截屏；

6. "AWS" 2005—2016 年所获的部分奖项；

7. （2007）浙民三终字第 74 号民事判决书、（2012）一中知行初字第 2008 号民事判决书、（2013）穗中法知民初字第 547 号民事判决书的摘要及全文；

8. 亚马逊技术公司在第 9 类、第 42 类上申请的"AWS"商标；

9. 亚马逊技术公司实际使用"AWS"商标的网页截屏；

10. 炎黄盈动公司就"AWS"产品所获得的著作权登记证书、软件产品登记证书、软件产品登记测试报告等；

11. 协商函，亚马逊技术公司的中国商标代理人致函炎黄盈动公司的邮件；

12. 商评字［2016］第 105834 号《关于第 8967030 号"AWS"商标撤销复审决定书》；

13. 《信息方略》2013/9/23 第 18 期总第 142 期；

14. 《中国信息化》2014/5/25 第 10 期（总第 234 期），《中国信息化》2014/9/25 第 18 期（总第 242 期）。

亚马逊公司向商标评审委员会提交了如下主要证据：

1. 引证商标在中国商标网上的商标档案打印件，商标局作出的第 12235373

号“亚马逊 AWS”的商标部分驳回通知书以及商标评审委员会作出的驳回复审裁定书复印件；

2. 关于亚马逊技术公司 AWS 服务的官方主页、使用案例和成功案例介绍页面、部分中国大陆地区媒体报道打印页，亚马逊 AWS 峰会的部分宣传报道等。

商标评审委员会于 2018 年 5 月 3 日作出商评字［2018］第 77306 号《关于第 12235373 号“亚马逊 aws 及图”商标无效宣告请求裁定书》（简称被诉裁定），认为：诉争商标核定使用的服务与引证商标核定使用的服务属于类似服务。由炎黄盈动公司提交的证据可知其“AWS”商标具有一定知名度，且“AWS”并非固有词汇，亚马逊技术公司具有知晓引证商标的可能。诉争商标与引证商标构成使用在同一种或类似服务上的近似商标。诉争商标的注册违反了 2014 年施行的《中华人民共和国商标法》（简称 2014 年商标法）第三十条之规定。鉴于已适用 2014 年商标法第三十条对引证商标予以保护，故不再评述诉争商标的注册是否违反 2014 年商标法第十三条的规定。商标评审委员会裁定：诉争商标予以宣告无效。

亚马逊技术公司不服被诉裁定，向原审法院提起行政诉讼。

在原审诉讼阶段，炎黄盈动公司向原审法院提交了如下主要证据：

1. 亚马逊技术公司明确知晓引证商标的“时间轴”梳理图，亚马逊公司第 11577355 号“awsmarketplace 及图”商标、诉争商标、第 14525502 号“awsmarketplacea 及图”商标的档案、驳回通知、驳回决定，亚马逊技术公司第 26377486 号“aws 及图”商标档案、驳回通知，（2016）最高法行再 27 号；

2. （2018）京东方内民证字第 08218、第 08287 号公证书，国家图书馆《文献复制证明》2018-0774 号，《科技日报》《中国信息化》《青岛日报》等媒体广告及报道，炎黄盈动公司“AWS”品牌荣誉及品牌宣传资料等，“AWS”品牌计算机软件著作权登记证书等。

亚马逊技术公司向原审法院提交了如下主要证据：

1. 商评字［2014］第 80080 号商标驳回复审决定书、亚马逊技术公司在第 42 类已经获得注册的“AWS”及“Amazon Web Services”系列商标档案及注册证。

2. 工业和信息化部电信研究院《云计算白皮书（2012 年）》《云计算白皮书（2014 年）》，关于炎黄盈动公司“软件运营服务”资质的检索结果，针对炎黄盈动公司第 14887955 号商标的《商标部分驳回通知书》，国家图书馆第 2018-NLC-GCZM-1026 号文献复制证明；

3. 亚马逊技术公司在美国注册第 77558031 号“AWS”商标档案、在先使用材料及翻译，香港特别行政区国际仲裁中心第 DCN-1300538 号裁决，三个含有 amazon 的亚马逊域名注册信息，国家图书馆第 2018-NLC-GCZM-0818 号文献复制证明及翻译，国家图书馆第 2018-NLC-GCZM-1027 号文献复制证明；

4.（2018）京国信内经证字第 07221 号公证书，（2018）京国信内经证字第 07748 号公证书，亚马逊技术公司在名片上使用诉争商标的证据，亚马逊技术公司在 Awsome Day 活动、峰会活动中使用诉争商标的证据，国家图书馆第 2018-NLC-GCZM-0671 号文献复制证明，工业和信息化部电信研究院 2012 年、2014 年、2016 年、2018 年《云计算白皮书》，诉争商标、Amazon Web Services 的获奖记录及奖状；

5. 第 42 类"亚马逊"系列商标的商标档案，国家图书馆第 2018-NLC-GCZM-0822 号文献复制证明，国家图书馆第 2017-NLC-GCZM-0148 号文献复制证明。

在原审庭审中，各方当事人仅对诉争商标核定使用的"网络服务器出租；质量控制；软件运营服务（SaaS）"服务与引证商标核定使用的服务构成同一种或类似服务有异议。

北京知识产权法院认为：诉争商标核定使用的除"网络服务器出租；质量控制；软件运营服务（SaaS）"外的服务与引证商标核定使用服务构成同一种或类似服务，各方当事人对此不持异议，予以确认。亚马逊公司宣传使用诉争商标并具有一定的知名度。但当炎黄盈动公司在核定使用服务上使用引证商标时，相关公众仍会误认服务提供者，从而使炎黄盈动公司的利益受到损失。诉争商标与引证商标构成 2014 年商标法第三十条所指情形。北京知识产权法院依照《中华人民共和国行政诉讼法》第六十九条之规定，判决：驳回亚马逊技术公司的诉讼请求。

亚马逊技术公司不服原审判决，向本院提起上诉，请求撤销原审判决，判令国家知识产权局重新作出裁定，其主要上诉理由为：一、诉争商标与引证商标在构成要素、读音、含义、显著性要素以及整体外观等方面区别明显，未构成近似商标；二、商评字［2014］第 80080 号驳回复审裁定书中认定诉争商标与引证商标未构成近似商标，本案商标评审委员会针对相同的事实，作出了相反的认定；三、亚马逊技术公司在第 9 类、第 42 类、第 35 类商品及服务上注册了包含"AWS"以及"Amazon Web Services"在内的系列商标，"AWS""Amazon Web Services"与亚马逊技术公司建立了特定的对应关系；四、诉争商标核定使用的"网络服务器出租、质量控制、软件运营服务（SaaS）"服务与引证商标核定使用的服务未构成类似服务；五、aws 及诉争商标由亚马逊技术公司创设，先于炎黄盈动公司使用，是亚马逊技术公司在全球统一使用的代表“云服务”技术的特有标志，经长期使用后，直接指向亚马逊技术公司，且引证商标并未实际使用，诉争商标与引证商标共存不会导致相关公众的混淆误认。

国家知识产权局、炎黄盈动公司服从原审判决。

经审理查明：原审法院查明的事实属实，且有诉争商标档案、引证商标档案、被诉裁定、各方当事人在商标评审阶段及原审诉讼阶段提交的证据材料以及当事人陈述等证据在案佐证，本院对此予以确认。

在二审诉讼阶段，炎黄盈动公司向本院提交了本院于 2020 年 5 月 6 日作出的（2018）京民初 127 号民事判决书、2020 年 3 月 24 日作出的（2019）京行终 8085 号行政判决书。

另查，根据中央机构改革部署，商标评审委员会的相关职责由国家知识产权局统一行使。

以上事实，有相关判决书及文件在案佐证。

本院认为：本案二审的争议焦点为诉争商标与引证商标是否构成使用在同一种或类似商品上的近似商标。

2014 年商标法第三十条规定，申请注册的商标，凡不符合本法有关规定或者同他人在同一种商品或者类似商品上已经注册的或者初步审定的商标相同或者近似的，由商标局驳回申请，不予公告。

商品类似是指商品的功能、用途、生产部门、销售渠道、消费群体等方面相同或者具有较大的关联性，容易使相关公众认为是由同一主体提供，或者提供者之间存在特定联系。《类似商品和服务区分表》（简称区分表）可以作为参考。商标近似是指商标文字的字形、读音、含义或者图形的构图及颜色，或者其各要素组合后的整体结构相似，或者其立体形状、颜色组合近似，易使相关公众对服务的来源产生误认或者认为其来源与注册商标的服务有特定的联系。

亚马逊技术公司在原审诉讼阶段对诉争商标核定使用的除“网络服务器出租；质量控制；软件运营服务（SaaS）”以外的服务与引证商标核定使用的服务构成同一或类似服务不持异议，二审诉讼阶段未再争议，本院经审查予以确认。

本案中，诉争商标核定使用的“网络服务器出租；软件运营服务（SaaS）”服务与引证商标核定使用的“计算机软件升级；计算机软件出租”等服务均属于区分表第 4220 类似群，构成类似商品。亚马逊技术亦未提供相反证据推翻上述认定。诉争商标核定使用的“质量控制”服务属于区分表第 4209 第（二）部分，与引证商标核定使用的服务虽不属于区分表同一类似群亦未构成交叉检索，但在服务目的、服务主体、服务对象等方面存在一定的重合。诉争商标标志由汉字“亚马逊”、英文字母“aws”以及图形组成，“aws”字体较大，系主要识别部分。引证商标标志由英文字母“AWS”组成。二者相比较，诉争商标的主要识别英文部分与引证商标标志均由“aws”构成，仅是大小写的区别，诉争商标虽有其他构成要素，亦不足以与引证商标相区分。诉争商标与引证商标构成近似标志。诉争商标与引证商标若同时使用在上述服务上，相关公众施以一般注意力时，容易导致对服务来源产生混淆、误认或者认为其来源与注册商标的服务有特定的联系。亚马逊技术公司提交的证据均为引证商标申请日之后的证据，且不足以证明诉争商标经宣传使用可与引证商标相区分。本案宜认定诉争商标与引证商标构成使用在同一种或类似服务上的近似商标。亚马逊技术公司的该项上诉理由不能成立，本院不予支持。

商标申请驳回复审程序与商标权无效宣告程序是两个不同的行政程序，国家知识产权局基于不同的事实作出不同的认定并无不当。亚马逊技术公司的其他上诉理由缺乏事实和法律依据，本院不予支持。

综上，原审判决认定事实清楚，适用法律正确，程序合法，应予维持。亚马逊技术公司的上诉理由不能成立，对其上诉请求，本院不予支持。依照《中华人民共和国行政诉讼法》第八十九条第一款第一项之规定，判决如下：

驳回上诉，维持原判。

一、二审案件受理费各人民币一百元，均由亚马逊技术公司负担（均已交纳）。

本判决为终审判决。

审 判 长　孔庆兵
审 判 员　吴　斌
审 判 员　刘　岭
二〇二〇年六月二十三日
法官助理　焦光阳
书 记 员　张　倪

“强生” 商标撤销复审行政诉讼案

基本案情

诉讼当事人

上诉人（原审被告）：中华人民共和国国家知识产权局，住所地：中华人民共和国北京市海淀区。

上诉人（原审第三人）：强生公司，住所地：美利坚合众国。

被上诉人（原审原告）：刘伟，住所地：中华人民共和国广东省广州市。

案由

◎ **商标权撤销复审行政纠纷**〔1〕

案情简介

本案诉争商标系第1488525号“强生”商标，于1999年8月11日向中华人民共和国国家工商行政管理总局商标局（以下简称商标局）提出注册申请，核定使用在第5类“空气清新剂；杀虫剂”商品上，商标权人为刘伟，商标专用权期限至2020年12月13日止。诉争商标系刘伟从原商标权人成超处受让所得，商标局对诉争商标的转让核准时间为2014年10月13日。

2016年6月12日，商标局作出商标撤三字［2016］第Y004931号《关于第1488525号第5类“强生”注册商标连续三年不使用撤销申请的决定》，决定对诉争商标不予撤销。强生公司于2016年7月18日商标评审委员会申请复审。

在商标撤销复审程序中，刘伟向商标评审委员会提交了诉争商标注册、续展及转让证明；诉争商标原注册人成超的使用证据，包括授权书、商品检验报

〔1〕 北京市高级人民法院（2019）京行终7840号。

告、销售证据及发票；刘伟向他人开具的授权书、销售发票及资质证明；广告合作协议、广告费发票及广告刊登报纸等证据，用以证明其在2012年11月17日至2015年11月16日（以下简称指定期间）对诉争商标进行了真实、合法、有效的使用。

2017年10月17日，商评审委员会作出商评字［2017］第123832号《关于第1488525号"强生"商标撤销复审决定书》（以下简称被诉决定）。被诉决定认定，证据3商标授权书、销售发票等证据可以证明刘伟授权广州奢美化妆品有限公司（以下简称奢美公司）在2014年7月1日至2020年7月13日使用诉争商标，奢美公司在授权期间对诉争商标的使用可以视为刘伟对诉争商标的使用。证据5刘伟与增城市报业发展中心的合作协议。该协议签署的合作时间为2014年9月11日、12日、15日、16日、17日，并附有相对应的广告费用发票及部分日期的报纸页面，以上证据均处于指定期间内，报纸广告上明确显示了诉争商标"强生"，显示商品为空气清新剂，已形成完整证据链，足以证明刘伟及相关权利人在指定期间内，对诉争商标在空气清新剂商品上进行了真实、有效、公开的实际使用。刘伟提交的全部使用证据涉及的商品为驱蚊花露水、驱蚊液等，与诉争商标核定使用的杀虫剂商品不属于同一种商品，刘伟并未提交其对诉争商标在杀虫剂商品上的使用证据，不足以证明刘伟及相关权利人在指定期间内，对诉争商标在杀虫剂商品上进行了真实、有效、公开的实际使用。综上，商标评审委员会决定：对诉争商标在"空气清新剂"商品上予以维持，在"杀虫剂"商品上予以撤销。

刘伟不服被诉决定，向北京知识产权法院提起了行政诉讼。

案件处理结果

北京知识产权法院经审理认为：结合商标转让证明、声明书公证件、授权书、商品销售发票、合作协议、广告费发票及报纸等证据综合判断，可以认为诉争商标的商标权人及利害关系人在指定期间内，已经对诉争商标在驱蚊液、驱蚊花露水、电热蚊香液、电热蚊香片等商品上进行了真实、有效、公开的实际使用。诉争商标在"杀虫剂"商品上的注册应当予以维持，以避免因区分表的滞后性对商标权利人造成的损害。

北京知识产权法院依照《中华人民共和国行政诉讼法》第七十条第（一）项、第（二）项的规定，判决：撤销被诉决定；国家知识产权局重新作出决定。

北京市高级人民法院经审理后认为：对于诉争商标于指定期间内在“驱蚊贴、电蚊香片、电热蚊香液”商品上的使用，能否维持诉争商标在“杀虫剂”商品上注册的问题，原审判决认定诉争商标在“电热蚊香液、电热蚊香片、空气清新剂”商品上的使用，可以据此维持诉争商标在“空气清新剂、杀虫剂”商品上的注册，并无不当，法院予以确认。国家知识产权局及强生公司的上诉理由缺乏事实及法律依据，对其上诉请求，法院不予支持。

律师策略与解析

代理律师在代理该案期间，坚定地认为商标评审委员会被诉决定有误。一审法院裁判正确。被诉决定对复审商标的使用证据予以采信，但是却认为诉争商标已注册的“杀虫剂”和本案商标使用证据中显示的“电热蚊香液、驱蚊花露水”等商品不属于同一种商品，而从撤销系争商标在杀虫剂上的注册是错误的。“电热蚊香液、驱蚊花露水”是“杀虫剂”商品的下位概念，应当认为二者属于同一种商品。

1. 商标撤三案件对具体商品所属类别的认定

实际使用的商品不属于商标核准注册的规范商品名称时，在认定具体商品所属类别时，应当充分考虑商标核准注册时该商品功能、用途、生产部门、消费渠道、消费群体进行判断，并考虑消费习惯、生产模式、行业经营需要等市场因素，对商品本质属性或名称的影响，作出综合认定。

非规范商品名称的商品若属于核定使用的商品的下位概念，对非规范商品名称的使用行为延及至核定使用的其他类似商品上的使用。实际使用的商品名称是核定使用商品的下位概念，且两者在功能、用途、生产部门、销售渠道、消费对象上重合的，则两者可以视为同一种商品。

根据行业内相关企业的商标注册情况和实际生产的商品的情况，生产销售“驱蚊花露水、电热蚊香液”等产品的同行业者均是将商标注册在杀虫剂商品上，实际使用于驱蚊液、电热蚊香液、电热蚊香片、驱蚊花露水等商品。如：

上海庄臣有限公司第 1380420 号“雷达”商标注册商品为杀虫剂、驱昆虫剂，其对应的 WP20110021 号的农药登记证显示该商标使用的商品为驱蚊液。

天津市郁美净集团有限公司第 11786820 号的“郁美净”商标注册商品为杀虫剂，其对应的 WP20080394 的农药登记证显示该商标使用的商品为驱蚊花露水。

第 18825565 号的"青蛙王子"商标注册商品为杀虫剂，其对应的 WP20100061 的农药登记证显示该商标使用的商品为驱蚊花露水。

广东省中山榄菊日化实业有限公司第 602618 号"榄菊"商标注册商品为杀虫剂，其对应的 WP20170070、WP20110213 号的农药登记证显示该商标使用的商品为驱蚊花露水。

兴化市宝中宝化妆品有限公司第 11941746 号的"靓派"商标注册商品为杀虫剂，其对应的 WP20080580 的农药登记证显示该商标使用的商品为驱蚊花露水。

天津源达日化股份有限公司第 6540068 号"樱之药"商标注册商品为杀虫剂，其对应的 WP20110019 号的农药登记证显示该商标使用的商品为驱蚊液。

根据以上情况可知，实践生活及行业通用惯例均是将商品分类表中没有的"驱蚊花露水、驱蚊液"等商品上的商标注册在"杀虫剂"商品上，此种情况的企业很多，由此可以证明，原告对复审商标核定商品的使用是行业通行的做法。在我国商标注册申请程序中，商标申请人通常被要求按照《类似商品和服务区分表》上列明的商品名称进行商标申请。众所周知，市场上流通的商品成千上万种，而商标局使用的商品分类表不可能将全部商品罗列出来。对此商品分类表中的说明中也明确指出："《区分表》不可能穷尽所有的类似商品和服务项目。认定商品是否类似，应以相关公众对商品或服务的一般认识判断。"

考虑商品分类表的局限性，市场上流通的很多具体商品名称无法做到与商品分类表中的规范商品名称相同，反而不相同才更符合客观事实和逻辑。由于商品分类表的限制，我国商品分类表中并没有驱蚊液、电热蚊香液、电热蚊香片、驱蚊花露水等具体商品。诉争商标注册人曾尝试在非规范商品上申请注册商标，但是均被商标局不予受理。复审商标注册在杀虫剂商品上是我国现行商标注册制度之下不得已的选择，不能据此要求商标注册人承担本不应由其承担的责任，复审商标注册商品和使用商品名称不重合具有合理性和正当性，应当对其使用行为予以保护。

2. 我国商标撤三制度的设立目的是督促权利人使用自己的商标，而非惩罚商标注册人

商标法撤三条款的设立目的是清理闲置商标资源，而非惩罚商标注册人。本案诉争商标一直在持续合法地使用，显然不属于闲置商标资源。诉争商标已经注册和使用了长达十几年的时间，建立了较高的市场声誉，形成了相对固定的消费者群体，根据商标评审委员会的审理标准及最高人民法院的相关司法解

释规定，对于复审商标的注册都应当予以维持。

根据原国家工商行政管理总局商标评审委员会公布的“撤三”案件的审理标准，本案复审商标的注册应当予以维持。商标评审委员会在《国家工商行政管理总局商标评审委员会法务通讯》（总第 57 期）中就“三年不使用撤销制度中‘使用’的认定”写道：“《商标法》第四十四条、第四十五条的规定可知，‘连续三年不使用条款’与《商标法》在第六章‘商标使用的管理’中其他意在规范商标使用的条款不同，对其违反将导致注册商标的‘立即死亡’，而不能适用‘责令限期改正’等处理办法。因此，对其适用应该慎之又慎，应依照其立法目的对‘使用’做尽可能宽泛的理解，只要当事人具有真实的使用意图并‘使用’了该注册商标，即不得撤销。”

连续三年停止使用商标制度的目的并非惩罚商标注册人，而是激活商标资源，督促商标注册人使用自己的注册商标，撤销只是手段不是目的，因此，不能对商标注册人要求过于苛刻，只要其具有实际使用其注册商标的意图并在该注册商标核定使用商品上进行了使用，就应当维持该注册商标有效。

3. 审理标准一致性原则

我国虽非判例法国家，但是近年来也越来越注重在先判例指导制度的建设。最高人民法院建立案例指导制度，是为广大法官审理类似案件提供参考，可有效规范和限制自由裁量权，确保同类案件法律适用基本统一，裁判尺度基本相同，处理结果基本一致。在与本案情况类似的多个在先“撤三”案件司法判例中，法院均认为当事人对非规范商品的使用应视为对商标核定商品的使用。根据审理标准一致性原则，本案应当也认定原告对复审商标的全部核定商品进行了使用。

在北京市高级人民法院作出的（2015）高行（知）监字第 2373 号关于第 1415139 号“妙妙”商标行政判决中，北京市高级人民法院认为国内申请人是必须按《类似商品和服务区分表》上列明的商品名称进行商标申请的，因此龙宝公司希望通过在“乳酸菌饮料”商品上注册“妙妙”商标以保护自己的商标专用权意图是无法实现的。这是在我国现行商标注册制度之下不得已的选择，不能据此要求妙士公司承担本不应由其承担的责任。因此，基于本案的事实，在现有商标注册制度和《类似商品和服务区分表》未对相关问题予以解决的情况下，应当认定，复审商标在“乳酸菌饮料”上的实际使用行为可以视为其在核定使用“乳酸饮料”商品上的使用。本案情况与其类似，也应当认定复审商标在核定商品上进行了使用。

在北京知识产权法院作出的（2015）京知行初字第2203号判决中，法院认为，如果实际使用的商品名称是核定商品的下位概念，结合经营性质、产品用途、销售对象及相关证据综合判断，可视为是对核定商品的使用。

在北京市高级人民法院（2016）京行终5724号关于第5152860号“hansa parts”商标的行政判决中，法院认为，如何认定在与核定使用的商品名称不同的商品上进行的商标使用，应当从商品的功能、用途、生产部门、销售渠道、消费对象等方面进行判断。商标在核定商品的下位概念商品上的使用应视为在同一种商品上的使用。

在北京知识产权法院作出的（2015）京知行初字第983号判决中，法院认为，商标注册人使用的商品虽然并非规范商品，但从商品的实质属性来看，二者存在重合，属于类似商品，从而认定诉争商标进行了使用。与该案相比，本案情况不是类似，而是实质上为同一种商品，所以本案复审商标在杀虫剂商品上的注册更应当予以维持。

在北京市高级人民法院（2017）京行终1396号判决中，法院认为，“乳酸菌饮料”与“乳酸饮料（果制品，非奶）”在功能、用途、生产部门、销售渠道、消费群体等方面高度重合，并且诉争商标在申请注册时“乳酸菌饮料”在《类似商品和服务区分表》中没有记载，故商标评审委员及原审法院认定“乳酸菌饮料”与“乳酸饮料（果制品，非奶）”为类似商品，诉争商标在“乳酸菌饮料”上的使用视为在“乳酸饮料（果制品，非奶）”上的使用是正确的。本案实际使用的商号实质上是同一种商品，因此本案复审商标在杀虫剂商品上的注册更应当予以维持。

在北京市高级人民法院作出的（2017）京行终2252号行政判决中，法院认为，商标注册人使用的商品名称并非《类似商品和服务区分表》中的规范商品名称，而是《类似商品和服务区分表》之外的社会生活实践中更为具体的商品名称，因此需结合上述商品的功能、性质、用途等予以判断。法院最终认定诉争商标在非规范商品上的使用应视为在核定商品上的使用。本案情况与其相同，使用证据中显示的是符合社会生活实践的商品名称，实质是规范商品名称的下位概念，所以本案复审商标应视为在核定商品上进行了使用。

在北京市高级人民法院（2017）京行终2463号行政判决中，法院认为，第十版《类似商品和服务区分表》在第37类和第39类分别列入“运载工具（车辆）故障救援修理服务”“运载工具（车辆）故障救援牵引服务”项目，复审商标申请时使用的第八版《类似商品和服务区分表》并无上述服务项目名称。

结合在案证据可以证明诉争商标使用的具体服务属于核定的“汽车保养和维修”内容。

根据上述情况，本案的审理标准应当与上述案例保持一致，在非规范商品名称与核定商品实质相同的情况下，应视为对注册商标的使用，即本案的电热蚊香液等商品应当被认定属于杀虫剂商品。根据审查标准一致性原则，本案“强生”商标的注册亦应予维持，确保社会公众对司法预期结论的稳定性。

本案涉及的法律要点/理论知识点

1. 商标“撤三”案件中非规范商品名称所属商品类别的认定原则；
2. 商标“撤三”案件的审理应考虑“撤三”制度的设立目的；
3. 商标行政诉讼案件审理标准一致性原则。

典型意义

本案的典型意义在于明确了商标“撤三”案件中对非规范商品名称的认定原则，即对于实际使用的商品不属于商标核准注册的规范商品名称时，在认定具体商品所属类别时，应当充分考虑商标核准注册时该商品功能、用途、生产部门、消费渠道、消费群体进行判断，并考虑消费习惯、生产模式、行业经营需要等市场因素对商品本质属性或名称的影响，作出综合认定。

（编写人：杨　梅）

中华人民共和国
北京市高级人民法院
行政判决书

（2019）京行终7840号

上诉人（原审被告）：中华人民共和国国家知识产权局，住所地中华人民共和国北京市海淀区。

法定代表人：申长雨，局长。

委托诉讼代理人：张博慈，中华人民共和国国家知识产权局审查员。

上诉人（原审第三人）：强生公司，住所地美利坚合众国。

法定代表人：杰克·大卫·费尔德曼，助理总法律顾问。

委托诉讼代理人：王红欣，北京市永新智财律师事务所律师。

委托诉讼代理人：杨宁，北京市永新智财律师事务所律师。

被上诉人（原审原告）：刘伟，住中华人民共和国广东省广州市。

委托诉讼代理人：杨梅，北京天驰君泰律师事务所律师。

上诉人中华人民共和国国家知识产权局（简称国家知识产权局）、上诉人强生公司因商标权撤销复审行政纠纷一案，不服中华人民共和国北京知识产权法院（简称北京知识产权法院）作出的（2017）京73行初8900号行政判决，向本院提起上诉。本院于2019年9月11日受理后，依法组成合议庭进行了审理。本案现已审理终结。

北京知识产权法院查明：

诉争商标系第1488525号"强生"商标，于1999年8月11日向中华人民共和国原国家工商行政管理总局商标局（简称商标局）提出注册申请，核定使用在第5类"空气清新剂；杀虫剂"商品上，商标权人为刘伟，商标专用权期限至2020年12月13日止。诉争商标系刘伟从原商标权人成超处受让所得，商标局对诉争商标的转让核准时间为2014年10月13日。

2016年6月12日，商标局作出商标撤三字［2016］第Y004931号《关于第1488525号第5类"强生"注册商标连续三年不使用撤销申请的决定》，决定对诉争商标不予撤销。强生公司于2016年7月18日向中华人民共和国原国家工商行政管理总局商标评审委员会（简称商标评审委员会）申请复审。

在商标撤销复审程序中，刘伟向商标评审委员会提交了诉争商标注册、续展及转让证明；诉争商标原注册人成超的使用证据，包括授权书、商品检验报告、销售证据及发票；刘伟向他人开具的授权书、销售发票及资质证明；广告合作协议、广告费发票及广告刊登报纸等证据，用以证明其在2012年11月17日至2015年11月16日（简称指定期间）对诉争商标进行了真实、合法、有效的使用。

2017年10月17日，商标评审委员会作出商评字［2017］第123832号《关于第1488525号“强生”商标撤销复审决定书》（简称被诉决定）。被诉决定认定，证据3刘伟授权广州奢美化妆品有限公司（简称奢美公司）在2014年7月1日至2020年7月13日使用诉争商标，奢美公司在授权期间对诉争商标的使用可以视为刘伟对诉争商标的使用。证据5刘伟与增城市报业发展中心的合作协议。该协议签署的合作时间为2014年9月11日、12日、15日、16日、17日，并附有相对应的广告费用发票及部分日期的报纸页面，以上证据均处于指定期间内，报纸广告上明确显示了诉争商标“强生”，显示商品为空气清新剂，已形成完整证据链，足以证明刘伟及相关权利人在指定期间内，对诉争商标在空气清新剂商品上进行了真实、有效、公开的实际使用。刘伟提交的全部使用证据涉及的商品为驱蚊花露水、驱蚊液等，与诉争商标核定使用的杀虫剂商品不属于同一种商品，刘伟并未提交其对诉争商标在杀虫剂商品上的使用证据，不足以证明刘伟及相关权利人在指定期间内，对诉争商标在杀虫剂商品上进行了真实、有效、公开的实际使用。综上，商标评审委员会决定：对诉争商标在“空气清新剂”商品上予以维持，在“杀虫剂”商品上予以撤销。

原审诉讼中，刘伟提交了以下证据：一、（2017）京东方内民证字第19436号公证书、（2017）京东方内民证字第19435号公证书及（2017）京东方内民证字第19434号公证书，其公证的内容用以证明诉争商标使用的驱蚊花露水、驱蚊液、电热蚊香液、电热蚊香片等商品均是杀虫剂商品；二、在先判例，用以证明本案诉争商标实际使用的驱蚊液等商品是核定使用的杀虫剂商品的下位概念，在驱蚊液等商品上使用诉争商标就是在杀虫剂商品上使用；三、网站截屏打印件，用以证明同行业企业大多将商标核准注册在杀虫剂商品上，而实际使用商品为驱蚊花露水、驱蚊液等商品。

原审诉讼中，强生公司提交了以下证据：一、杀虫剂和花露水在辞典和百科全书中的定义、《美容护肤常识1000问》、（2018）京国立内经证字第1999号公证书、（2016）京中信内经证字第84361号公证书、（2016）京中信内经证字第84026—84033号公证书、国产非特殊用途化妆品备案信息服务平台查询网页打印件、在先判例等证据，用以证明驱蚊花露水、驱蚊液、蚊香等商品与杀虫剂商品属于不同商品；二、其他企业的商标注册信息，用以证明驱蚊花露水、驱蚊液等产品的厂家使用的是注册在花露水、驱蚊剂等商品上的商标；三、关于“强生”商标的商标评审裁决，用以证明诉争商标所有人的恶意；四、在先判例，用以证明强生公司的“强生”商标多次被法院认定为第3类婴幼儿洗护用品上的驰名商标。

另查一，商标局于1998年出版发行的《类似商品和服务区分表》（简称1998年区分表）第0505群组名称为“杀虫剂，杀真菌剂，除莠剂，农药”。该群组中无杀虫剂商品，但有蚊香商品。商标局于2014年出版发行的《类似商品和服务区分表》（简称2014年区分表）第0505群组名称为“杀虫剂，除莠剂，农药”。该群组中包括杀虫剂商品和蚊香商品。

另查二，根据中央机构改革部署，商标局、商标评审委员会的相关职责由国家知识产权局统一行使。

北京知识产权法院认为，诉争商标获准注册日早于2014年5月1日，依据从旧兼从轻的原则，本案的实体问题适用2001年商标法。结合商标转让证明、声明书公证件、授权书、商品销售发票、合作协议、广告费发票及报纸等证据综合判断，可以认为诉争商标的商标权人及利害关系人在指定期间内，已经对诉争商标在驱蚊液、驱蚊花露水、电热蚊香液、电热蚊香片等商品上进行了真实、有效、公开的实际使用。虽然在2014年区分表中“杀虫剂”商品和“蚊香”商品系并列的类似商品，但相关权利人于1999年8月11日提出诉争商标的注册申请，而1998年区分表中并无“杀虫剂”这一具体商品。在此情形下，考虑到“杀虫剂”系0505群组的名称，且“杀虫剂”商品与“电热蚊香液”“电热蚊香片”商品均具有灭杀蚊虫的功效，而“杀虫剂”的功能范围大于“电热蚊香液”“电热蚊香片”。故可以认定在诉争商标申请注册时，“杀虫剂”商品系“电热蚊香液”“电热蚊香片”商品的上位概念。因此，刘伟对诉争商标在“电热蚊香液”“电热蚊香片”商品的使用认定为其在“杀虫剂”商品上的使用。不能因为区分表的变更而否定刘伟实际的商标使用行为。综上，诉争商标在“杀虫剂”商品上的注册应当予以维持，以避免因区分表的滞后性对商标权利人造成的损害。

北京知识产权法院依照《中华人民共和国行政诉讼法》第七十条第（一）

项、第（二）项的规定，判决：撤销被诉决定；国家知识产权局重新作出决定。

国家知识产权局不服原审判决，向本院提起上诉，请求撤销原审判决、维持被诉决定。其主要理由为：刘伟提交的证据不足以证明其对“杀虫剂”商品进行了商标法意义的使用。

强生公司不服原审判决，向本院提起上诉，请求撤销原审判决，判决驳回刘伟的全部诉讼请求。主要理由为：一、“电热蚊香液”“电热蚊香片”与“杀虫剂”的功效不同，在功能范围上不存在包含关系，并非相同商品，原审判决以1998年区分表认定“电热蚊香液”“电热蚊香片”属于“杀虫剂”缺乏事实及法律依据。二、刘伟提交的使用证据属于刻意炮制的象征性使用证据，不能证明诉争商标在“杀虫剂”商品上进行了真实、有效、公开的使用。三、刘伟申请注册诉争商标具有明显仿冒的恶意，对本案诉争商标使用证据的认证应当采用更为严格的标准。

刘伟服从原审判决。

经审理查明：原审法院查明的事实属实，且有诉争商标档案、各方当事人在商标评审阶段和诉讼阶段提交的证据材料及当事人陈述等在案佐证，本院予以确认。

二审诉讼中，强生公司提交了花露水备案登记信息、花露水等商品网络店铺销售打印件等证据。

本院认为，为保障行政相对人对其行为后果的可预期性，保障行政相对人的信赖利益，行政机关在作出行政行为时应当遵循“法不溯及既往”以及“实体法从旧、程序法从新”的一般原则。本案中，被诉决定系针对商标注册人对诉争商标是否构成“连续三年不使用”而作出的，而该三年期间的起算点，即考察商标注册人是否存在商标使用行为的起算点，处于2001年商标法施行期间。参考《最高人民法院关于商标法修改决定施行后商标案件管辖和法律适用问题的解释》第七条的规定，本案实体问题应适用2001年商标法。

2001年商标法第四十四条第四项规定，连续三年停止使用的注册商标由商标局责令限期改正或者撤销其注册商标。该条旨在清理闲置商标，促使商标真实地投入商业使用，发挥商标应有的功能与作用，实现商标的市场价值。根据该条规定，诉争商标应当在指定期间内进行合法、真实、有效的商业使用，实际发挥商标识别商品或服务来源的作用。

本案中，刘伟提交的商标注册证、续展及转让证明、商标授权书及“强生精油驱蚊贴”检验报告等，可以证明诉争商标在“精油驱蚊贴”商品上的使用进行了准备工作；刘伟提交的授权奢美公司的授权书及奢美公司开具的关于"强生电蚊香片""电热蚊香液"的发票若干，显示时间均在指定期间内。刘伟还提交其与增城市报业发展中心的合作协议。该协议签署的合作时间为2014年9月，并附有相对应的广告费用发票及部分日期的报纸页面，上述证据均处于指定期间内，报纸广告上明确显示了诉争商标"强生"，显示商品为空气清新剂。综合考虑上述证据及证据之间的相互结合、相互印证情形，可以认定在案证据已形成完整证据链，足以证明刘伟及相关权利人在指定期间内，对诉争商标在"驱蚊贴、电蚊香片、电热蚊香液、空气清新剂"商品上进行了真实、有效、公开的实际使用。

对于诉争商标于指定期间内在"驱蚊贴、电蚊香片、电热蚊香液"商品上的使用，能否维持诉争商标在"杀虫剂"商品上注册的问题。第一，对于商品类别使用的认定，宜充分考虑诉争商标核准注册时的事实状态。根据已查明的事实，诉争商标于1999年8月11日提出注册申请，2000年12月14日核准注册。诉争商标核准注册时，1998年区分表第0505群组名称为"杀虫剂，杀真菌剂，除莠剂，农药"，该群组有蚊香商品。根据1998年区分表，"杀虫剂"并非规范的商品名称，而系0505商品群组名称。第二，对于实际使用的商品不属于商标核准注册时的规范商品名称时，在认定具体商品所属类别时，应当充分考虑商标核准注册时该商品功能、用途、生产部门、消费渠道、消费群体进行判断，并考虑消费习惯、生产模式、行业经营需要等市场因素对商品本质属性或名称的影响，作出综合认定。本案中，"杀虫剂"商品与"电热蚊香液、电热蚊香片"商品均具有灭杀蚊虫的功效，而"杀虫剂"的功能范围大于"电热蚊香液""电热蚊香片"，且在1998年区分表中"杀虫剂"系0505群组的名称。因此，原审判决认定诉争商标在"电热蚊香液、电热蚊香片、空气清新剂"商品上的使用，可以据此维持诉争商标在"空气清新剂、杀虫剂"商品上的注册，并无不当，本院予以确认。国家知识产权局及强生公司的上诉理由缺乏事实及法律依据，对其上诉请求，本院不予支持。

综上，原审判决认定事实清楚，适用法律正确，程序合法，应予维持。国家知识产权局及强生公司的上诉理由不能成立，对其上诉请求，本院不予支持。依照《中华人民共和国行政诉讼法》第八十九条第一款第一项之规定，判决如下：

驳回上诉，维持原判。

一审案件受理费人民币一百元，由中华人民共和国国家知识产权局负担

（于本判决生效后七日内交纳）；二审案件受理费人民币一百元，由中华人民共和国国家知识产权局负担人民币五十元，由强生公司负担人民币五十元（均已交纳）。

本判决为终审判决。

审 判 长　苏志甫
审 判 员　俞惠斌
审 判 员　陈　曦
二〇二〇年七月二十八日
法官助理　孟　津
书 记 员　金萌萌

作者简介（按姓氏笔画排序）

田　龙

北京知识产权法研究会商标法专业委员会副秘书长，北京市律师协会商标法律专业委员会委员，北京政法职业学院客座讲师。

历年来所代理的重大、疑难商标诉讼案件入选最高人民法院、北京市高级人民法院、四川省高级人民法院、湖南省高级人民法院、海南省高级人民法院、广西壮族自治区高级人民法院、河北省高级人民法院等“年度知识产权十大典型案例”。

出版专著：《商标诉讼热点问题实务评析》《品牌决胜：新商标法律师解读与判例评析》。

吕东宇

执业以来代理了大量商标评审、商标确权诉讼、商标侵权诉讼。

代理百度、金山软件、恒安集团、华谊兄弟、溥仪眼镜、咸亨酒店等知名企业的商标案件。

曾为北京市知识产权维权援助中心、中国黄金集团、中国文联、北京银行等企事业单位开展专题知识产权（商标）讲座。

刘艳锋

北京天驰君泰律师事务所高级合伙人，最高人民检察院咨询专家，北京市律师协会商标法律专业委员会副主任，北京多元调解发展促进会调解员。

ALB 年度十五佳诉讼律师，A-List 法律精英。

先后主持 2008 年北京奥运会、2022 年北京冬奥会主场馆知识产权保护方案的制定与实施。

代理了大量具有知名度和影响力的案件，如：最高人民法院十大知识产权案例——庆丰包子铺案，北京市高级人民法院十大知识产权案例——嘀嘀打车案，全国律师协会十佳知识产权案例采蝶轩、微信等案，全国首例人工智能指令词不正当案件——小度小度案。

张晓旭

北京天驰君泰律师事务所合伙人，北京市律师协会商标法律专业委员会委员，北京多元调解发展促进会调解中心调解员。

为百度、腾讯、美团、今日头条、快手、金山、中央电视台、中国工商银行、中国黄金、万达、伊利、江苏卫视、华谊兄弟等企业提供全方位、高水平商标法律服务。

陈玉韩

天驰君泰律师事务所合伙人，北京市律师协会竞争与反垄断法律专业委员会委员，北京知识产权研究会理事，北京多元调解发展促进会调解员。

具有十多年知识产权法律服务经验，擅长解决商标、专利、版权、不正当竞争等知识产权疑难法律纠纷。

服务百度、伊利、小米、五八信息、恒安集团、索菲亚家居等知名企业，代理的伊利诉蒙牛不正当竞争案、雷军电动商标侵权及不正当竞争案、优酸乳商标驳回复审行政诉讼案等在业内颇具影响力。

杨　梅

北京天驰君泰律师事务所合伙人律师，持有律师执业证和企业法律顾问执业证，曾在原国家工商行政管理总局商标评审委员会从事商标评审案件审查工作。

代理了大量具有社会影响力的典型商标行政授权确权案例。